중국 근대사

중국 근대사

왕조에서 사회주의로, 중국의 체제격변기 150년

― 이영옥 지음 ―

책과
함께

일러두기

- 중국 인지명은 신해혁명을 기준으로 구별하지 않고, 인명은 만주식과 중국식, 지명은 중국식 발음으로 표기했다. 단, 관직명과 황제명, 도서명은 한국식 한자 발음을 표기했다. (예: 누르하치Nurhaci, 우산구이吳三桂, 랴오둥遼東, 도독都督, 영락제永樂帝, 강희자전康熙字典)

- 도서, 신문, 잡지는《 》로, 조서, 문학 작품, 기사, 노래는〈 〉로 표기했다.

현재 중국은 독특한 국가 체제를 가지고 있다. 경제적 측면에서 보면, 사유 재산을 가질 수 있고 자유로운 경제 활동이 가능한 자본주의 체제다. 정치적 측면에서 보면, 표면적으로 다당제를 취하고 있지만 실은 중국공산당이 국가의 모든 부문을 이끌고 있는 사회주의 체제다. 자본주의와 사회주의가 양립하고 경제와 정치가 분리된, 중국 특색의 사회주의가 가능한 이유는 무엇일까?

어찌 보면 그 이유는 간단하다. 중국에서 절대 다수의 개인과 집단은 중국공산당이 국가 권력을 장악한다는 현실을 인정하고 그 권력을 넘보지 않는다. 그 대신에 당과 국가는 개인과 집단이 막대한 사유 재산을 소유하고 부자가 되는 것을 용인한다. 한편 중국공산당과 관료들은 국가 권력과 적당한 특권을 보장받는 대신에 인민들의 경제적 자유를 보장한다. 이러한 중국 사회의 특징은 어떻게 해서 형성되었을까?

가깝게는 중화인민공화국의 정치적 격동이 당과 관료, 인민에게 저마다의 자리를 지키게 했다. 좀 더 역사적으로 접근하면, 소수의 만주인이 다수의 한인을 통치한 청나라의 왕조 체제, 그리고 정치적 변화가 심했던 중화민국이 권력 집단과 일반인들을 분리했던 것으로 보인다. 중국의 근대近代는 현재의 중국을 구성하는 영토, 통치 방식 및 정치 구조 등이 만들어진 시기인데, 장기적 관점에서 보면 청나라와 중화민국이 그 시기에 해당한다.

이 책은 만주인이 청나라를 세우고 번영을 구가하는 시기를 도입부에서 다루고, 1800년부터 1949년까지를 주요한 서술 대상으로 삼는다. 일반적인 시대 구분과 달리, 서술의 상한선을 올리고 하한선을 내렸다. 구체적으로 말하면 청나라 전기는 간략하게 살펴보았고, 1800년대 이후 영국을 비롯한 여러 열강과의 갈등이 고조되고 충돌하여 변화하는 시기부터는 사건을 중심으로 더 자세히 서술했다. 근대 중국의 역사를 현대 중국이 만들어지는 과정으로 보고자 했기 때문이다.

현대 중국은 청나라 왕조 체제가 지녔던 약점을 극복하면서도 정치 체제에서 그 장점의 일부를 받아들였고, 마찬가지로 중화민국을 거치는 동안 만들어진 국가 체제의 장점을 취하고 단점을 버렸다. 어떤 점에서 중국 근대사는 왕조 체제가 끝나고 중국 특색의 사회주의 체제가 만들어진 과정이다. 중국 역사에서는 한 왕조가 멸망하면 다른 왕조가 등장했는데, 청나라 다음에는 왕조 대신에 사회주의 국가가 등장한 것이다. 이 책은 이런 문제의식을 바탕으로, 다음과 같은 주제들을 다룬다.

1. 청나라의 역사

| 왕조 체제 | 만주인은 청나라 중심의 천하 질서를 갖춘 왕조 체제를 확립했다. 그들은 국내에서 소수로서 절대 다수의 한인들을 통치하기 위해 형식적으로 한인들을 포섭하는 만한 병용을 취했고, 그와 동시에 주방駐防을 설치하여 정복자이면서 통치자로서 자신들의 지위를 확인했다. 대외적으로는 예부와 이번원을 통해 명나라의 영토를 이어받은 곳과 새롭게 확보한 지역을 분리하여 관할했다. 만주인의 왕조 체제는 군사력과 효율성을 바탕으로 강희제·옹정제·건륭제 세 황제를 거치면서 중국 역사에서 가장 넓은 영토를 확보했고, 이는 18세기의 번영을 구가하는 토대가 되었다.

| 제국의 충돌 | 청나라 중심의 천하에서 동등한 국가 사이의 외교나 무역은 존재할 수 없었다. 해가 지지 않는 제국을 건설한 영국은 건륭 시대부터 청나라에 자유 무역과 평등한 외교를 요구했고, 청나라의 힘이 약화되자 자국의 의지를 관

철시키려 했다. 두 제국 사이의 양보 없는 대립으로 청영아편전쟁이 일어났다. 청영아편전쟁의 패배는 만주인들이 만들어낸 청나라 중심의 천하에 흠집을 냈다. 이제 청나라 사람들이 자신을 중심에 놓고 외부 세계를 바라보던 질서에도 변화가 불가피해 보였다. 하지만 난징 조약으로 열린 항구들에서 형성된 변화의 분위기는 제한적이었다. 그 분위기와 변화에 대한 절박함이 청나라를 움직이는 핵심 세력들의 생각을 바꾸게 만드는 데에는 시간이 필요했고, 여건이 성숙되어야만 했다.

| 활로의 모색 | 군사권과 행정권을 지닌 황제의 권력은 태평천국운동과 영프 연합군의 침략이라는 대내외의 위기가 한꺼번에 밀어닥치는 상황에서 무너졌다. 신유정변 이후 청나라의 왕조 체제는 권한이 축소된 황제, 행정을 장악한 총리아문, 그리고 일부 지방에서 군사권을 행사하던 독무 등으로 재편되었다. 청나라는 양무운동부터 신정新正까지 체제 내 변화를 통해 활로를 모색했다. 양무운동이나 무술변법을 추진한 세력과 신정을 추진한 세력 사이에는 차이가 있었지만, 그들의 선택에는 청나라라는 틀 속에서 변화를 꾀한다는 공통점이 있었다. 이 시기에 동아시아 국제 관계에서도 변화가 나타났다. 조선은 청나라의 영향권으로부터 벗어났고, 일본은 정치 개혁을 통해 군사 강국이 되어 열강의 일원으로서 주변국에서 이권을 강탈했다.

| 왕조의 붕괴 | 1901년 신축조약 이후 청나라 조정도 변혁을 꾀하지 않을 수 없었다. 동남부 지역의 독무들은 태평천국을 진압하고 양무운동을 추진하는 과정

에서 군사적으로 독립한 것이나 다름이 없었고, 의화단 사건 이후 가중되는 재정적 압박 속에서 실제로 중앙에 어떤 기대도 할 수 없다고 여겼으며, 심리적 결별 상태에 놓였다. 이제 군인들이 차츰 사회의 중심이 되는 상황에서 청조는 신정을 추진했는데, 이 신정이 오히려 혁명을 가속화했다. 1911년 혁명파는 봉기에 성공했다. 하지만 군사력과 재정이 부족한 상황에서 혁명의 성과는 군사 실력자였던 위안스카이의 손에 넘어갔고, 청나라 황실은 한동안 명맥만 겨우 유지했다.

2. 중화민국의 역사

| **공화 체제** | 중화민국은 중국인들에게 무기력하고 나약한 만주인의 왕조를 대신하여 힘 있고 활기찬 국가를 가져다줄 것이라는 기대를 품게 만들었다. 하지만 위안스카이와 그 후계자들은 공화 체제보다는 자신들의 권력을 강화하는 데 관심이 많았고, 그 반대파는 시민보다 소수의 인물과 집단에 의해 신해혁명의 열매인 공화 체제를 유지할 수 있다고 여겼다. 그 결과 갓 태어난 중화민국에서 공화 체제는 중국 사회에 뿌리조차 내리지 못했고, 왕조의 부활을 꿈꾸는 세력과 그에 맞서는 세력 사이의 전쟁은 사회를 혼란스럽게 만들었다.

| **시민과 군벌** | 1901년 이후, 교육 제도가 바뀌면서 과거 향신들을 대신하여 정치적 목소리를 내는 집단이 성장했다. 새로운 학교 제도였던 학당에서 배우고 성장한 세대는 자신들의 생각을 자유롭게 표현하는 데 익숙했다. 신세대 학생들은

신해혁명을 경험했고, 5·4운동을 거치면서 자신들의 존재감을 적극적으로 과시했다. 이제 중국에서도 학생들의 적극적인 현실 참여를 바탕으로 시민들이 차츰 성장해갔다. 하지만 중국의 정치 현실은 여전히 군벌이 열강과 결탁하고, 사적 이익을 위해 서로 전쟁을 벌이는 혼란에서 벗어나지 못하고 있었다.

| 국민정부 | 학생운동과 시민의 성장은 특정 인물과 집단을 중심으로 행동했던 진보 세력의 생각을 바뀌게 했다. 쑨원은 중화혁명당을 중국국민당으로 바꾸고 대중 정당으로서 발전을 모색했다. 천두슈 등은 코민테른의 지원을 받은 중국공산당을 창당했다. 군벌이 서로 다투던 베이징 정부의 무능과 매국적인 태도에 중국인들은 환멸을 느꼈고, 그 환멸은 공산당을 흡수하여 전열을 정비한 국민당, 그리고 국민당이 주도하는 국민혁명을 지지하게 만들었다. 난징 정부는 북벌에 성공함으로써 중국에서 체계가 잡힌 정치 체제를 만드는 토대를 마련했다. 난징 정부는 군벌을 정리하는 데 성공했지만, 베이징 정부의 부채를 떠안은 처지였기에 경제를 부흥시킬 힘이 부족했다. 더구나 해결해야 할 문제가 산적한 상황에서 일본이 침략하기 시작하면서 어려움에 빠지고 만다.

| 내전과 혁명 | 난징 정부는 여론에 밀려 국공합작에 동의했고, 일본을 상대로 전면전을 벌이기 시작했다. 하지만 중일전쟁 시기 중국과 일본 사이의 전투에서 국민군과 팔로군 사이의 협력이 유기적으로 이뤄지지는 않았다. 난징 정부는 공산당의 세력이 확대되는 것을 원치 않았고, 공산당은 도시의 배후였던 농촌에서 지속적으로 지지자들을 끌어들였다. 일본이 패망한 후, 난징 정부는 중국인들의

기대와 달리 경제를 회복시키지 못했다. 공산당은 농촌을 중심으로 계속해서 세력을 확대했다. 국민정부와 공산당 사이의 불신은 내전을 야기했는데, 압도적인 군사력을 가진 국민군이 초반의 우위를 지키지 못하고 패배했다. 반면 공산당은 농촌과 농민을 중심으로 한 혁명 전략을 통해 국가 권력을 손에 넣는다.

이 책의 목적은 청나라 왕조 체제의 특징에서 시작하여 중화민국의 정치적 격변까지 서술함으로써 독자들에게 현재 중국 사회를 이해할 수 있는 지식을 제공하는 것이다. 역사적 흐름에 대한 기본 지식을 갖는 것은 과거 사회를 더 깊이 이해하는 출발점이다. 역사적 사건의 전개 과정을 잘 알면 거대 담론이나 주제를 중심으로 서술된 역사서를 읽을 때 전후 맥락을 더 쉽게 이해할 수 있다. 최근 들어 동아시아사에 대한 논의가 활발해졌고, 고등학교 교과과정의 교과목으로 동아시아사가 지정되었다. 현재 동아시아사를 다루는 저술은 대체로 주제별로 서술되어 있다. 특정 주제에 대한 접근에 도움을 주려면 그 토대가 되는 개별 국가의 역사를 서술한 역사 교양서가 더 많이 필요하다. 현재 국내에서 출간된 한국 학자의 중국 근대사 저술은 한 세대 전에 출간된 것이 유일하다. 앞으로 한국 학자의 시각을 담은 중국 근대사가 더 많이 출간되어 일반인들이 중국의 근대, 더 나아가 동아시아의 근대를 이해하는 데 도움을 줄 수 있기를 바란다.

국내에서 출간된 중국사 관련 서적 가운데 상당수는 외국 학자들, 주로 미국과 일본 학자들의 저술을 번역한 것이다. 그런데 외국 학자들의 경우 중국사를 서술할 때 역사가로서의 객관성을 아무리 견지하려 해도 당시 자국의 상황과 관련지어 청나라와 중화민국의 문제를 이해하는 것을 피하기 어렵다. 한국 학자가 저술한 관련 서적이 부족한 상황에서 독자들은 외국 학자의 눈을 통해 중국 역사를 바라보게 될 수 있다. 물론 사실만을 전달하는 저술이라면 그 사실을 바탕으로 독자가 고유의 관점을 가질 수도 있고, 외국 학자의 관점이 담긴 책들도 중국사를 이해하는 데 필요하다는 사실은 분명하다.

하지만 문제는 미국과 일본을 중심으로 하는 외국 학자들의 서적이 너무 많다는 점이다. 더구나 중국의 근대는 서양 열강의 동아시아 침략과 떼려야 뗄 수 없는 관계가 있는 시기다. 따라서 당시 열강의 일원으로서 동아시아에 나타난 미국이나, 나중에 열강의 일원이 된 일본의 시각이 투영되지 않을 수 없다. 역사가의 사실이 선택적이라는 점을 생각한다면, 한국 학자의 관점으로 쓰인 중국사 관련 서적이 더 많아져야만, 여러 관점을 비교함으로써 더 균형 있게 중국 근대사를 바라볼 기회를 독자에게 제공할 수 있을 것이다.

2016년에 출간한 나의 책 《견제받는 권력》이 만주인이 세운 청나라 정치 구조의 변화 과정을 분석한 연구서라면, 《중국 근대사》는 청나라와 중화민국의 주요 사건을 시간의 흐름에 따라 서술한 교양서다. 나는 이러한 주요 사건들을 서술하면서 정치 구조라는 측면에 주목했던 《견제받는 권력》의 관점을 유지하고자 했다. 그리고 일반 독자들을 대상으로 한 교양·학술서 가운데 청사淸史, 중국 근대사, 중화민국사 등을 다룬 저서들을 주로 참고했다.

　아무쪼록 독자들이 이 책을 읽다가 청나라와 중화민국의 역사 전반 혹은 특정 사건에 더욱더 관심과 흥미를 느끼게 되고, 참고문헌까지 살펴보게 되기를 바란다.

　마지막으로 거칠고 투박한 원고를 세련되고 질서 있게 다듬어 보기 좋은 책으로 만드는 데 마음을 써주신 도서출판 책과함께 구성원들께 진심으로 감사드린다.

2019년 1월
전남대학교 융합교육관 연구실에서 이영옥

| 차례 |

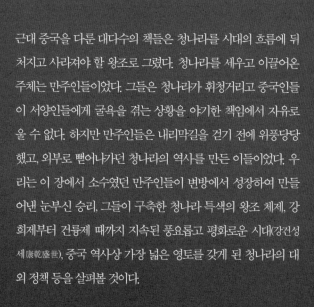

1부
만주인의 청나라

근대 중국을 다룬 대다수의 책들은 청나라를 시대의 흐름에 뒤처지고 사라져야 할 왕조로 그렸다. 청나라를 세우고 이끌어온 주체는 만주인들이었다. 그들은 청나라가 휘청거리고 중국인들이 서양인들에게 굴욕을 겪는 상황을 야기한 책임에서 자유로울 수 없다. 하지만 만주인들은 내리막길을 걷기 전에 위풍당당했고, 외부로 뻗어나가던 청나라의 역사를 만든 이들이었다. 우리는 이 장에서 소수였던 만주인들이 변방에서 성장하여 만들어낸 눈부신 승리, 그들이 구축한 청나라 특색의 왕조 체제, 강희제부터 건륭제 때까지 지속된 풍요롭고 평화로운 시대(강건성세康乾盛世), 중국 역사상 가장 넓은 영토를 갖게 된 청나라의 대외 정책 등을 살펴볼 것이다.

1장
만주인의 중국 정복

1206년, 칭기즈 칸은 몽골 기병을 이끌고 서쪽으로 정복 전쟁을 시작해 세계 대제국을 건설했다. 칭기즈 칸의 뒤를 이은 우구데이 칸도 정복 전쟁을 계속 이어갔다. 당시 여진인이 세운 금나라는 몽골의 남쪽에서 국경을 접하고 있었다. 그리고 남송은 자국의 영토를 차지하고 있던 금나라에 반감을 가지고 있었다. 우구데이 칸은 남송과 연합하여 금나라로 정복의 칼끝을 겨누었다. 1234년, 여진인의 금나라는 거칠 것 없던 몽골 기병의 기세 아래 멸망했다. 금나라가 멸망하자, 여진인들이 세운 나라와 그들이 이룩한 문화는 사람들의 기억 속에서 잊혔다. 하지만 그들은 300여 년이 지난 뒤에 명나라의 변방에서 다시 존재감을 조금씩 드러내기 시작했다.

여진인이라는 낙인

몽골은 금나라를 멸망시킨 후, 변방을 효율적으로 관리하기 위해 두만강 북쪽에 살던 여진인들을 랴오둥遼東 지역으로 강제 이주시켰다. 시간이 흐르면서 랴오둥 지역의 여진인들은 농경 문화에 적응했고 한인漢人이나 다름없게 되었다. 반면 두만강 북쪽에 남아 있던 여진인들은 여러 부족으로 흩어져서 거주했고, 몽골의 느슨한 행정 제도 덕택에 변방에서 별 다른 통제 없이 자유롭게 살았다.

그러나 명나라가 들어서자 상황이 달라졌다. 명나라는 수도와 지방의 요충지에 위衛와 소所를 설치하여 군대를 주둔시키는 군사 제도를 실시했고, 저 멀리 북쪽 변방에 있던 여진인들에게도 예외없이 적용했다. 영락제永樂帝는 여진 부족의 족장들에게 지휘사指揮使 혹은 도독都督이라는 관직과 조공 무역의 권리를 하사하여 여진인들을 간접적으로 통제했다. 하지만 부족장들은 지휘사라는 명나라의 관직을 가지고 있었을 뿐이고, 부족장으로서 자기 휘하의 여진인을 이끌었다. 어쨌든 지휘사들은 명나라를 등에 업고 부족민들에게 위신을 세울 수 있었다. 그들은 지휘사라는 지위를 지키기 위해 다른 부족이나 다른 지휘사들과 서로 경쟁하고 반목했다. 이러한 이이제이以夷制夷 방식은 여진 부족들이 하나의 집단으로 통합되는 것을 효과적으로 막았다.

여진인들이 명나라의 관할 아래 있었다고 하더라도, 명나라 사람들과 조선 사람들이 보기에 그들은 북쪽 변방에서 문명의 혜택을 받지 못하고 거칠게 살아가는 사람들(야인野人)이었다. 그래서 조선 사람들은 두만강 북쪽에 거주하면서 변방에서 말썽을 피우는 이민족을 야인이라고 불렀다. 명나라 사람들은 여진인을 가리킬 때 '여진 야인'이나 '여진 오랑캐(夷人)'라는 말을 사용했는데, 이 말들은 당시 여진인이 멸시의 대상이었음을 의미한다. 이렇듯 명나라 사람들과 조선 사람들이 사용하던 여진이라는 호칭은 자신들의 편의대로 사용된 것이었다. 다시 말해 북쪽 변방에 살던 부족들은 자신들을 일러 '주선Jušen'이라고 했는데, 그 말이 한자어로 옮겨지면서 여진女眞이 되었다. 이는 일본인들이 조선인을 '조센징'이라고 불렀던 것과 비교할 수 있다. 조선인을 일본식으로 부른 것인데, 이 말에는 이미 멸시가 깔려 있었듯이 여진인이라는 호칭도 거부나 멸시의 감정을 담고 있었고, 그것은 일종의 낙인이었다.

명나라 조정은 여진인을 통제와 관리 대상으로 여겨 그들을 변경에 가둬놓으려 했다. 그런데 흥미롭게도, 명나라의 영향력 아래에서 생활하는 시간이 길어지자, 여진인들은 명나라에 동화하기보다 서서히 자신들의 정체성을 분명히 했다. 경제적인 측면에서 보면, 일부 여진인들은 명나라와 조선의 국경에 거주하면서 국경 무역을 통해 재산을 축적할 수 있었다. 문화적인 측면에서도, 여진인들은 명나라의 제도와 생활 방식 등을 받아들여 부족 사회의 수준을 벗어났다. 여진인들은 경제적·문화적 측면에서 압축적인 성장을 이뤄 왕조 국가의 틀을 갖추었고 자신들을 명나라나 조선과 구분함으로써 정체성을 확립했다.

누르하치Nurhaci는 여진인이 스스로 명나라 사람들과 구분하는 과정에서 큰 역할을 했다. 1570년대에 여진 부족들은 경제적·문화적으로 성장했는데 이러한 성장은 부족들 사이의 경쟁과 무력 충돌을 야기했다. 누르하치의 부친 탁시Taksi는 그러한 무력 충돌 와중에 사망했다. 1583년, 누르하치는 건주좌위建州左衛의 도독이 되었고, 그때부터 그는 강력한 힘으로 경쟁자들을 제압함으로써 오랫동안 자유롭게 흩어져서 살던 부족들을 하나씩 병합해 나갔다. 누르하치는 다른 부족들을 병합하는 과정에서 새로운 문자를 만들어 여진인의 정체성을 확립했고(1599년), 팔기八旗군대를 조직하여 왕조의 토대를 마련했다(1601년). 또 도독이 된 이후에 명나라를 천자의 나라로 받들면서 조공을 바쳤고, 몽골과 우호적인 관계를 유지했으며, 조선에도 존중하는 태도를 보였다.

누르하치가 주변국에 보인 조심스러운 태도는 오래가지 않았다. 1600년을 전후하여 40여 년 동안, 누르하치는 여진 부족들을 병합하면서 지속적으로 영향력을 확대했고, 명나라는 그러한 움직임을 저지하려 했다. 그 과정에서 명나라에 대한 누르하치의 반감은 커졌다. 또한 그는 조선이 일본의 침략에 대응하는 모습을 보면서 조선의 군사력이 허약하다는 점을 간파했으며, 빈번한 접촉을 통해 몽골이

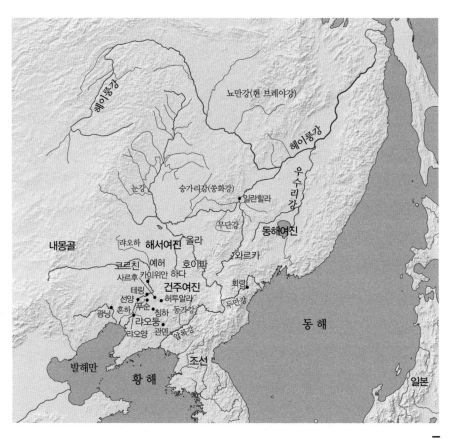

헤이룽강

뇨만강(현 브레야강)

헤이룽강

우수리강

눈강   숭가리강(쏭화강)   일란할라

무단강

동해여진

내몽골   랴오허   해서여진   올라

코르친   예허   호이파   와르카

사르후 카이위안 하다   회령

건주여진   허투알라

테링

선양   푸순   칭하   동가강   두만강

광닝   훈허   동 해

랴오둥

랴오양   관뎬   압록강

발해만   조선

황 해   일본

17세기 초 중국 동북 지역

누르하치

여러 부족으로 분열되어 있어 두려워할 필요가 없는 상대임을 알아
차렸다. 1616년, 상황 판단을 끝낸 누르하치는 마침내 후금後金 수립
을 선포하고 한han이 되었고, 주변국들에게 후금을 대등하게 대우하
라고 요구하기 시작했다. 이때 몽골과는 협조적인 동맹 관계를 유지
했기 때문에 별 다른 문제가 없었다. 하지만 명나라와 조선은 반발했
다.

명나라는 누르하치에게 저항하던 여허Yehe, 葉赫 부족을 군사적으
로 지원함으로써 후금의 남진을 막으려 했다. 누르하치는 과거에 명
나라가 자신의 부친을 죽게 만들었고, 자신에게 적대적인 여허를 지
원하고 후금을 멸시하는 것을 비롯한 칠대한七大恨을 풀어야 한다는

이유로 명나라에 선전 포고했다. 1619년, 후금은 사르후 전투에서 명나라 군대를 궤멸시키고 여허도 정복했다. 그 뒤 누르하치가 이끄는 군대는 랴오양遼陽을 점령하면서 랴오닝遼寧 지역을 장악했고, 1625년에는 수도를 선양瀋陽으로 옮기고 궁전을 축조하여 나라의 위신을 높이려 했다. 이듬해에 누르하치는 승리의 기세를 몰아 만리장성을 넘기 위해 산하이관山海關 방향으로 진격했으나, 닝위안寧遠에서 예수회 선교사가 주조한 대포로 무장한 명나라 군대에게 패배했다. 이때 그도 부상을 당해 병상에 눕게 되었는데, 끝내 명나라의 장벽을 넘지 못하고 칠대한을 풀지 못한 채 세상을 떠났다.

만주인 선언

누르하치가 만리장성의 벽을 넘지 못하고 세상을 떠나면서 후금 내부는 침통하고 우울한 분위기에 빠졌다. 하지만 어두운 분위기는 오래가지 않았다. 1627년, 한의 지위를 계승한 지 석 달 만에 홍타이지Huáng Tàiji, 皇太極는 조선을 공격하여 완벽하게 승리했고, 아버지가 못다 이룬 사업을 진행하기 위한 재원을 확보할 수 있었다. 이 전쟁의 승리로 홍타이지는 통치권을 확립했고 재정적 여유가 생겼다. 그는 아버지와 달리 선양과 랴오양에서 여진인과 한인을 구분하지 않고 성인 남성 수에 따라 경작지를 제공하는 계정수전計丁授田 정책을 실시했고, 몽골인과의 혼인 동맹을 통해 통치를 강화했다. 또한 투항한 한인 장병들을 포용함으로써 팔기의 전투력을 향상시킬 수 있었다. 계정수전, 혼인 동맹, 한군 팔기 등은 한인이나 몽골인도 후금의 구성원으로서 함께 공존할 수 있다는 의도를 보여준 정책이었다.

통치 방식 측면에서 홍타이지의 주도권은 강화되었고, 버일러Beile, 貝勒(부족장)의 지위는 조정에서 일정한 권력의 지분과 발언권을 가진 존재가 아니라 한을 보좌하는 신하로 낮아졌다. 누르하치는 한과 7인의 버일러가 함께 국정을 운영하는 8인 집단 지도 체제를 유지하라는 유훈을 남겼다. 하지만 홍타이지는 아버지의 유훈을 지키지 않았다. 자신과 함께 대大 버일러였던 다이산Daišan·아민Amin·망굴타이Manggūltai 세 사람이 잠재적 위협이 될 수 있다고 여겼기 때문이다. 결국 아민은 군사적 실패를 이유로 버일러의 지위를 빼앗긴 뒤에 유폐되었다. 망굴타이는 갑작스럽게 세상을 떠났는데, 그가 죽은 뒤에 역모를 꾸몄다는 이유로 그의 일족이 처벌을 받았다. 다이산은 한의 명령을 무시하고 불법으로 재산을 축적하고 제멋대로 행동했다는 죄목으로 지위를 박탈당했다.

한 중심의 권력 구조가 형성되며 행정 조직들도 새롭게 바뀌었다. 1631년에 육부六部가 설립되었고, 1636년에는 내삼원內三院과 도찰원都察院이 설치되었다. 육부는 행정 실무를 처리했다. 내삼원은 황제의 문서 작성, 정책 자문, 황실 교육 등을 담당했고, 도찰원은 관리들에 대한 감찰을 맡았다. 육부를 비롯한 기구들은 집단 지도 체제 형태의 의사 결정 구조가 사라지고, 한을 중심으로 하는 중앙 집권적인 통치 구조가 만들어지고 있었음을 보여준다.

홍타이지의 발걸음은 경쟁자들을 제거하고 한 중심의 통치 구조를 만드는 데 그치지 않았다. 그는 여러 민족을 아우르고 후금을 더는 과거에 머무르지 않게 했는데, 그러한 의지는 왕조와 민족의 명칭을 바꾼 데에서 확인할 수 있다.

1635년에 홍타이지는 자신을 만주인滿洲人이라고 선언했고, 이듬해에는 국호를 청淸으로 바꾸었다. 만주는 산스크리트어로 '존귀하고 지혜로운 존재'를 의미하는 '만주스리Manjushli'에서 유래한 명칭이다. 만주스리는 불경이 한자어로 옮겨지는 과정에서 '문수사리文殊師利'로 번역되었다. 홍타이지는 거칠고 문화적으로 뒤떨어진 야인을 떠올리게 하는 여진인이라는 낙인을 지우고, 자신이 통치하는 사람들은 존귀하고 지혜로운 존재를 의미하는 만주인이라고 선언한 것이다. 청이라는 국호는 음양오행에서 물을 의미하는 명칭으로, 불을 의미하는 명明을 대체하겠다는 의지가 담겼다.

청나라 탄생이 선포되던 날, 홍타이지는 만주인·몽골인·한인에 의해 황제로 추대되는 의례를 거행했다. 당시 의식에 참석한 사람들은 청나라가 처한 상황을 상징적으로 보여주었다. 대다수 한인은 여전히 명나라가 통치하는 영역 안에 거주하고 있었기에 의식에 참가한 극소수의 한인은 나라를 등진 사람들로 여겨질 수밖에 없었다. 또한 당시 명나라는 만주인의 군대와 만리장성의 안팎에서 크고 작은 전투를 치르고 있던 교전국이었으며, 명나라의 입장에서 청나라는 중앙 조정에 반기를 들고 무엄하게도 왕조를 참칭하는 집단이었을 뿐이다.

조선은 청나라의 초청을 거부하고 사절도 보내지 않았다. 1626년의 전쟁에서 패배한 이후 청나라와 형제 관계를 맺고 있었지만 하늘 아래 황제가 두 명 있을 수는 없다는 생각이었다.

홍타이지는 명나라를 대신하여 청나라를 황제의 나라로 만들려는 계획을 세웠다. 따라서 상황을 제대로 파악하지 못하는 조선의 불경스런 행위에는 강력한 조치가 필요하다고 여겼다. 그는 조선에 이제 명나라가 아니라 청나라를 황제의 나라로 받들지 않으면 군대를 보내겠다고 위협하고 출병일자까지 일러주었다. 당시 조선의 국왕 인조와 강경파 신하들은 철저한 준비도 없이 전쟁 불사를 내세웠다. 결국 압록강이 얼어서 팔기의 이동에 지장이 없어지고, 날이 추워져서 면역력이 없던 만주 병사들이 천연두에 걸릴 염려도 없어지자 청나라 군대는 거침없이 진격하여 열흘 만에 수도를 점령했고, 남한산성으로 달아난 인조를 성 밖으로 불러내 홍타이지에게 황제에 대한 예를 갖추게 만들었다.

청나라는 원래 명나라를 상대로 전면전을 펼치게 되면 조선이 위험 요소가 될 수 있다는 걱정을 안고 있었다. 그러한 배후의 위험 요소는 조선과의 전쟁에서 승리함으로써 제거되었다. '황제' 홍타이지는 아버지 누르하치가 명나라에 전쟁을 선포하면서 내세운 칠대한을 풀고 천하를 통치하는 원대한 꿈을 실현하기 위해 다시 칼끝을 명나라로 돌렸다.

홍타이지가 명나라의 수도로 진격하려면 반드시 만리장성의 서쪽 끝 관문인 산하이관을 통과해야만 했고, 선양에서 산하이관으로 가는 길목에는 진저우錦州 성이 버티고 있었다. 1641년, 홍타이지는 사상 최대 규모의 군대를 동원하여 진저우 성을 공격하여 함락시켰다. 이제 산하이관만 무너뜨리면 중원으로 진격할 수 있었다. 하지만 진저우 성에서 치른 전투 이후 홍타이지의 몸은 급속하게 쇠약해졌다. 진저우 성에서 돌아온 이후 그는 신하들과 자녀들에게 삶에 더는 미련이 없는 듯이 말하곤 했다. 사실 우산구이吳三桂가 13만 명의 군대로 지키고 있던 산하이관은 난공불락의 요새로, 무너뜨릴 수 있는 묘수가 좀처럼 보이지 않는 상황이었다. 시간이 지나면서, 홍타이지의 마음은 가벼워졌고 몸은 쇠약해졌다. 1643년 9월, 여름이 지나고 일교차가 심해지던 때에 홍타이지는 모든 것을 내려놓고 홀가분한 마음으로 세상을 떠났다.

첫 황제가 세상을 떠났을 때, 청나라는 위기에 빠질 수도 있는 상황이었다. 명나라와 대립했고, 조선도 형식적으로는 신하의 나라였지만 마음속으로 복종하지 않았다. 홍타이지는 황제가 되었지만 후계자의 계승 방식을 명확하게 세워두지 않았다. 따라서 그의 후계자는 전통적인 방식대로 만주 귀족들의 협의를 통해 추대될 수밖에 없었다. 당시 황제의 자리는 홍타이지의 동생 도르곤Dorgon과 홍타이지의 장남 하오거Haoge가 경쟁하는 구도였다. 이 둘은 누구도 상대방을 압도할 정도의 힘을 갖고 있지 못했다. 그 결과 두 사람은 홍타이지의 아홉째 아들 푸린Fulin을 황제로 추대하는 타협을 통해 자신들의 정치적 영향력을 유지하는 편을 선택했다. 이들의 타협은 홍타이지 사후에 정치적 혼란이 생기는 것을 막아주었다.

청나라 내부의 황위 계승 문제가 해결된 뒤, 명나라에서 반가운 소식이 날아들었다. 1644년 봄, 농민들을 이끌고 봉기를 일으킨 리쯔청李自成이 시안西安에서 대순大順의 건국을 선포했고, 그의 군대는 더위가 시작되기도 전에 베이징北京을 손手에 넣었다. 그러자 반란군에 쫓기게 된 명의 숭정제崇禎帝는 스스로 목을 맸다. 명나라 대신들 가운데 일부는 대순에 투항했고, 일부는 목숨을 끊음으로써 명에 대한 충성심을 증명했다. 남쪽으로 피신한 황실과 관료들은 복왕福王을 황제로 추대하고 남명南明을 세워 뒷날을 도모하고자 했다. 명나라의 정치적 불안은 청나라에게 절호의 기회였다. 도르곤, 하오거 등은 누르하치와 홍타이지가 이루지 못한 대업을 완수해야 한다는 데 이견이 없었다. 그들은 이제 군대를 움직여야 할 때가 되었음을 직감했다.

눈부신 승리

만주인이 남쪽으로 군대를 움직이기 위해서는 무엇보다도 먼저 넘어야 할 관문이 있었다. 바로 우산구이가 버티고 있던 산하이관이었다. 우산구이는 명나라, 청나라, 대순 모두에게서 도움을 요청받은 상황이었다. 명나라를 위해 산하이관을 굳게 지키면 충신의 명예를 얻을 것이고, 청나라나 대순에 합류하면 나라를 버린 배신자가 될 터였다. 결국 그는 명나라에 반기를 든 리쯔청의 농민군을 물리치고 훗날을 도모한다는 명분으로 청나라 군대에 산하이관을 열어주었다. 그는 충신이라는 명예보다 자신이 얻을 수 있는 자리를 기준으로 청나라에 합류했다. 청나라의 남하를 막고 농민군을 물리쳤을 경우, 그가 얻을 수 있는 자리는 장군 정도였을 것이다. 하지만 그는 만주인에게 협조하고 남명을 붕괴시킴으로써 공신이 되었고 남쪽 지역에서 번왕藩王의 지위를 손에 넣을 수 있었다.

대순의 군대가 명나라의 수도를 점령하고 우산구이가 청나라에 투항한 것은 만주인들에게 분명 더할 나위 없이 좋은 기회이자 행운이었다. 그러나 누구나 자신 앞에 나타난 기회를 움켜쥐는 것은 아니다. 만주인들은 그 기회를 놓치지 않았다. 그들은 홍타이지가 그토록 간절히 무너뜨리려 했던 산하이관의 문을 한인들이 스스로 열게 만들었다. 그리고 투항한 한인들의 도움을 받으면서 도르곤의 지휘 아래 베이징 방향으로 내달렸다.

베이징을 점령한 뒤, 도르곤은 맨 먼저 숭정제의 장례를 치러주었다. 도르곤은 청나라가 명나라의 원수를 갚고 질서를 되찾기 위해 군대를 일으켰다는 명분을 살리고, 백성들과 사대부의 마음을 달래려 했다. 그리고 그의 전략은 성공을 거두었다. 하지만 만주인들이 명나라를 구해주기 위해 베이징에 온 것은 아니었다. 그들이 명나라 마지막 황제의 죽음을 애도했더라도, 그것은 리쯔청과 달리 세련된 방식으로 베이징을 점령한 것이었고, 이제 더 큰 목표는 중국을 손에 넣는 것이었다.

청나라는 천명을 받은 새로운 나라로서, 대순의 군대가 '도적 떼'처럼 명나라의 수도를 유린하고 백성들의 재물을 약탈했던 것과 달리, 멸망한 왕조의 군주를 존중하고 백성들을 '소중하게' 여긴다는 점을 부각하려 했다. 하지만 백성들은 청나라에게 '소중하게' 여겨지려면 천명을 받고 새로운 주인이 된 마음으로 받아들인다는 것을 보여주어야만 했다. 달리 말해서 청나라를 마음으로 받아들이지 않을 경우, 만주인의 칼끝이 자신들의 목을 향해 날아오는 것을 피할 수 없었다.

청나라 군대가 산하이관을 넘어서 베이징을 차지하고 대순과 남명의 군대를 정벌하는 과정에 대해서는 상반된 기록이 존재한다. 우리는 그 이유를 어렵지 않게 추론할 수 있다. 당시 상황을 다룬 상당수의 기록은 중국 정복이 끝난 뒤에 만주인들에 의해 윤색되었고, 왜 그리고 어떻게 그 어려운 정복이 그야말로 '순탄하게' 진행되었는지를 보여주었다. 그 기록들은 마치 만주인들이 친절하고 준비된 통치자로서 명나라가 남겨둔 백성들을 잘 어루만진 덕분에 중국의 새로운 주인이 된 듯한 느낌이 들게 한다. 반면 우리가 만주인 군대의 잔혹 행위에 대해 알게 된 것은 청나라의 쇠퇴가 시작된 이후에 다시 기록되거나 세상에 빛을 본 책들을 통해서 가능했다.

만주인들의 잔혹 행위를 다룬 기록은 홍타이지가 한인들을 포섭하는 정책을 실시했다는 시기부터 나타났다. 1637년, 홍타이지는 조선을 정벌한 다음 소현세자를 인질로 붙잡아둠으로써 조선의 명나라 지원을 차단했다. 조선 정벌 과정에서 청나라 군대는 10만 군대를 이끌고 노략질을 하여 큰 피해를 입혔으며, 거액의 몸값을 받을 수 있는 양반들을 포로로 생포하는 데 주력했다. 청나라는 조선 정벌을 통해 배후의 위험 요소를 차단했고, 필요한 물자를 확보함으로써 어느 정도 경제적 어려움에서 벗어날 수 있었다.

홍타이지는 원래 명나라와 우호적인 관계를 유지하면서 랴오둥 지역을 고수하는 정책을 펼쳤는데, 리쯔청의 봉기는 명나라를 혼란에 빠뜨렸고 그 혼란은 홍타이지에게 청나라의 힘을 보여줄 수 있는 정치적 공간을 제공했다. 그리고 청나라 군대가 명나라에 보인 약탈적이고 잔인한 군사 행동은 한인들에게 두려움을 심어주었다. 자신들을 보호할 나라와 군대가 사라진 한인들은 이제 거칠 것 없이 빠른 속도로 남진하던 만주인 군대의 시퍼런 칼날 아래 놓였던 것이다.

1645년 4월 24일, 청나라 군대는 양저우揚州를 공격했는데, 그들은 마치 한인들의 피가 대지 위에 더 많이 뿌려질수록 더 빨리 정복을 마무리할 것처럼 행동했다. 양저우를 점령한 이후 열흘 동안 청나라 군대에 의해 죽은 사람들이 대략 80만 명이었다. 여기에는 우물이나 강에 몸을 던지거나, 집 안에 숨어 있다가 불에 타서 죽거나, 몸을 숨겨 자살한 사람들은 포함되지 않았다. 양저우가 함락되었을 때, 밤이 되어도 도처에서 집이 불타올라 대낮처럼 밝았고, 논에는 시체들이 어지럽게 포개져서 나뒹굴었다. 들판과 계곡에는 어린아이가 훌쩍거리며 흐느끼는 소리로 가득하여 차마 듣고 있을 수 없을 정도로 가슴 아프게 했다.

양저우에서 대학살의 참상이 벌어진 지 얼마 되지 않아서 자딩嘉定의 주민들도 같은 상황에 놓였다. 7월 3일, 청나라 군대의 말발굽 소리가 자딩의 평온을 깨뜨렸다. 주민들은 성 밖의 다리를 무너뜨린 뒤 결사항전의 의지를 다지며 사방에서 포위를 좁혀오던 침략자들에게 대항했다. 청나라 군대는 진흙으로 만들어진 성벽을 향해 끊임없이 대포를 쏘아댔고, 성안의 어린아이들과 부녀자들은 두려워서 밖을 내다보지도 못했다. 다음 날 새벽부터 비가 세차게 내리붓기 시작했다. 그 와중에도 대포 소리는 멈추지 않았고, 결국 포탄에 무너져 내린 성벽 사이로 청나라 군대가 물밀듯이 들어오면서 재앙이 시작되었다.

자딩의 대학살을 자행한 사람은 리쯔청의 농민 봉기에 참가했다가 청나라에 투항한 리청둥李成棟이었다. 그는 성안에서 살아 움직이는 것은 전부 죽이라는 명령을 내렸다. 병사들은 집을 비롯하여 길 거리와 후미진 골목까지 하나도 남김없이 뒤졌고, 수풀을 수색할 때는 반드시 긴 창으로 헤집어놓았으며 사람이 없는 것을 확인한 뒤에 그쳤다. 그들은 길에서 사람을 보면 재물을 요구했고, 액수가 적어도 그 자리에서 목을 쳐버렸으며, 재물을 다 빼앗아도 살려두지 않았다.

양저우와 자딩의 대학살은 다른 지역의 저항을 무력화하는 효과를 가져왔을 것으로 보인다. 당시 양저우의 인구는 지방지地方誌에 나타난 호구戶口를 토대로 계산해보았을 때 아무리 많아도 15만에서

20만 명 사이였을 것임을 고려한다면, 80만이라는 숫자는 과장되었을 가능성이 높다. 하지만 양저우의 참상은 확대되고 과장되어 주변으로 퍼져 나갔고, 중국의 새로운 주인에게 반대할 경우 어떠한 처지에 놓이게 되는지를 경고하는 효과를 낳았다. 자딩의 경우 성 안팎의 희생자는 2만여 명으로 양저우에 비해 적었다. 이는 자딩에서 상대적으로 결사적인 저항이 벌어지지 않았고, '소문을 들은' 주민들이 투항했음을 의미한다고 볼 수 있다.

결국 만주인들이 편찬한 역사서에 기록된 원만한 방식의 정복은 현실에서 일어나지 않았을 가능성이 높다. 권력을 움켜쥔 통치자가 바뀌는 일은 달아날 곳 없는 사람들이 피를 흘리지 않고 이뤄지기는 어려웠다. 랴오둥의 한인들이 만주인의 무력 앞에서 무너졌듯이, 강남의 한인들도 일부를 제외하고는 속속 만주인들의 통치를 현실로 받아들이게 되었다. 만주인들은 잔혹한 방식으로 한인들의 저항을 무력화하고 침묵하게 만들었다. 그들은 한인의 100분의 1도 안 되는 규모의 인구를 가진 소수자로서 중국을 정복하는 눈부신 승리를 이뤄냈다.

2장
청나라 특색의 왕조 체제

　만주인이 명나라 유신遺臣들의 저항을 완전히 무력화하고 타이완臺灣까지 통치하는 데에는 상당한 시간이 필요했다. 그사이에 명나라 유신들 가운데 일부는 여전히 만주인들의 통치를 인정하지 않았고, 우산구이를 비롯한 세 번왕은 자신들의 목을 조여오는 만주인 조정의 압박에 반란을 일으켰으며, 만주인의 머리 모양을 강요하는 변발령에 대한 저항도 있었다. 하지만 시간이 지남에 따라 일부 지역에서 벌어졌던 저항도 잊혔고, 만주인의 지배는 황제의 통치라는 이름으로 사람들에게 익숙해졌다. 그런 익숙한 것들 중에서 팔기제·군기처·이번원 등은 청나라 특색의 왕조 체제를 상징했다.

팔기 우대

진시황 이후 중국에 등장한 많은 왕조는 건국 후에 문인 관료를 중심으로 통치되었다. 명나라를 세운 주위안장朱元璋도 무력으로 천하를 얻었지만 통치는 문인 관료의 도움을 받았으며, 무인들의 지위는 상대적으로 낮았다. 하지만 청나라는 중국을 정복한 이후에도 무인들을 우대했다. 청나라 군대에는 만주인을 중심으로 하고 몽골·한인 등으로 조직된 팔기, 한인으로 조직된 녹영綠營 두 종류가 있었다. 그 수는 대략 팔기 20만 명, 녹영 60만 명으로 모두 80만 명이었다. 당시 인구를 대략 만주인 100만명, 한인 8000만 명이었을 것으로 계산하면, 팔기는 대략 만주인의 20퍼센트였고, 녹영은 한인의 1퍼센트 남짓 되었다. 팔기가 규모는 작았지만 그 위상은 녹영보다 훨씬 높았다. 팔기는 만주인이 성장하고 중국을 정복하게 만든 핵심이자 원동력이었기 때문이다.

팔기는 만주인들이 사냥을 나갈 때 열 명씩 무리를 짓고 그중 한 명이 우두머리로 무리를 이끌던 관습에서 유래했다. 그 무리를 화살이라는 의미의 니루nilu, 우두머리를 주인이라는 의미의 어전ejen이라고 했다. 열 명을 단위로 한 니루는 누르하치가 부족들을 하나로 모으는 전쟁을 벌이는 과정에서 규모가 확대되었다.

1601년, 누르하치는 300명을 한 니루로 하는 팔기 제도를 만들었다. 처음에 니루가 네 개 있었고, 각각 황색·백색·홍색·남색 깃발을 사용하는 사기 체제였다. 후금을 세울 무렵이 되면, 황색·백색·남색 깃발에 홍색 띠를 두르고 홍색 깃발에 백색 띠를 두르는 방식으로 사기를 추가하여 팔기가 되었다. 각 기에는 각각 300명, 1500명, 7500명으로 구성된 니루·잘란(5니루)·구사(5잘란) 등의 단위가 있었다. 여기에서 잘란jalan은 군단軍團, 구사gusa는 깃발을 의미했다. 한 기가 7500명이었으니, 초기에 팔기 전체 수는 6만 명밖에 안 되었다. 나중에는 몽골 팔기와 한군 팔기도 추가되었다. 팔기는 여덟 명의 버일러가 이끌었고, 버일러 아래 있던 구사 어전이 실무를 담당했다. 청나라가 중국을 통치하면서부터 버일러는 친왕親王·군왕郡王·패륵貝勒·패자貝子 등으로 분화되었고, 구사 어전은 도통都統으로 명칭이 바뀌었다.

팔기의 기원이 되는 니루에 속한 사람들은 원래 사냥뿐만 아니라 농사일도 함께 했다. 따라서 완전한 군사·행정 조직으로 변모하기 전에 팔기는 만주인의 일상생활에 필요한 조직이었다. 하지만 시간이 흐르면서 팔기는 만주인의 상징이 되었고 일반 만주인과 특권을 지닌 만주인을 구분하는 기준이 되었다. 청나라는 베이징을 점령한 후 한인을 성 밖으로 내쫓았고, 수도에서 가까운 토지를 강제로 빼앗는 권지圈地를 실행했으며, 빼앗은 토지는 만주인 귀족들에게 지급했다. 일부 한인 농민들은 만주인들 밑에 들어가서 몸을 맡기고 경작했는데, 이것을 투충投充이라고 했다. 투충을 하지 못한 농민들은 고향을 떠나 떠도는 신세가 되었다. 1644년에 만주인이 산하이관을 넘은 입관入關과 함께 권지가 시작되었는데, 8년이 지난 1652년에 이르러서야 중단하고 토지를 소유주에게 돌려주라는 명령이 내려졌다.

만주인 팔기는 권지를 통해 경제적 특권을 보장받았을 뿐만 아니라, 전국에서 정치적으로도 우월한 지위를 갖게 되었다. 청나라는 수도를 지키는 금려禁旅 팔기와 군사적 요충지에 주둔시키는 주방駐防 팔기를 통해 한인들을 감시하면서 군림하는 형태의 통치 방식을 만들어냈다. 만주인은 베이징을 점령한 이후에도 한인을 불신했기 때문에 금려 팔기는 만주 팔기와 몽골 팔기 가운데 전투력이 가장 뛰어난 병사들을 선발하여 조직했다. 그들은 베이징의 주요 성문을 물 샐틈 없이 지켰다. 주방 팔기의 주방은 현지에 주둔하면서 방어한다는 의미가 있었다. 만주인은 중국 정복을 진행하면서 새로 차지한 지역 가운데 요충지에 만성滿城을 설치하여 팔기를 주둔시켰다. 만성은 어떤 경우에는 한인들이 거주하던 성의 일부에 거주지를 분리하는 벽을 쌓거나, 한인들이 거주하던 곳에서 멀리 떨어진 곳에 새롭게 성을 쌓는 방식으로 건설되었다.

만주인은 팔기를 적절히 활용함으로써 한인들과 자신들을 구별하고 통치하는 방식을 취했다. 청나라 이전에 거란의 요나라, 여진의 금나라, 몽골의 원나라 등도 소수의 민족으로 다수의 한인을 통치했다. 이 세 왕조는 자민족과 한인들을 명확히 분리해 거주시키고 관리하는 이중적인 통치 구조를 가지고 있었다. 만주인의 방식은 그보다 더 세련되었다. 주요 지역에 설치된 주방 팔기의 표면적 임무는 군사적인 부분에 한정되었지만 사실 그들은 행정과 사법에 걸치는 영역까지 두루 관할했다. 청나라 황제들은 만주인들이 각 지역에서 만들어 낸 관계망을 통해 현지의 상황을 파악하고 통치에 활용했다. 황제는 수도에서 성省·주州·현縣 등에 지방관을 파견하고 그들이 제대로 임무를 수행하고 있는지 정기적으로 감독했다. 이러한 일반적인 행정 체계에서 중요한 지역마다 주방 팔기라는 별도의 행정 조직을 배치함으로써 한인들이 소수 만주인 황제의 눈을 피할 수 있는 여지를 차단했다.

강희제康熙帝 시대 말기에 팔기의 관리 수는 1만 5000명 정도였다. 당시 일반 행정 기구의 관리가 8000명에서 9000명이었던 상황과 비교하면, 어느 쪽이 행정을 주도하고 있었는지 분명히 알 수 있다. 일반 행정 기구와 팔기 사이의 관계가 어땠는지는 지방의 최고 행정 기구인 성의 총독總督과 주방의 장군將軍을 통해서 확인할 수 있다. 즉, 주방 장군은 종1품관이었던 총독보다 지위가 높았다. 장군은 자신이 관할하는 곳에서 수천 명의 팔기 병사를 지휘했고, 그의 권한이 미치는 범위는 주방과 관련된 일에 그치지 않았다. 그는 주방이 위치한 곳 주위의 성들에서 일어나는 일을 감독하고 중앙에 보고하는 일을 맡았다.

총독과 장군은 형식적으로는 각각 행정과 군사를 담당하는 서로 독립적인 관계였다. 하지만 그들은 지역을 관할하는 관리로서 황제에게 개인적으로 문안 인사를 비롯해 관리들의 동향, 지역 현안 등을 담은 주접奏摺을 올릴 수 있었는데, 장군은 상대적으로 황제와 더 가까웠다. 총독은 주방에 재정적 지원을 제공하는 공식적인 역할을 했을 뿐인 반면 주방에 있던 장군이나 그 휘하의 부도통副都統은 팔기와 관련이 없는 일에 대해서도 황제에게 보고했다. 총독도 장군의 잘못에 대해 황제에게 보고할 수 있었는데, 그 잘못이란 군사적 사안으로 한정되는 경우가 많았다. 장군이 노후를 편안하게 보내기 위해 나이 든 만주인들이 맡는 자리가 된 것은 19세기 이후의 일이었다.

장군 이외에도 팔기의 병사, 즉 기인旗人과 그 가족들은 국가의 지원을 받았다. 청나라는 기인들이 만성으로 가게 되었을 때 집, 양식, 생활비 등을 지급했다. 또 결혼·장례와 같은 예식이 있을 때는 특별 수당을 제공했다. 어떤 경우에는 기인이 진 빚도 나라에서 대신 갚아주었다. 청나라가 세워진 후 첫 100여 년 동안, 기인들의 삶은 평균적으로 한인들보다 나았다. 그들은 경제 활동을 하지 않고도 국가의 지원을 받으며 생활할 수 있었다.

만한병용

명나라 때 황제를 보좌하던 기구는 내각內閣이었다. 내각은 문인 관료들이 중시되던 통치 형태를 잘 보여준다. 내각의 대학사大學士들은 황제가 중요한 정책을 결정할때 조언하고 영향력도 행사할 수 있었다. 청나라에서 명나라의 내각과 같은 역할을 한 기구는 군기처軍機處였다. 군기처는 강희제와 옹정제雍正帝를 거치면서 중요한 기구로 부상했고, 건륭제乾隆帝 이후에는 명실상부하게 황제를 보좌하는 핵심 기구가 되었다.

군기처의 설립은 측근 등용과 기밀 유지라는 두 가지 측면에서 이해될 수 있다. 먼저 측근 등용의 측면이다. 강희제는 '자기 사람들'을 곁에 두고 학문과 취미 활동에 도움을 받기 위하여 남서방南書房을 두었다. 다음으로 기밀 유지의 측면이다. 옹정제는 준가르(중가리아) 정벌 과정에서 군사 기밀을 다루기 위하여 군수방軍需房을 설치했다.

남서방은 표면적으로 강희제가 일상생활을 도와줄 보좌진이 필요해서 만든 조직이다. 하지만 사실 정책 결정에 도움을 받기 위하여 자문해주는 측근이 필요해서 만든 것으로 보인다. 그리고 설사 처음에는 순수하게 일상생활의 보좌진이었다고 하더라도 나중에는 권력 집단으로 발전할 수 있었다.

중국에서 왕조 교체는 강력한 무력을 지닌 집단에 의해 이뤄졌고, 황제는 그 집단의 우두머리로서 군사권 장악을 통해 권력을 유지할 수 있었다. 하지만 억압적이지 않고 어진 황제가 되어야 한다는 유교 사상은, 북방 민족의 혈통을 가진 왕조를 제외하면, 황제로 하여금 군사적 능력을 대놓고 과시하는 것을 꺼리게 만들었다. 군기처는 명칭에 '군'이라는 글자를 사용했고 '군사 기밀을 다루는 곳'이라는 뜻을 가지고 있었는데, 이는 강인하고 전투적인 정신을 받들었던 청나라의 특성이 반영된 것으로 이해할 수 있다.

그런데 군기처가 다루는 업무의 범위는 군사에만 머무르지 않았다. 그렇다면 군사 업무를 다루기 위해 만들어진 군수방이 어떻게 군기처로 명칭을 바꾸고 청나라의 핵심적인 정책 결정 기구로 발전했을까? 1729년, 군수방은 준가르와 전쟁을 수행하면서 군수품의 보급 문제를 처리하려는 목적으로 설치되었는데 처음에는 호부戶部의 한 부서에 지나지 않았다. 일반적으로 군사 업무는 공개적으로 진행할 수 없었고, 특히 전쟁 수행 문제는 더더욱 그랬다. 따라서 군수방은 공식적인 절차를 밟지 않더라도 황제와 직접 대면할 수 있는 이친왕怡親王 인샹允祥에 의해 관리되었다. 군사와 관련된 일을 다룬다는 점, 비밀리에 일을 처리한다는 점, 황제와 사적으로 대면할 수 있다는 점 등에서 군수방은 권력 기구로 바뀔 가능성을 품고 있었다. 옹정제는 1731년에 군수방을 군기처로 바꾸었고 이로써 군기처는 정식으로 황제를 보좌하는 기구로 변신했다.

군기처가 등장하면서 내각의 힘은 상대적으로 축소되었다. 하지만 군기대신은 내각 대학사 가운데 서열이 높고 경험이 풍부한 인물이 맡았고, 대학사나 육부의 상서尙書를 겸직했다. 따라서 내각과 군기처 는 서로 대립적인 관계가 아니라 상보적 관계인 셈이었다. 내각은 관리가 올린 상주문上奏文에 의견을 덧붙여 황제에게 올리는 표의권表 擬權을 통해 일상적인 행정 업무를 담당했다. 그에 반해 군기처는 중요한 군사 정책과 국정에 관련된 황제의 유지諭旨를 처리하는 역할을 맡았다. 원래 군사 정책의 결정은 의정왕대신회의議政王大臣會議에서 자문하고 있었는데, 군기처가 그 기능을 맡게 되었다.

그렇다면 황제와 혈연관계이던 만주 귀족이 아닌, 황제와 상하 관

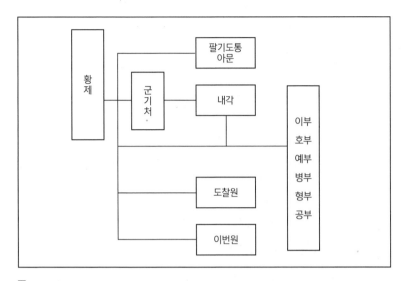

청나라의 중앙 기구

계이던 관료가 군사 정책을 자문했다는 것은 어떤 의미가 있을까? 이는 청나라가 북쪽 변방의 소규모 왕국에서 제국으로 변모하는 과정에서 황제 중심의 통치 기구를 갖추게 되었음을 뜻한다. 중국 왕조의 역사에서 황실과 귀족이 차례로 정치에서 배제된 현상은 황제 중심의 통치 구조로 나아가는 과정에서 공통적으로 나타난 현상이다. 청나라도 그러한 과정을 겪었던 것이다.

청나라는 중앙의 실무를 담당하고 있던 육부의 상서와 좌·우시랑左右侍郎에 만주인과 한인을 같은 수로 임명했다. 사실 만한병용滿漢竝用은 일종의 보여주기 식 임명으로, 각 부에서 시랑 아래의 관리들은 만주인이 압도적으로 많았다. 군기처는 청나라 특색의 왕조 체제를 상징하는 기구였다. 따라서 만주인과 한인이 화합하는 모습을 잘 보여주면서도 청나라의 주인이 누군지 분명하게 하는 방식으로 군기처의 구성원들을 채웠다. 군기대신은 황제가 경사京師의 관료들 가운데 특별히 발탁(특간特簡)하는 방식으로 임용되었고, 정원이 따로 정해지지 않았다. 옹정제는 세 명을 군기대신으로 임명하여 군사 기밀 등을 담당하게 했는데, 건륭제는 그 수를 다섯 명까지 늘렸다. 옹정 시대에 군기대신은 처음 3년 동안은 한인들의 수가 많았지만, 그 이후에는 점차 줄어들었다. 만주인이 군기처를 주도하는 상황은 건륭 시대에 들어서면서 한층 더 명확해졌다.

건륭 시대 군기대신들 가운데 만주인, 몽골 팔기, 한군 팔기, 한인 등의 점유율을 산출해보면, 군기처를 누가 주도했는지 명확해진다. 건륭 시대 동안 군기처에서 한인의 비율이 높았던 때는 60년 중 6년뿐인데, 넓게 보아 몽골 팔기를 만주인으로 포함할 경우 단 3년만 한인이 군기처에서 간신히 과반을 넘었다. 군기처 안에서 만주인과 한인의 비율은 건륭 시대 후반에 더 분명하게 고착화된다. 만주인은 군기처에서 항상 과반수를 넘었고, 한인보다 20퍼센트 정도 많았다. 건륭 시대 전체 평균을 산출해보면, 군기대신은 만주인, 몽골 팔기, 한군 팔기, 한인 등이 각각 53.7퍼센트, 8.8퍼센트, 0.02퍼센트, 36.6퍼센트를 차지했다.

만주인 군기대신이 항상 과반수였다는 것은 무엇을 의미하는가? 무엇보다도 중요한 정책 결정에서 만주인의 이익과 의사가 관철되는 구조였다는 것을 의미한다. 건륭 시대에 진행되었던 대외 원정이 실제로 그다지 큰 경제적 이익이 없었음에도 진행될 수 있었던 것은 황제의 위신을 높이려는 정치적 의도 때문이었는데, 대외 원정이라는 중요한 정치적·군사적 사안이 내부의 반대 없이 진행될 수 있었던 것도 군기처의 인적 구성을 보면 쉽게 이해할 수 있다.

우리는 군기처의 만주인 대 한인 비율을 통해 만한병용의 실상을 파악할 수 있다. 왜냐하면 육부가 상층에서 결정된 정책을 집행하는 역할을 했다는 점에서, 청나라가 내세운 만한병용의 실제 모습은 핵심 정책 결정 기구를 통해 더 정확하게 볼 수 있기 때문이다. 청나라에서 건륭 시대까지 만한병용은 사실 한인들을 달래기 위한 일종의 정치적 수사였고, 만주인은 사실상 모든 중요한 정책을 자신들의 의지에 따라 결정할 수 있는 정치 구조를 가지고 있었다.

이번원

청나라는 북쪽과 서쪽의 변방에 명나라와는 다른 시각으로 접근했다. 명나라가 수세적이고 폐쇄적인 시각을 가지고 있었다면, 청나라는 공세적이고 개방적이었다. 먼저 명나라가 변방을 어떻게 바라보았는지 살펴보는 것이 청나라와 비교해서 이해하는 데 도움이 될 것 같다.

명나라 태조 주위안장은 황제가 중심이 되어 유교 사상을 바탕으로 농촌 중심의 왕조를 건설하려 했다. 그가 꿈꾸던 사회는 밖으로 영토를 확장하고 외부 세계의 다양한 나라, 다양한 사람들과 교류하는 것이 아니라, 농사를 지으며 농촌에서 평화롭게 살아가는 자연 친화적인 사회였다. 명나라에서 경제가 성장하지 않았던 것은 아니다. 화폐 통화량이 늘었고, 경제 규모도 커졌으며, 경제성장은 복잡했던 징세 방법의 변화를 가져왔다. 세금이 지세地稅와 정세丁稅로 통합되었고, 세금을 은으로 납부하게 하는 일조편법一條鞭法이 시행되었다. 한마디로 일조편법의 시행은 경제성장이 만들어낸 결과였는데, 이러한 성장에도 더 많은 경제적 이익을 얻기 위해 외부로 진출하는 데에는 소극적이었으며, 외부인에게 폐쇄적이었다. 경제적 측면만이 아니었다. 군사적 측면에서도 잠재적이든 실제적이든 외부의 위협에 적극적 공세보다는 소극적 태도를 보였다.

청나라는 출발부터 명나라와 달랐다. 누르하치는 변방에서 인삼이나 모피 같은 물품을 판매하여 기반을 닦았고, 홍타이지는 변방 민족으로서 세력을 키워가는 과정에서 몽골인이나 한인을 포함한 여러 민족으로부터 도움을 받았다. 특히 홍타이지는 만주인만이 아니라 몽골인이나 한인까지 포함하는 백성들의 황제가 되려 했다. 그는 당연히 만주인이 청나라의 중심이라고 여겼다. 하지만 다른 백성들도 자신의 백성이 되어야 하고 될 수 있다고 생각했다. 명나라가 만주인의 전신이었던 여진인을 백성이라기보다 관리의 대상으로 여겼던 태도와는 달랐다. 홍타이지에게 몽골인은 관리의 대상인 동시에 자신에게 힘이 되어줄 통합이나 연대의 대상이었고, 중국을 정복한 이후에 그런 대상으로 티베트인과 위구르인이 추가되었다.

홍타이지를 비롯한 황제들에게 청나라를 중심으로 한 세계는 청나라 이전부터, 크게 한인들이 주로 거주하던 지역과 다른 민족들이 거주하는 지역, 두 곳으로 나뉘어 있었다. 이 두 지역은 각각 전통적으로 농경 지역과 목축 지역이라고 불리기도 했는데, 청나라 때는 통상적으로 내지內地와 번부藩部로 구분했다. 내지에서는 과거 명나라 때부터 시행되던 형태의 제도가 대체로 계승되었고, 지역 사회에서 학문적 식견을 갖춘 향신층이 기근과 같은 재난이 닥쳤을 때 재산을 기부함으로써 영향력을 유지하던 곳이었다. 번부는 거주민들이 유목이나 수렵과 같이 자연의 자원을 이용하는 방식을 통해 생활하던 곳으로, 중앙 조정에서 파견한 관리나 유학적 소양을 갖춘 향신층 대신 소규모 집단을 이끌던 부족장들 같은 이들이 지역 사회에서 영향력을 갖고 있었다.

번부를 관할하던 기구는 이번원理藩院이었다. 홍타이지는 청나라에 투항한 내몽골과 관련된 일을 한인들에게서 수용한 기구에서 관할하는 것은 적절하지 않다고 여겼다. 명나라 때까지 이른바 번속藩屬과 관련된 업무는 대체로 조공 사절을 맞이하고 받아들이거나 군대를 파병하는 일이었다. 따라서 상황에 따라 예부나 병부에서 관련 업무를 처리했고, 전담 부서가 존재하지는 않았다. 후금 때도 사정은 비슷 했는데, 홍타이지가 한의 자리에 오른 뒤 몇몇 몽골 부족들이 투항해왔다(1631년). 그러자 홍타이지는 육부에 몽골인과 관련된 업무를 처리하는 관리를 한 명씩 배치했다. 1636년에 이르러서는 내몽골 전체가 청나라에 투항했고, 기존의 관리로는 늘어난 업무를 처리하기 어려워졌다. 홍타이지는 새롭게 몽골 아문衙門을 설치하여 늘어난 업무를 담당하게 했다. 하지만 몽골 아문의 위상은 그리 높지 않아서, 기구 안의 관리는 등급이 낮았고 인원도 많지 않았다.

1644년, 만주인이 산하이관을 넘던 해에 몽골 아문은 육부와 동등한 등급의 기구가 되었다. 이번원의 장관은 육부와 마찬가지로 상서 직함을 갖게 되었고, 그 아래로 시랑, 원외랑 등을 두었다. 강희 시대부터 옹정 시대를 거쳐 건륭 시대에 이르는 동안, 이번원의 기능과 지위는 더욱 향상되었다. 당시에 청나라의 통치 영역은 몽골인의 거주 지역뿐만 아니라 위구르인이나 티베트인이 거주하던 신장新疆과 시짱西藏까지 확대되었다. 확대된 영토는 한인들의 왕조에서 변방이었고 그리 중시되지 않던 곳이었다. 즉, 한인들의 세계였던 내지와는 다른 문화를 가진 곳이었고, 이미 이번원에서 관할하고 있던 몽골 지역과 유사했다. 그리하여 이번원은 몽골뿐만 아니라 신장과 시짱까지 관할하게 되었다. 그만큼 이번원의 기구는 확대되었고 관리도 증원되었다.

청나라의 중앙 행정 기구에 이번원이 등장한 것은 북방 민족이 중시되고 위상도 높아졌음을 보여준다. 이전에는 만주인을 포함한 북방 민족은 야만인으로 여겨지면서 멸시를 당했고, 그들의 호칭도 한인들이 편의적으로 만들어낸 낙인이었다. 하지만 그 북방 민족인 만주인이 중국을 통치하는 핵심 세력이 되면서 상황은 달라졌다. 청나라는 변방을 중시하지 않을 수 없었다. 변방을 중시하지 않는 것은 자신들의 근원을 부정하는 일이었기 때문이다. 만주인은 자신들의 출신을 부정하지 않았고, 오히려 한인과 구별되는 강인한 정신을 지닌 민족으로서 자긍심을 가졌다. 만주인의 위상이 높아지면서 다른 북방 민족도 소수였지만 한인과 마찬가지로 중요한 존재로서 대우받을 수 있게 되었다.

이번원의 설치와 발전은 만주인이 자신들의 정체성을 유지하고 자신들의 왕조를 지키는 일과 밀접한 관련이 있다. 청나라 이전의 역사는, 이민족이 세운 왕조가 대체로 중국적인 것들에 동화되는 속도가 빠를수록 빨리 사라지고 늦을수록 오래 유지된다는 것을 보여주었다. 물론 원나라처럼 동화되지 않고 억압적인 통치를 지속하다가 반란에 의해 멸망한 사례도 있다. 하지만 요나라와 금나라는 위진남북조 시대의 왕조들과 달리 중국 문화와 제도를 일정하게 받아들이면서도 자신들의 문자를 만드는 등 정체성을 유지함으로써 상대적으로 오래 존속할 수 있었다. 만주인은 과거 북방 민족들이 세운 왕조들의 경험을 통해 자신들의 정체성을 유지하면서도 한인들의 반감을 완화시켰고, 주도권을 잃지 않음으로써 270여 년 동안 중국을 통치했다.

3장
통합과 번영의 시대

청나라 군대가 만리장성을 넘기 전, 도르곤과 하오거는 나이 어린 푸린을 황제로 추대함으로써 권력의 균형을 맞추었다. 순치제順治帝 푸린은 청나라가 한인들을 무력으로 제압하는 과정에서 실권을 쥐고 있던 도르곤의 그늘 속에서 상징적 권력으로 존재했다. 도르곤이 죽은 후, 순치제는 친정을 시작했다. 순치제는 몽골인 어머니, 황태후와 관계가 원만하지 않았고, 자신이 총애하던 동악비東顎妃가 요절하는 슬픔을 맛보았다. 그는 출가를 결심했지만 자신의 뜻대로 할 수 없었고, 상실감에 빠져 있던 상황에서 천연두에 걸려 세상을 떠났다. 순치제의 뒤를 이어 제위에 오른 세 황제는 한인과 명나라의 흔적을

모두 지워버리고 강건성세康乾盛世라는 통합과 번영의 시대를 창조해
냈다.

정치의 안정

강희제부터 건륭제까지 3대 130여 년은 평화로운 번영의 시대였
다는 의미에서 '강건성세'라고 불린다. 사실 강희제 초반에 삼번三藩
의 난이 있었고 건륭제 후반에는 백련교도白蓮敎徒의 난이 일어났으
니, 실제로 성세는 앞뒤의 30여 년을 제외한 100여 년이었다.

강건성세의 문을 연 이는 강희제였다. 강희제는 1661년에 일곱 살
의 나이로 황제가 되었다. 그가 친정을 시작할 때까지 청나라는 두
가지 상반되지만 서로 연관된 문제를 안고 있었다. 하나는 반청 세력
을 진압하는 문제였고, 다른 하나는 그 세력을 진압하는 과정에서
세력이 커진 남부의 번왕들 문제였다. 만주인이 베이징을 점령한 뒤
에 명나라 유신들은 남쪽에서 남명을 세워 청나라에 저항했다. 하지
만 그들은 하나의 세력으로 결집하지 못해서 큰 힘을 발휘하지 못했
을 뿐만 아니라, 우산구이가 이끄는 잘 조직된 강력한 군대의 무력
앞에서 무너지고 말았다. 그 대가로 우산구이는 평서왕平西王에 책봉
되었고, 자신이 만주인의 지배 아래 들어가게 했던 지역을 통치할 수
있는 특권을 얻었다. 상커시尙可喜와 경중밍耿仲明도 우산구이와 함
께 남부의 반청 세력을 진압하는 데 전공을 세웠고, 각각 평남왕平南
王과 정남왕靖南王에 책봉되었다. 그들은 광저우廣州를 공격하는 동안

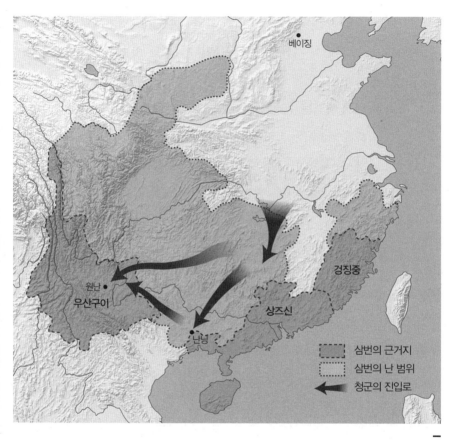

베이징

원난 •
우산구이

경징중

상즈신

난닝

삼번의 근거지

삼번의 난 범위

청군의 진입로

삼번의 난과 청군의 진압로

수많은 한인들을 학살함으로써 만주인의 왕조에 변함없는 충성심을 보여주었다. 청나라는 그들에게 각각 광둥廣東과 푸젠福建 지역을 통치할 수 있는 특권을 하사했는데, 그들이 통치하던 이 지역들과 우산구이가 통치하던 지역은 삼번으로 불렸다.

1667년에 강희제는 친정을 시작했는데, 당시 14세였던 황제가 권력을 확립하기 위해서는 걸림돌을 제거할 필요가 있었다. '만주인' 황제에게 가장 큰 정치적 위협은 군사력을 쥐고 있던 '한인' 우산구이를 비롯한 삼번 세력이었다. 강희제는 삼번 문제를 깊은 밤까지 마음에 두었고, 글로 써서 궁정의 기둥 위에 걸어둘 정도였다. 강희제로서는 삼번을 아예 없애는 것이 최선책이었지만, 쉬운 일이 아니었고 시간이 필요했다. 그런데 그 기회를 삼번 세력이 제공했다.

상커시는 나이가 들자 떠나온 고향으로 돌아가서 여생을 보내기로 마음을 굳혔다. 그래서 1673년 3월에 강희제에게 자신은 고향으로 돌아갈 테니 아들이 광둥에서 자신의 뒤를 잇게 해달라고 요청했다. 하지만 강희제는 세습은 불가할 뿐만 아니라, 가솔과 군대를 모두 이끌고 고향으로 돌아가라고 명령했다. 상커시의 사례를 본 우산구이는 조정의 뜻을 분명히 알게 되었고, 그가 선택할 수 있는 길은 두 가지였다. 하나는 숨죽이며 여생을 마무리하는 것이었고, 다른 하나는 자신이 아직 죽지 않았음을 보여주는 것이었다. 그들은 만주인들의 앞길을 열어줌으로써 힘 있는 자리를 차지하고 있었고, 자신들의 힘이 여전히 강하다고 여겼기 때문이었는지 후자를 선택했다.

1673년 12월, 우산구이가 먼저 청나라에 반기를 들었고, 그 이듬해를 주왕周王 원년으로 선포했다. 1674년에는 경징중이 우산구이에게 호응했고, 1678년에는 상커시의 아들 상즈신尙之信이 반란에 합류했다. 하지만 과거 명나라를 배신했던 사람들의, 다시 청나라를 무너뜨리고 명나라를 부흥시키자는 호소는 백성들의 호응을 얻지 못했다. 게다가 삼번 내부에서도 협력이 제대로 이뤄지지 않아서 8년 만인 1681년에 반란은 진압되었다. 삼번의 난은 만주인의 입장에서는 권력을 공고히 하는 기회가 되었다. 만주인은 반란을 진압함으로써 조정 안에서 한인의 목소리를 억누르고 목소리를 높일 수 있었다.

삼번 세력이 제거됨에 따라, 타이완에서 정청궁鄭成功을 이어 청나라에 대항하고 있던 그의 아들 정징鄭經의 힘도 약해질 수밖에 없었다. 1683년 여름, 강희제는 정청궁의 부하였던 스랑施琅에게 타이완 원정을 지휘하게 했고, 결국 찬바람이 불어오기 전에 정징은 아버지의 부하였던 스랑에게 무릎을 꿇었다. 삼번의 난을 진압하고 타이완을 정복함으로써, 만주인들은 이제 두 가지 부담에서 벗어날 수 있었다. 하나는 우산구이를 비롯한 일부 한인들에게 졌던 일종의 부채 의식이고, 다른 하나는 반청 집단의 소굴이 주던 심리적 불안감이었다. 이로써 만주인들은 청나라를 그야말로 그들의 나라로 만들 계기가 형성되었다.

성세란 백성들이 의식주에 대한 걱정 없이 편안하게 삶을 영위하는 시대다. 강희제는 백성들의 삶을 안정시키려는 목적으로, 지나치

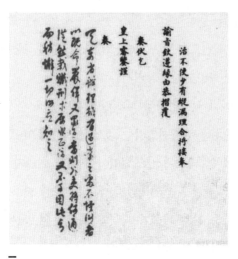

주접과 주비

게 무분별하게 진행되어 한인들에게 큰 피해를 가져온 권지를 폐지
했다. 1712년에는 그해 이후에 태어난 인구(성세자생인정盛世滋生人丁)
에게는 세금을 부과하지 않는다는 유지를 내렸는데, 이런 조치는 백
성들의 세금을 줄여주는 효과가 있었다. 그는 일반 백성들의 삶을 살
펴보고 적절한 정책을 펼치기 위해 지방을 시찰하는 순행을 실시했
다. 순행은 많은 비용이 든다는 문제가 있었지만, 만주인 황제의 화
려한 행렬을 직접 확인하게 함으로써 한인들이 명나라가 부흥할 수
있다는 헛된 생각을 버리도록 했다.

강희제는 순행을 통해 만주인 황제의 위세를 확인시키는 방법과
함께 주접 제도를 도입했다. 주접은 중앙에서 파견한 관리들이 지역
사정과 다른 관리들의 상황을 개인적인 서신 형태로 황제에게 보고

하는 제도였다. 주접을 받은 황제는 원본에다 붉은 글씨의 의견을 의미하는 주비朱批를 써서 당사자에게 보내 일을 처리하도록 했다. 황제는 사적인 성격의 주접을 통해 관리들의 상황을 은밀히 파악하고, 관리들은 황제만을 바라보며 서로 감시하기에 이르렀다. 이러한 감시와 통제는 문화 사업을 지원하여 무마했다. 강희제는 《강희자전康熙字典》, 《주자전서朱子全書》,《고금도서집성古今圖書集成》등 방대한 분량의 서적들이 편찬되도록 후원함으로써 한인 사대부들이 만주인에게 가진 반감을 약화시켰다. 학문에 대한 지원은 유가에 국한되지 않았다. 청나라가 베이징을 점령한 이후에도 흠천감欽天監의 크리스트교 선교사들은 계속해서 머물렀다. 그들은 강희제 때도 궁중에서 서양의 과학기술을 소개했고 역법과 관련된 일을 맡았다. 강희제는 조상에게 제사를 지내는 전례 문제 때문에 허가받지 않은 선교사들을 베이징에서 추방했고 포교 활동을 제한하기는 했지만 크리스트교 자체에 대한 반감은 없어서 금령을 내리지는 않았다.

강희제의 뒤를 이은 옹정제는 내치와 관련하여 몇 가지 변화를 이끌었다. 앞서 서술했듯이, 강희제는 백성들의 조세 부담을 줄이기 위해 정세丁稅의 총액을 고정했다. 옹정제는 여기에서 한 걸음 더 나아갔다. 그는 정세를 지세地稅에 통합하고 은으로 납부하는 지정은제地丁銀制를 실시함으로써 농민들의 부담을 줄이고 은의 유통을 촉진했다. 또 관리들이 세금을 징수하는 과정에서 사리사욕을 채우는 폐단을 막고 봉록을 현실화하기 위하여 양렴은養廉銀을 지급했다. 이외에도 옹정제는 황위 계승 방식과 정책 결정 기구의 변화를 이끌었다. 강희제의 넷째 아들이었던 옹정제는 극심한 경쟁을 거쳐서 제위를 거머쥐었고, 황제가 된 뒤에는 경쟁자들을 가차 없이 제거했다. 경쟁자들에 대한 의구심은 종교 문제에도 영향을 줘서 크리스트교의 포교를 금지했다(1724년). 뿐만 아니라 황위 경쟁이라는 폐단을 없애기 위해 차기 황제의 이름을 쓴 상자를 건청궁乾淸宮의 편액 뒤에 보관하고, 황제가 세상을 떠난 뒤에 열어보게 하는 황태자밀건법을 실시했다. 또한 황제의 정책 결정을 보좌하는 기구로서 군기처를 설립했다. 강희제와 옹정제를 거치면서 만들어진 제도들은 건륭제에 이르러서도 큰 변화 없이 유지되었고, 황제를 중심으로 하는 강력한 중앙 집권 왕조 체제를 뒷받침했다.

영토의 팽창

만주인들이 만리장성을 넘기 전에 내몽골은 이미 청나라에 병합되었고 중국을 정복하고 통치하는 과정에서 강력한 동맹 세력으로 부상했다. 하지만 몽골 부족 가운데 여전히 청나라의 통치를 거부하는 세력이 존재했다. 강희 시대부터 건륭 시대까지 청나라는 아직 복속되지 않은 몽골 부족을 정벌하는 데 힘을 쏟았다. 청나라 중심의 세계 질서를 세우려는 황제들에게, 중심에 복종하지 않는 세력의 존재는 그 크기에 상관없이 정벌해야 할 대상이었다. 몽골 부족 가운데 가장 굳건하게 독립을 지향한 부족은 갈단Galdan이 이끄는 준가르였다. 갈단은 1679년에 동투르키스탄을 정복했고, 1687년에는 외몽골의 할하족Khalkha을 병합했다. 그의 목표는 중앙아시아 제국을 세우는 것이었다. 갈단이 외몽골의 동쪽과 서쪽에서 영향력을 확대하고 있을 때, 러시아의 코사크인이 이미 국경 지역 알바진雅克薩에 성을 쌓고 헤이룽강黑龍江 지역을 자주 침범했다. 청나라 입장에서 보면, 준가르와 코사크인이라는 두 적을 상대해야 했고, 최악의 상황은 이 두 적이 연합하는 것이었다.

강희제는 단계적인 전략을 세웠다. 그는 상대적으로 약하다고 여긴 코사크인을 먼저 공격하기로 결정하고 알바진에 군대를 보내 성을 초토화시키고 청나라 요새를 축조했다. 청나라가 공격해오자 러시아에서는 외교 사절을 보내 평화적인 해결을 도모했다. 강희제는 러시아 사절단과 협상을 진행했고, 1689년에 네르친스크 조약이 체결되었다. 이 조약은 중국이 서양의 국가와 최초로 맺은 조약이었다. 이 조약의 결과, 러시아는 알바진에서 철수했고, 청나라는 국경 지역의 일부 영토를 할양해주었다. 그렇게 하여 배후에서 코사크인에게 공격을 당할지 모른다는 우려는 사라졌다. 하지만 준가르는 호락호락하지 않았다. 1696년에 갈단이 병사한 뒤에 일부 준가르가 청나라에 투항했음에도 독립을 향한 준가르의 싸움은 끝나지 않았다.

갈단이 죽은 후, 그의 조카 처왕아랍단Cewang Arabtan이 준가르를 이끌었으며 지속적으로 영향력을 확대했다. 강희제는 준가르 문제를 완전히 마무리하지 못한 채 세상을 떠났다. 옹정제는 아버지와 유사한 방식으로 그들을 상대했다. 1727년에 청나라는 러시아와 캬흐타 조약을 체결했다. 이 조약으로 러시아는 청나라와 무역하는 특권을 얻었고 베이징에 교회를 설립할 수 있게 되었다. 청나라는 러시아와 우호적인 관계를 맺음으로써 준가르를 공격하는 과정에서 배후로부터 공격을 당하는 위험을 피할 수 있게 되었다. 그러자 옹정제는 전투 준비를 마치고 준가르 정벌을 명령했다. 하지만 청나라 군대는 처왕아랍단의 아들 갈단처링Galdan tseren에게 패했다. 이 패배는 다음 전투에서 만회되었지만, 준가르를 완전히 정벌하지는 못했다.

준가르를 정벌하고 청나라 중심의 세계 질서를 완성하는 역할은 건륭제가 맡았다. 건륭제 홍리弘曆는 스물다섯 살에 황태자밀건법에 의해 처음으로 제위에 올랐다. 그는 어렸을 때부터 할아버지의 사랑을 받았고, 황자로서 교육받을 때도 유학을 비롯한 학문이나 말 타기 같은 무예에도 뛰어난 자질을 보였다. 그가 제위에 오른 것은 사람들에게 당연한 일로 받아들여졌다. 그리고 황제가 된 홍리는 말년이 되기 전까지 무난하게 왕조를 이끌었다.

건륭제는 아버지와 할아버지의 숙원이었던 준가르 문제를 해결했다. 1755년, 준가르가 다시 반란을 일으키자, 청나라 군대는 2년에 걸쳐 세 차례 전투를 벌여 준가르가 더는 일어설 수 없도록 철저히 진압했다. 준가르는 청나라가 북쪽과 서쪽으로 확장하는 데 길을 막고 버티던 장애물이었다. 장애물이 사라지자 청나라 군대는 이제 거칠 것이 없었다. 1758년에는 동투르키스탄의 이슬람교도들이 일으킨 반란도 진압했고, 서역으로 나가는 길목에 위치한 야르칸드나 카슈가르를 비롯한 도시들을 차지했다. 그러자 건륭제는 새로 통치하게 된 지역들을 전반적으로 관리할 직책을 신설했다. 처음에는 이리장군伊犂將軍과 협판대신協辦大臣을 파견하여 군대를 이끌고 그 지역을 관리하게 했다. 1768년부터 그 지역들은 서역이라는 이름 대신에 '새로운 영토'라는 의미로 신장으로 불렸다.

청나라의 영토가 서쪽으로 신장까지 확대되자, 신장과 맞닿아 있던 티베트와의 관계를 새롭게 정립할 필요성이 대두되었다. 티베트인은 원래 호전적이고 강인한 민족이었는데, 당나라 때 불교가 전파되면서 일상생활이 종교를 중심으로 돌아갔다. 티베트 불교는 라마교라고도 하는데, 원나라 때는 몽골인 신자도 많이 늘었다. 명나라 이후 총카파라는 라마승이 독신 생활과 수행을 중시하는 개혁을 내세웠다. 그는 노란색 법복을 입었고, 붉은색 법복을 입는 교파와 자신을 구별했다. 이때부터 라마교는 구교 홍파와 신교 황파로 나뉘어져 서로 주도권을 다투었다. 총카파가 죽은 뒤에 그의 3대 계승자는 모든 것을 포용한다는 뜻을 지닌 '달라이'라는 말을 붙여 '달라이 라마'로 불리기 시작했다. 라마교의 종파 분쟁에는 몽골인도 얽혀 있어서 복잡한 양상을 띠었다. 청나라는 티베트의 종교 분쟁에서 달라이 라마가 종교적 지도자와 세속적 군주라는 지위를 모두 갖는다고 인정함으로써 황파의 손을 들어주었다. 그렇게 하여 청나라는 티베트를 완전히 자신의 영향 아래 놓게 되었다. 건륭제는 티베트를 시짱으로 부

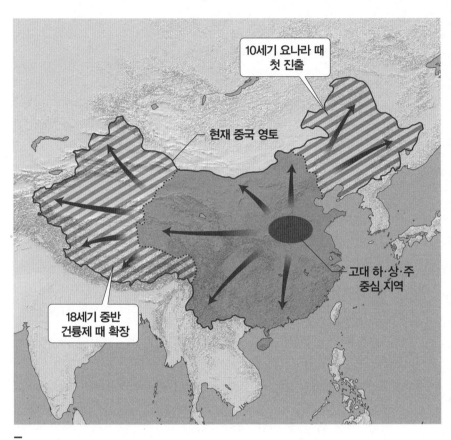

10세기 요나라 때
첫 진출

현재 중국 영토

고대 하·상·주
중심 지역

18세기 중반
건륭제 때 확장

청나라의 영토 확장

르고 1500명으로 구성된 군대와 주장대신駐藏大臣 두 명을 파견했다. 달라이 라마는 청나라 관리의 관할권과 군대의 주둔을 용인함으로써 티베트에서 종교적·정치적 영향력을 행사했다.

건륭제는 말년에 군사적 성취를 회상하면서 자신을 '십전노인+全老人'이라고 칭했다. 그는 열 차례에 걸친 군사 원정을 성공적으로 진행했다는 성취감을 느꼈으며, 그것을 가능케 한 하늘에 감사했다. 열 차례 원정에는 준가르 정벌 두 번, 동투르키스탄 정벌, 쓰촨四川의 반란 진압, 버마와 베트남 파병, 티베트와 인도 국경에서 치러진 네 차례의 전투 등이 포함되었다. 그런데 건륭제가 실시한 군사 원정은 처음 세 번을 제외한다면 모두 청나라가 통치하고 있던 변방에서 진행되었다. 전쟁에는 언제나 많은 비용이 든다. 만주인 장군들이 실행했던 변방의 군사 작전은 과연 현실적인 필요로 진행되었는지 의문이 제기되기도 한다. 일부 장군들은 전쟁을 진행하는 과정에서 부를 축적한 것은 아닌가 하는 의심을 받기도 했다. 예를 들어 쓰촨에서 일어난 반란을 진압하는 데 5년이라는 시간과 7000만 냥이라는 비용이 소요되었는데, 그 비용은 청나라의 2년치 현금 수입보다 많은 양이었다. 군사 원정을 돈벌이 수단으로 이용했을지도 모른다는 의심이 생긴 것은 건륭제 말기에 나타난 정치적 난맥상 때문이다. 이 점에 대해서는 다음 주제에서 다룰 것이다.

번영의 그늘

강희 시대부터 만주인을 비롯한 청나라 백성들은 정치적 안정이 가져다준 풍요로운 삶을 누리고 있었다. 그런데 건륭 시대 말기에 이르러 백성들의 삶이 어려워지면서 강건성세가 보여준 정치적 안정과 경제적 번영의 실제 모습을 다시 생각하게 만들었다. 강건성세에 대해 회의적인 사람들이 하는 가장 큰 비판은, 그 시기에 수많은 문자옥文字獄이 일어났고 그 과정에서 세 황제는 영혼의 자유를 추구하는 지식인들을 억압하는 사회 분위기를 만들었다는 것이다. 이 시기에 모두 170건의 문자옥이 일어났는데, 그중 130건이 건륭 시대 중반기에 집중되었다.

대표적인 문자옥으로는 강희 시대의 명사안明史案, 옹정 시대의 시제안試題案, 건륭 시대의 후중짜오안胡中藻案 등이 있다. 명사안은 장팅룽蔣廷鑨이 편찬한 명나라 역사에 관련된 사람들이 처벌된 사건이다. 장팅룽은 시력을 잃고서도 명사를 편찬하기 위하여 학자들을 초빙했다. 그런데 책 내용에 문제가 있었다. 명나라의 관점에서 만주 문자를 배제했고, 태종이라는 시호諡號가 아니라 누르하치라는 이름을 사용했으며, 청나라의 연호가 아니라 남쪽에서 저항하던 남명의 연호에 따라 서술했다. 결국 장팅룽을 비롯하여 책의 저술·교정·인쇄·판매·구매 등에 관여한 모든 사람이 죽음을 면할 수 없었다.

시제안은 과거 시험에 출제된 문제와 관련된 사건이다. 당시 과거 시험 문제는 '오직 백성이 머무르는 곳'이라는 의미의 '유민소지維民所

止'를 논하는 것이었다. 옹정제는 유민소지의 글자를 자세히 보면 옹정雍正 두 글자에서 머리 부분에 해당하는 'ㅗ'와 'ㅡ'을 제거한 모양이라고 여겼다. 그래서 황제의 머리를 자르려는 역모를 꾀한 것이라고 억지스런 주장을 펼쳤다. 옹정제는 황제를 시해할 음모를 꾸민 역적이라며 시험관을 비롯한 관련자들을 모두 처벌하라고 명령했다.

후중짜오안은 과거 시험을 관리하던 학정學政에서 퇴임한 관료였던 후중짜오가 모반죄로 참수된 사건이다. 후중짜오는 퇴임한 뒤에 고향에서 한가롭게 지내고 있었다. 건륭제는 그를 갑작스럽게 경사京師로 압송했다. 후중짜오가 경사에 도착하기 전에 건륭제는 대신들에게 그가 쓴 시집에서 문제점을 찾아내도록 명령했다. 대신들은 후중짜오의 시집 곳곳에서 반역의 마음을 읽을 수 있다고 상주했다. 결국 후중짜오와 그의 일족은 참수형을 면할 수 없었다.

소수의 만주인은 다수의 한인을 통치하면서 수의 부족을 메우기 위하여 압도적 무력을 바탕으로 한인들 사이에서 조금이라도 반대의 싹이 자라는 것을 막으려 했다. 그 때문에 한인 관리나 사대부의 사소한 행동도 의심의 눈으로 바라보았고, 작은 꼬투리라도 잡히면 관련자들을 엄중하게 처벌했다. 건륭제는 문화를 진흥하기 위하여 《사고전서四庫全書》 간행 사업을 진행한다고 했다. 하지만 사실은 청나라나 만주인에게 비판적이거나 폄하하는 내용을 담은 책들을 골라내 폐기하고, 관련자들의 입을 막아버리려는 의도도 있었다.

문자옥은 한인에 대한 만주인의 억압을 상징했고, 팔기 우대 정책은 만주인의 특권을 상징했다. 청나라의 번영이 지속되면서 만주인의 위상은 높아졌고, 만주인의 특권은 흔들림이 없는 것처럼 보였다.

팔기는 만주인이 중국을 정복하고 통치하는 데 핵심적인 역량이었다. 청나라는 팔기를 우대함으로써 한인들에게 자신들의 우월성을 과시했고, 팔기는 나라의 핵심 역량으로서 자부심을 가질 수 있었다. 만주인을 한인보다 우대하는 정책은 크게 거주와 직업에서 두드러졌다. 청나라는 만주인과 한인의 거주지를 분리함으로써 둘 사이를 차별화했다. 원래 베이징에서 한인은 만주인과 같은 공간에서 거주했다. 그런데 강도·살인·약탈 등이 자주 발생했고, 만주인과 한인이 서로 책임을 돌리는 일이 끊이지 않았다. 결국 명을 내려, 노비가 되기를 자청한 사람들(투충인投充人)을 제외하고 내성內城의 한인들을 남성南城으로 이주시켰다. 거주 분리 정책은 통치가 완전히 확립된 뒤에 완화되기 시작했다. 1683년, 강희제는 모든 한군漢軍과 나이 든 몽고인·만주인이 성 밖에서 살기를 원하면 그렇게 하도록 허가했다. 하지만 1781년 건륭제는 성 밖에서 거주하는 기인들이 너무 많아지는 상황을 우려하여 기인들의 성 밖 거주를 엄격하게 규제하도록 했다. 하지만 이미 강희 시대부터 만주인들은 '한인들 속으로' 들어가서 살기 시작했고 차츰 거주 분리 규정은 유명무실해졌다.

한편 만주인과 한인의 거주 분리가 엄격하게 시행되고 만주인은 한정된 지역에서 살아야 했기 때문에 직업이 제한될 수밖에 없었다. 청나라 초기에는 경제적 지원이 있었기에 뚜렷한 직업이 없던 만주인 가장들도 자신의 가구를 꾸릴 수 있었다. 하지만 시간이 지나면서 만주인과 만주인의 특권을 상징하는 팔기의 경제적 상황은 갈수록 나빠졌다. 왜냐하면 팔기 병사 수는 정해져 있었기 때문이다. 만주인의 수가 증가함에 따라, 중국을 정복하기 전에는 입관 전 세 명의 성인 남자(인정人丁) 중 병사가 한 명이었던 데 비해 강희 시대에는 다섯 명 중 한 명, 건륭 시대에는 여덟 명 중 한 명으로 그 비율이 차츰 감소했다. 강희 시대 330만 명이었던 만주인은 건륭 시대가 되면 528만 명으로 증가했다. 다시 말해서, 청나라 초기에는 한 명에게 지급되는 양식과 돈(양향糧餉)으로 병사 이외의 남성 두 명 및 여성과 아이들이 살았는데, 건륭 시대에는 한 명에게 지급되는 양식과 돈으로 남성 일곱 명 및 여성과 아이들이 살아야 했다. 하지만 강희 시대 이후 재정 규모가 고정되면서 팔기에게 지급되는 양식과 돈을 늘릴 수 없었고, 시간이 갈수록 대다수 만주인의 생계는 어려워질 수밖에 없었다.

요컨대 청나라는 원래 팔기를 우대하고 한인들과 달리 특권을 준다는 의도에서 팔기의 자제들로 하여금 군인이 되는 것 이외에는 다른 직업을 가질 수 없게 했다. 하지만 재정이 한정된 상황에서 전체 만주인 가운데 혜택을 받을 수 있는 수는 갈수록 줄어들었고, 군인이 되지 못한 만주인들은 생계가 막막해졌다. 청나라는 강희제가 인두세를 고정한 이래 수입을 늘릴 뚜렷한 방법이 없었기 때문에 경제적 보조를 받지 못하는 만주인의 상황은 더욱 어려웠다.

경제적으로 어려웠지만 다른 직업을 갖지 못하는 만주인의 존재는 청나라의 위신에 관련된 문제였다. 건륭제는 만주인 가운데 생활고를 겪는 사람들의 문제를 해결하기 위하여 이주 정책을 기획했다. 그는 만주인의 성지로 지정하여 사람들의 출입을 막았던 동북 지역에 팔기를 보내기 시작했다. 이주 정책의 목적은 만주인의 성지에 만주인을 보냄으로써 민족의 자긍심을 높이고 일부 만주인들의 생계 문제도 해결하는 것이었다. 하지만 만주인은 이미 오랫동안 누린 특권과 농경 지역에 익숙해 있던 터라 변방의 후미진 지역에 적응하지 못하고 이탈하는 사람들이 생겨났다.

만주인은 변방의 이민족이라는 미천한 신분에서 중국의 지배층이라는 고귀한 지위를 갖게 되었고, 100여 년 동안 특권을 누리며 자긍심을 품고 있었다. 하지만 건륭 시대에 들어서면서 일부 만주인들에게 자긍심은 먼 옛날의 일처럼 느껴지지 시작했다. 그들은 하루하루 살아내기도 어려웠다. 만주인이 지닌 문제는 생활이 어려워진 것만이 아니었다. 경제적으로 여유가 있는 만주인도 활력을 잃기 시작했다. 건륭제는 만주인이 만주인으로서의 정체성을 갖게 하기 위하여 만주어, 말 타기, 활쏘기 등을 익히고 기인들에게 체계적인 교육을 받도록 했다. 하지만 대부분의 만주인들은 만주어보다 한어를 편하게 여겼고, 일부를 제외하고는 무예에 관심이 적었으며, 특권에 젖어서 교육과 학문을 멀리했다.

1796년, 건륭제는 황제의 자리를 아들에게 넘겨주고 태상황이 되었다. 그해에 서북 지역에서는 백련교도들이 반란을 일으켜서 8년 동안이나 쓰촨·산시陝西·후베이湖北성을 휘저었다. 그보다 3년 전에는 영국의 조지 매카트니George Macartney 백작이 무역 방식의 개선을 요구하기 위하여 건륭제의 생일 축하 사절로 방문했는데, 청나라의 의례를 따르지 않았다. 17세기가 끝나고 18세기로 넘어가던 때, 청나라의 통치는 내부에서 균열이 생기고, 외교는 외부로부터 압박을 받는 상황이었다. 이 시기 청나라는 아직 내부의 반란이나 외부의 압력에 흔들릴 정도로 나약하지는 않았다. 하지만 활력이 줄고 있었음은 분명하다.

4장
청나라 중심의 천하

황제를 비롯하여 청나라를 이끌던 사람들은 천하天下의 중심에 청나라가 있다고 여겼다. 청나라 중심의 천하 아래에서 주변의 나라들은 그 질서를 받들고 따르면 되는 존재였다. 오늘날의 외교라는 관점에서 청나라의 대외 관계를 접근하는 것은 적절하지 않다. 청나라 중심의 천하, 즉 세계 질서는 명나라의 그것과도 다르다. 청나라는 명나라보다 훨씬 넓은 영토를 차지했고 조공국과 번부를 거느리는 세계 질서를 세웠다. 청나라의 세계 질서 속에는 조공, 번부, 공행 무역 등이 포함되었다. 건륭 시대 후반에 들어서면서 청나라 중심의 세계 질서에 변화가 필요하다는 요구가 나타나기 시작했다.

만주인의 세계

청나라가 중국을 정복한 뒤에 만주인은 과거 자신들의 세계를 다시 조정해야 할 필요성을 느꼈다. 중국 동북의 변방에 있을 때 만주인에게 세계란 청나라를 둘러싼 몽골, 명나라, 조선 등이 전부였다. 하지만 중국을 차지하자 만주인에게 세계의 범위는 원래 명나라가 국경을 접하고 있던 나라들까지 확대되었다. 변방에 있을 때, 만주인은 베트남이나 류큐를 비롯한 나라들과의 관계를 염두에 둘 필요가 없었다. 하지만 중국의 당당한 주인이 되면서 상황은 달라졌다. 이제 만주인은 그들 주위의 나라들을 어떻게 바라보고 대우할지를 고민해야 했고, 그 세계에 질서를 부여해야 했다.

만주인은 자신의 통치 아래 놓인 지역과 주변의 나라를 몇 가지 종류로 나눠서 파악했다. 첫째, 명나라가 실질적으로 통치하던 지역이 있었다. 둘째, 내몽골처럼 만주인이 중국의 주인이 되기 전에 이미 복속시켰고 산하이관을 넘을 때 청나라의 일부라고 여기면서 챙긴 지역이 있었다. 셋째, 외몽골의 준가르나 티베트처럼 중국의 주인이 된 이후에 새롭게 청나라의 일부로 확보한 지역들이 있었다. 넷째, 조선·베트남·류큐처럼 명나라에 이어 청나라에 조공하게 된 나라들이 있었다.

청나라 황제는 명나라가 통치하던 지역에는 과거 시험을 치른 관리들을 파견했고, 주요한 지역에 주방을 설치하여 감독했다. 몽골과 티베트에는 기인들을 파견하여 관리하게 했다. 조선은 청나라가 입관하기 전에 복속시켜서 스스로 손에 넣은 곳으로 여겨졌고, 베트남은 중국을 정복한 이후에 덤으로 얻은 곳으로 여겨졌다. 그래서 조선에는 19세기 전반까지는 고위직의 기인이 사신으로 파견되었다. 베트남과 류큐에 파견되는 사신은 한인도 가능했으며 조선에 파견되는 사신보다 지위가 낮았다.

동아시아의 국가들은 만주인이 만든 세계 질서에 각기 다른 방식으로 대응했다. 조선은 1636년의 전쟁에서 청나라에 패배하여 군신 관계를 맺고 조공을 바치기로 했다. 하지만 조선의 국왕과 사대부들은 두 세대가 넘게 조공을 바치면서도 내부적으로는 만주인의 세계 질서를 거부했다. 전쟁이 끝난 뒤에도 조선이 명나라와 관계를 끊지 않고 청나라를 마음으로 받아들이지 않는다는 사실은 홍타이지도 알고 있었다. 1643년, 홍타이지는 인조에게 명나라가 망하지 않을 거라는 헛된 바람을 버리라고 충고할 정도였다. 조선은 청나라에 조공을 바치고 그 대신에 책봉을 받는 왕조가 되었는데도, 청나라가 과거에 군대를 이끌고 조공 체제를 관철시켰던 일을 두고 오랑캐가 일으킨 난리라는 의미로 '호란'이라고 폄하했다. 조선은 사행을 보내 현실에서는 청나라를 받들면서도 마음속으로는 명나라를 잊지 않으려 했다. 조선은 1704년 12월에 대보단大報壇을 세워 멸망한 명나라의 황제들에게 제사를 지냈고, 이 제사는 1884년 갑신정변 이후에야 중단되었다.

중국에서 왕조 교체가 일어나던 시기에 일본은 도쿠가와德川 가문이 중앙 집권적인 막부 체제를 세워가고 있었다. 도쿠가와 막부는 이전의 지방 분권적인 형태였던 막부 체제와 달리 지방 영주가 일정한 기간 동안 수도인 에도江戸에 거주하게 하는 산킨고타이参勤交代를 통해 중앙에서 지방의 번을 실질적으로 통제하고 있었다. 도쿠가와 막부는 임진전쟁 이후 끊겼던 조선과의 국교를 회복하고 사신을 교환했다. 그런데 명나라와 무역을 재개하기를 희망했음에도 불구하고 왜구 문제 때문에 정식 교섭이 이뤄지지 못했다. 명나라 상인들은 히라토平戸나 나가사키長崎에 가서 사무역을 벌였고, 캄보디아를 비롯한 동남아시아 지역에서 일본 상인들과 교역을 하는 경우도 잦았다. 만주인은 일본과의 관계를 그다지 중요하게 여기지 않았던 듯하다. 청나라가 중국을 통치하기 시작한 이후에도 일본과는 정식으로 국교가 수립되지 않았다. 청나라의 상인들이 나가사키로 가서 사무역을 벌였고, 집단 거주지(도진마치唐人町)를 형성했다. 조선과 비교했을 때, 일본은 청나라와 정식 사절을 교환하거나 조공을 바치는 관계를 맺지 않았고, 상인들 사이의 사적 교역을 허가하는 방식을 선택했다.

동남아시아 국가들은 청나라에게 이중적인 태도를 취했다. 이들 국가의 이중적 태도는 조선의 그것과도 달랐다. 조선은 명나라에 이어 청나라에도 정기적으로 사신을 교환하고 조공을 바쳤다. 그런데 동남아시아의 미얀마·시암·베트남 등은 조선만큼 자주 사신을 보내지 않고 조공을 바치지도 않았을 뿐 아니라, 이미 망한 명나라에 미련을 갖지도 않았고, 내부적으로 통치자는 자신들의 나라가 청나라와 대등하다고 여겼다. 미얀마 꼰바웅 왕조는 중국의 통치자를 동쪽의 왕, 자신을 서쪽의 왕이라고 했고, 베트남 응우옌 왕조의 통치자는 자신을 '황제'라고 하여 청나라와 대등하다고 여겼다.

한편 몽골과 티베트 지역은 만주인이 명나라에게서 물려받은 것이 아니라 스스로 차지했다는 점에서 만주인이 만든 세계 질서에서 중요한 의미를 가졌다. 몽골은 만주인이 살았던 동북 지역처럼 광활한 대지를 갖고 있었다. 그런 유사성 덕분에 문화적으로도 공유할 수 있는 요소들이 있었다. 만주인은 몽골인과 마찬가지로 지상에 살아 있는 모든 사람을 다스리는 존재를 받들었다. 단지 몽골인은 그 존재를 '칸khan'으로, 만주인은 그 존재를 '한han'으로 불렀을 뿐이다. 건륭제는 몽골 지역을 완전히 장악한 다음에 몽골인들을 소규모 부족들로 해체했다. 그 결과 몽골은 38개의 부로 나뉘어 존재하게 되었다.

청나라는 티베트도 내부 결속을 가로막는 방식으로 통제하려 했다. 만주인은 티베트의 정신적·세속적 지도자로서 달라이 라마의 권위를 인정했다. 하지만 그들은 달라이 라마에게 모든 권한이 집중되는 것과 그 존재가 티베트인의 단합의 상징이 되는 것을 원하지 않았다. 청나라는 달라이 라마보다 권위가 낮았던 판첸 라마의 지위를 높이려 했다. 티베트와 티베트인에게 강력한 영향력을 발휘하던 달라이 라마보다 판첸라마가 더 뛰어난 불교 세계의 정신적 지주라고 주장했다. 판첸 라마의 세력을 키우려는 시도는 실패로 돌아갔지만. 그래도 청나라는 멸망할 때까지 티베트에 대한 영향력을 유지했다.

학문의 독점

　명나라 사람들에게 만주인은 부락部落을 이루며 생활하는 여진인으로 불렸다. 한인과 조선인에게 멸시받던 그들이 팔기를 통해 강한 군사력을 보유한 왕조로 성장했다. 누르하치는 조선과 명나라의 국경 지역에서 무역을 통해 돈을 벌었고, 그 자금으로 조직을 키우고 사병을 갖추었으며 나라를 세웠다. 그런데 무력과 달리 문화는 돈과 조직이 있더라도 사람들 사이에 신속하게 보급시킬 수 있는 것이 아니다. 만주인은 고유의 문자를 갖고 있었고, 소수 지배층으로서 다수의 한인을 통제하면서 독자적인 문화와 정체성을 유지하기 위해 노력했다. 그 과정을 살펴보면 학문과 문화가 민족과 왕조를 유지하는 데 어떤 의미가 있는지 알 수 있다.

　1599년에 누르하치는 몽골 문자를 차용하던 방식에서 벗어나 만주인의 문자를 만들기로 결정했다고 한다. 그의 명령을 받은 어르더니Erdeni는 예부터 내려온 글을 쉽게 바꿀 수 없다고 난감해 했다. 하지만 누르하치는 두 가지 이유를 들어 문자의 필요성을 역설했다. 먼저, 몽골 문자를 빌려서 만주어를 표기하면 만주 말을 제대로 옮길 수 없고, 그것은 글을 모르는 일반 만주인들에게 불편을 주는 일이므로 만주인의 문자가 필요하다는 것이었다. 다음으로, 만주인의 나라가 명이나 몽골보다 못할 것이 없다, 따라서 만주인에게는 고유한 언어를 만들 능력도 있다는 것이었다. 그렇게 해서 만주 문자는 1629년에 몽골 문자를 기본으로 하여 권점(圈點, ○과 ヽ)이 추가되어

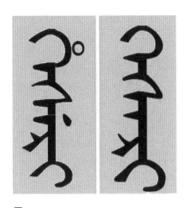

권점을 사용하여 허서리Heseli족을 표기한
만주 문자(왼쪽)와 권점이 없는 몽골 문자(오
른쪽)

완성되었고, 《자치통감》, 《육도》, 《삼국지》《삼국지연의》 등이 만주 문자
로 옮겨지기 시작했다. 그 당시 누르하치는 이미 세상을 떠나고 없었
다.

　만주인의 대제국, 청나라의 기초를 세운 누르하치에게 고전은 《삼
국지》가 전부였다. 그는 유비·관우·장비 등의 이야기를 숭배했고, 금
나라를 세우는 과정에서 《삼국지》에 서술된 이야기와 전술을 떠받들
었다. 그런데 누르하치는 글을 읽는 능력이 그리 뛰어나지 않았으므
로 그가 《삼국지》를 읽었다기보다는 타인이 구술하는 것을 듣고 그
중 일부를 자신의 것으로 만들었을 가능성이 높다. 그의 아들 홍타
이지는 아버지보다 상대적으로 학문적 소양을 더 많이 갖추고 있었
다. 하지만 그 역시 삶과 죽음이 교차하는 전쟁터를 누빈 무인이었다.

누르하치는 부족들을 이끌고 명나라와 조선에 반기를 들었을 때부터 살아남기 위해서는 전쟁을 지속해야만 했다. 홍타이지도 아버지 때보다 더 큰 제국을 건설하려는 큰 그림을 그리고 있었기에 적들과의 치열한 전투를 피할 수 없었다. 그 뒤를 이은, 순치와 강희 시대 전반기까지도 만주인에게 가장 시급한 과제는 정복 전쟁을 진행하고 한인들의 저항을 완전히 무력화해서 온전한 만주인의 나라를 세우는 것이었다.

무력으로 한인을 제압하고 대륙을 점령한 정복 전쟁이 마무리되자, 만주인 황제들은 자신들이 한인을 통치할 능력과 소양이 있음을 보여주는 일에 착수했다. 강희제는 어릴 때부터 지적 호기심이 강했다. 그는 서양 선교사들에게 천문, 수학, 철학, 화학 등을 배웠다. 청나라에 가장 크게 영향을 끼친 서양 학문은 역법이었다. 서양 역법의 계산 방식에 따라 달력이 제작되었는데 이는 일상생활에 보이지 않는 영향을 끼쳐서, 전통적인 역법 계산 방식과 이슬람 역법이 더는 사용되지 않았다. 지도 제작도 중요한 분야였다. 1708년에 선교사 조아킴 부베Joachim Bouvet와 청나라 전문가들이 협력하여 전국적으로 실측 작업에 착수했고 10년 뒤 '황여전람도皇輿全覽圖'가 완성되었는데, 만주와 몽골까지 포함된 지도였다. 건륭제는 황여전람도를 확대하여 '건륭내부여도乾隆內府輿圖'를 제작했는데, 서쪽으로 지중해까지, 북쪽으로 러시아 북해까지, 남쪽으로 인도양까지 포함한 유라시아 대륙 지도였다. 중국의 역대 왕조는 천하국가라는 말을 사용했지

예수회 선교사가 황여전람도와 건륭내부여도를 기초로 제작한 청나라 지도

만, 국경이나 영토의 개념은 모호했다. 황여전람도와 건륭내부여도는 청나라가 통치 영역으로 여기는 범위를 보여준다는 점에서 의미를 찾을 수 있다.

강희제는 변방에서 성장하여 명나라를 정복하고 그보다 더 넓은 영토를 차지하게 되었다는 자신감으로 충만했다. 그는 유교의 소양을 갖춘 다수의 한인들을 회유하기 위하여 문화 사업을 벌이기 시작했고, 옹정제를 거쳐 건륭제에 이르러 사고전서를 편찬하는 유사 이래 최대 규모의 사업이 진행되었다. 강희제는 또한 《강희자전康熙字典》을 편찬했다. 만주인 황제는 과거 자신들을 야만인으로 여겼던 한인들에게 학문을 위해 필요한 도구를 만들어줌으로써 문화적 우월감을 가질 수 있었다. 1만 권으로 된 《고금도서집성古今圖書集成》을 편찬하는 사업은 강희 시대에 시작되어 옹정 시대에 이르러 완성되었다.

1772년, 건륭제는 중국 역사에서 최대 규모였던 사고전서 편찬 사업에 착수했다. 건륭제는 전국의 성과 현 관리들에게 모든 서고에 보관된 서적들을 조사하여 보고하도록 했다. 개인 장서가들이 지니고 있던 서적들도 예외는 없었다. 만주인 황제의 통치 아래 있는 지역의 모든 서적은 황제에게 보고되었고, 귀중본은 자발적으로 제출되어야 했다. 사고전서 편찬에는 300명이 넘는 학자들이 참여했다. 그들은 22년이라는 시간을 들여 1만 종이 넘는 책을 사고四庫(경전, 역사서, 철학서, 문학서)로 분류하여 목록을 작성했고, 다시 필사하는 작업을 감독했다.

사고전서의 편찬은 학자들에게 고전을 연구할 기회와 경제적 편의를 제공했다. 그리고 당시에 존재하던 서적들을 체계적으로 정리함으로써 문화 발전을 위한 초석을 마련할 수 있었다. 하지만 이는 권력과 재정을 장악한 만주인이 자신의 입맛에 맞는 학문과 견해만을 용인하는 폐해를 불러왔다. 권력을 비판하는 내용을 조금이라도 담고 있거나 그렇게 이해될 수 있는 서적들은 금서로 지정되었다. 학자들은 권력의 눈밖에 나지 않기 위해 자기검열과 통제를 했다. 고증학은 원래 경전을 교조적으로 해석하는 데에서 벗어나려는 의도로 시작되었는데, 학문 활동에 대한 통제가 심해지자 경전의 글자들을 비교하고 분석하는 학술 방식으로 변질되었다. 만주인 황제는 학문을 독점하고 그 방향을 제시하는 주체라는 지위를 차지했고, 한인 학자들은 편안한 삶을 보장받는 대신에 자유로운 학술 활동을 포기해야 했다.

이렇듯 만주인 황제는 만주인이 학문을 통제하고 소유하게 하려 했지만, 그 노력은 시간이 지나면서 무의미한 일로 밝혀졌다. 중국 고전에 관심을 지닌 만주인들은 소수였을 뿐 아니라, 이들조차 한문으로 된 경전을 선호했다. 대다수 만주인들은 학문에 별다른 관심이 없었다. 차츰 만주인의 머릿속에서 만주어가 사라져갔고, 만주 문자도 한어의 바다 속에서 차츰 사라져갔다.

천하 밖의 사람들

만주인의 청나라는 중국 역사에서 가장 거대한 제국을 건설했고, 그들 중심의 세계 질서를 구축했다. 청나라 중심의 세계 질서는 1796년 건륭제가 아들에게 제위를 물려주고 태상황이 되었을 때 흔들리는 듯이 보였다. 그해 봄, 쓰촨·산시·후베이성을 비롯한 다섯 성에서 백련교도의 봉기가 일어났고, 중앙에서 파견된 관리들에 반발하여 소수 민족들도 반기를 들었다. 비밀 결사와 소수 민족의 봉기가 일어나게 된 책임은 사실 건륭제에게 있었다. 중앙에서 파견한 관리들이 세금을 가혹하게 거둬들이면서 현지 백성들을 핍박했고, 더는 참을 수 없었던 백성들은 종교의 힘에 의지하여 봉기를 일으켰다. 자질이 부족한 관리들이 임명되고 그들의 부패를 용인하는 사회 구조가 백성들로 하여금 무기를 들게 만들었던 것이다. 봉기가 일어난 원인을 제공한 사람은 건륭제였지만, 그 문제를 처리해야 할 책임은 가경제嘉慶帝가 떠맡게 되었다. 가경제는 아버지 건륭제로부터 왕조의 균열이라는 부채를 물려받았고, 제위에 오른 뒤에 가장 먼저 그 균열을 메우는 일에 착수했다. 백련교도의 봉기는 건륭제가 세상을 떠나고 5년이 지난 1804년 가을에 완전히 진압되었다. 당시 봉기의 진압에서 정규군이었던 팔기나 녹영보다 지역에서 조직된 무장 조직인 단련團練과 향용鄕勇이 더 큰 역할을 했다. 단련은 훗날 태평천국 시기에 다시 등장하는데, 그때부터 지방에서 중요한 군사적 지위를 갖게 되며 중화민국 시기에 가서는 정치를 혼란으로 몰고 간 군벌의 기원이 된다.

건륭제가 세상을 떠났을 때, 가경제는 아버지가 남긴 또 다른 문제를 처리해야만 했다. 건륭제는 제위 후반기에 허선和珅을 총애했다. 허선은 스물세 살의 궁궐을 지키던 시위侍衛였는데, 건륭제의 눈에 들어 3년 만에 군기대신이 되었고, 그 뒤로 수도의 치안을 담당하는 보군통령步軍統領, 관리의 임면을 좌우하던 이부상서吏部尙書 같은 요직을 겸직하면서 줄곧 권력의 중심에 있었다. 특히 건륭제는 나이가 들고 재위 기간이 길어지면서 총애하던 허선에게 황제의 권력을 대신하도록 용인했다. 태상황 건륭제의 권력을 등에 업은 허선은 가경제 위에 군림했다. 가경제는 건륭제 사후 5일 만에 권력 남용과 수뢰죄로 허선을 처형했다. 그는 아버지가 총애했던 허선을 처형하고 건륭 시대의 인물들을 요직에서 배제함으로써 권력이 그 누구도 아닌 황제에게 있음을 보여주었고 자신의 시대가 왔음을 선언했다. 가경제는 허선으로 대표되는 건륭 시대 관료 사회의 난맥상을 바로잡았고, 황제를 중심으로 하는 왕조 체제의 질서를 되찾았다.

청나라가 그럭저럭 안정을 되찾아가고 있을 무렵, 황제의 통치가 미치는 지역 너머에서 온 사람들이 새로운 사항들을 요구하기 시작했다. 청나라 초기에도 통치 지역 너머에서 온 사람들이 있었는데, 그들은 크리스트교 선교사들이었다. 크리스트교 선교사들은 명나라 말부터 포교 활동을 했고, 청나라 때도 복음 전파를 목적으로 삼았다. 그러다가 강희 시대에 전례 문제 때문에 포교가 제한되었고, 옹정 시대부터 크리스트교 자체를 금지하기 시작했다. 하지만 선교사들은 천문학을 비롯한 지식을 가진 덕분에 청나라에서도 관리로 계속 머무를 수 있었고, 러시아와 국경 교섭을 하는 데에도 그들의 라틴어 능력이 유용하게 쓰였다.

가경 시대에 황제의 통치 지역 너머에서 온 사람들은 크리스트교 선교사들과는 달랐다. 그들의 목적은 포교가 아니라 외교나 무역의 상황을 바꾸는 것이었다. 가경제를 찾아온 사람은 윌리엄 애머스트 William Amherst였는데, 이미 매카트니가 같은 목적으로 건륭제를 찾아온 적이 있었다. 두 사람을 청나라에 보낸 인물은 영국의 국왕 조지 3세(재위 1760~1820년)였다. 조지 3세가 통치하던 시기에 영국에서는 차를 마시는 것이 유행이었다. 영국인들은 중국산 찻잔에 중국에서 건너온 홍차를 따르고, 카리브해에서 수입된 설탕을 타서 마셨다. 유행은 계속 확산되었고, 영국뿐만 아니라 유럽에서 중국산 차에 대한 수요는 갈수록 늘어났다.

차 수입이 늘어남에 따라 영국의 불만도 커져갔다. 영국 쪽에서는 청나라와의 무역이 공정하지 않다고 여겼다. 영국 상인들이 청나라에서 무역을 하려면 광저우로 가야 했고, 그곳에서도 상관商館이 있는 곳에만 거주할 수 있었다. 그들은 주로 마카오에 머물며 거래를 위해 광저우에 있는 상관을 오가는 번거로움을 감수해야 자신들이 원하는 청나라의 물건을 손에 넣을 수 있었다.

1792년 9월, 조지 3세는 청나라와의 무역에서 자국 상인들이 겪는 어려움을 해결해야겠다고 판단했다. 그는 매카트니를 건륭제에게 사절로 파견했고, 마카오와 같은 무역 거점 확보, 무역 조건의 개선, 상주 사절의 교환 등을 요청하는 친서를 들고 가게 했다. 이듬해 9월, 매카트니는 베이징을 경유하여 러허熱河에서 피서를 즐기며 생일잔치를 열고 있던 건륭제를 만났다. 건륭제에게 매카트니는 자신의 80세 생일을 축하하러 온 여러 나라의 사절 가운데 한 명일 뿐이었다. 더구나 매카트니는 황제 앞에서 세 번 무릎을 꿇고 그때마다 이마를 땅에 조아리는 삼궤구고三跪九叩의 예를 거부하고, 서양식으로 무릎을 꿇고 황제의 손에 입을 맞추는 예를 원했다. 결국 매카트니는 멀리서 황제를 바라보는 정도로 예방을 마무리했던 것으로 보인다.

매카트니가 공식적으로 전달받은 문서는 영국의 요청을 거부하는 내용으로 채워졌다. 건륭제는 영국인들이 청나라의 특정 지역을 무역

타클라마칸 사막 주변의 도시들

거점으로 상주하는 것을 받아들일 수 없다고 단호하게 말했다. 그러한 요구는 청나라가 대대로 지켜온 질서를 통째로 부정하는 일이기 때문이라고 했다. 1816년에 조지 3세는 가경제에게 애머스트를 사절로 파견했다. 가경제는 삼궤구고를 거부하는 애머스트를 아예 만나주지도 않고 돌려보냈다. 그는 천조天朝의 황제에게 의례를 거부하는 것은 불경스러운 행위로 있을 수 없는 일이라고 여겼다.

영국과 비교했을 때 러시아는 청나라와의 관계에서 어느 정도 특권을 유지하고 있었다. 1689년에 청나라는 러시아와 북쪽 국경선을 획정하는 네르친스크 조약을 체결했다. 그 후 1693년부터 러시아 상인들은 3년마다 200명이 베이징에 와서 80일 동안 머무를 수 있었다. 하지만 그것은 규정이었고, 실제로 베이징에 장기 체류하는 러시아인들이 있었다. 캬흐타 조약이 체결된 1727년 이후에는 베이징에 러시아관俄羅斯館이 설치되었고, 러시아 선교사들은 10년에 한 번씩 베이징에서 현지 러시아인들에게 포교 활동을 할 수 있게 되었다. 1728년 베이징에 러시아아인을 위한 어학당이 설치되었고, 러시아는 학생들을 베이징에 파견하여 한어와 만주어를 배우게 했다. 러시아 학생들은 만주인의 복장을 하는 대신에 청나라에서 10년 동안 숙식과 생활비를 받으며 공부했다. 러시아인들은 1860년 베이징 조약이 체결되기 전까지 사실상 베이징에 상주할 수 있었던 유일한 이방인이었다. 강희 시대부터 청나라 황제들은 러시아를 유일하게 동등한 나라로 인정했고, 무역·종교·교육 등의 분야에서 특권을 인정했다.

청나라의 서쪽 끝에 있던 신장 너머의 중앙아시아에서는 이슬람교도가 세력을 떨치고 있었고, 그 중심은 코칸드였다. 코칸드는 카슈가르 서쪽의 무역을 장악하고 있었다. 코칸드는 청나라에 조공을 바치고 무역을 장악함으로써 이익을 취했다. 코칸드는 청나라에 복속된 뒤에도 계속해서 저항하던 위구르인의 활동을 견제하는 역할도 하고 있었다. 시간이 지남에 따라 코칸드는 신장 카슈가르의 주요 시장에서도 더욱더 큰 영향력을 갖게 되었다. 자신감에 차 있던 코칸드는 교역에 대한 세금을 낮추고 카슈가르에 거주하는 코칸드 상인들을 감독할 수 있는 관리를 주재하게 해달라고 요구했다. 가경제는 코칸드의 요구를 거부했고, 코칸드는 위구르인 저항군을 이끌고 있던 자항기르Jahāngīr의 활동을 방임했다. 1821년, 도광제道光帝의 즉위 이듬해부터 자항기르는 청조를 상대로 성전聖戰을 벌이기 시작했고, 1826년에는 카슈가르를 점령했다. 도광제는 군대를 보내 카슈가르를 수복하고 자항기르를 베이징으로 압송하여 능지처참했다. 이 과정에서 청나라는 군사적 힘을 보여줄 수 있었다. 하지만 코칸드도 신장에서 중앙아시아에 이르는 지역에서 그들의 존재감을 확인해주었다. 결국 1835년에 청나라는 코칸드가 자국 상인들을 관할하는 관리를 카슈가르에 파견하고 치외법권을 갖도록 허용했다. 최종적인 승자는 코칸드였고, 청나라는 결과적으로 그들의 요구를 모두 들어준 셈이 되었다. 만주인은 자신들이 이룩한 세계의 서쪽 끝에서 나타난 균열을 막아냈다. 하지만 그 무렵 남쪽 끝에서 더 큰 균열의 조짐이 나타나고 있었다.

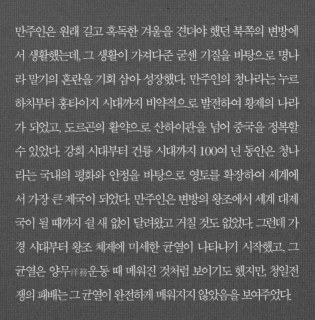

2부

왕조 체제의 균열

만주인은 원래 길고 혹독한 겨울을 견뎌야 했던 북쪽의 변방에서 생활했는데, 그 생활이 가져다준 군센 기질을 바탕으로 명나라 말기의 혼란을 기회 삼아 성장했다. 만주인의 청나라는 누르하치부터 홍타이지 시대까지 비약적으로 발전하여 황제의 나라가 되었고, 도르곤의 활약으로 산하이관을 넘어 중국을 정복할 수 있었다. 강희 시대부터 건륭 시대까지 100여 년 동안은 청나라는 국내의 평화와 안정을 바탕으로 영토를 확장하여 세계에서 가장 큰 제국이 되었다. 만주인은 변방의 왕조에서 세계 대제국이 될 때까지 쉴 새 없이 달려왔고 거칠 것도 없었다. 그런데 가경 시대부터 왕조 체제에 미세한 균열이 나타나기 시작했고, 그 균열은 양무洋務운동 때 메워진 것처럼 보이기도 했지만, 청일전쟁의 패배는 그 균열이 완전하게 메워지지 않았음을 보여주었다.

1장
제국의 충돌

1796년 가경제가 제위에 오른 해에 백련교도는 봉기를 일으켰고, 1816년 재위 20년이 되던 해에 영국의 국왕 조지 3세는 애머스트를 청나라에 사절을 보내 다시 무역과 외교 관계의 변화를 요구했다. 가경제는 허선을 비롯한 건륭 시대의 권신들을 제거함으로써 황제의 권력을 강화했고, 백련교도가 가져온 혼란을 잠재웠으며, 대외적으로 당당한 대제국으로서 흔들림 없는 자세를 견지했다. 그는 건륭 시대 말기의 방만한 재정 운용과 백련교도가 초래한 군사비 지출로 어려워진 재정 상황에 직면했다. 하지만 스스로 검약을 실천하고 내핍을 단행함으로써 재정 여건을 어느 정도 개선하여 청나라를 아들에게 물려주었다. 가경제에 이어 황위에 오른 도광제는 아버지의 검약한 생활 태도와 강경한 대외 정책들을 성실하게 따랐는데, 그 결과에 대한 책임은 자신의 몫이었다.

조공 질서와 자유 무역

청나라 중심의 천하에서 현대적 의미에서 동등한 국가 사이의 외교나 무역은 존재할 수 없었다. 주변 나라에서 청나라로 찾아온 사신이 있다면, 그는 자국의 국왕이 건넨 문서나 물건을 황제에게 조공하러 온 것이었다. 청나라가 주변국들로부터 조공을 받고 책봉과 하사품을 내리는 과정에서 자연스럽게 형성된 관계를 조공 질서라고 할 수 있다.

조공 질서는 청나라와 주변국 사이의 의례적儀禮的 대외 관계만을 의미하지는 않았다. 그 속에는 두 나라 사이의 교역도 포함되었다. 청나라가 주도하는 조공 질서에서 조선은 조공국의 전형이었다. 조선의 청나라 조공 사절은, 명나라 때 천조로 보내는 사신이라는 조천사朝天使와 달리 연경燕京(베이징)으로 보내는 사신이라는 뜻에서 연행사燕行使로 불렸다. 연행사는 병자전쟁 이후부터 청일전쟁 직전까지 258년 동안(1637~1893년) 지속되었고, 동지冬至, 황제와 황태후의 생일, 조선의 왕위 계승, 왕비나 왕세자의 책봉 같은 일이 있을 때 파견되었다. 이러한 의례적인 관계 이외에 조선 쪽에서 중시했던 것이 이른바 조공 무역이었다. 연행사 일행에는 상인들이 포함되어 있었고, 상인들은 조선과 청나라 사이에서 필요한 물품을 중개함으로써 이익을 얻었다.

청나라 황제는 주변국과의 무역이 서로의 필요에 의해 진행되는 호혜적 성격을 지녔다고 여기지 않았다. 청나라 중심의 천하에서 무역은 조공국을 비롯한 나라들에게 황제가 베푸는 은혜였고, 조공국에게 필요한 물자를 제공받는 기회를 주는 일이었다. 청나라는 천하의 중심으로 땅이 넓고 물산이 풍부하여 부족한 것이 없었기에 무역이 필요하지 않았지만, 조공국을 비롯한 나라들은 그렇지 못하므로 은혜를 베푼다는 논리였다. 황제는 조공국 이외의 나라들에게 동남부 해안의 광저우를 개방했고, 공행公行 상인들이 독점적으로 대외무역을 할 수 있도록 했다.

사실 공행은 명나라 만력萬曆 시대(1573~1619년)부터 이미 광저우에서 독점적인 대외 무역의 권한을 지닌 상인 조직이었다. 공행은 많을 때는 서른여섯 개나 되었는데 명나라 말에 이르러 열세 개로 정리되었고, '광둥廣東 13행'이라는 명칭을 얻었다. 광저우성 안쪽에는 13행이 있었고, 그 바깥쪽에는 열세 개의 외국 상관이 있었다. 청나라에서는 상관을 야만인들이 머무르는 곳이라는 의미로 이관夷館이라고 불렀다. 영국, 프랑스, 미국, 네덜란드 등에서 온 상인들은 필요한 물건을 구매하기 위해 상관에 머물렀고, 용무가 끝나면 상관에 머무를 수 없었다. 공행 상인들은 서양 상인들에게 선박의 적재량이 얼마나 되느냐에 따라 세 등급으로 나누어 부과한 톤세를 비롯하여, 선박을 열고 닫을 때 내는 검사세, 화물이 통관될 때 부과하는 관세 등 각종 세금을 그야말로 악착같이 뜯어냈다. 서양 상인들은 공행의 잘못된 관행에 불만을 품었고, 청나라 관리들에게 자신들의 불만을 전달하고 싶어 했다. 하지만 그들은 규정상 자신들에게 불공정한 요구를 자행하는 공행 상인을 통해서만 관리들에게 자신들의 의견을 전달할 수 있었다. 결국 서양 상인들이 대화나 협상을 통해 청나라의 대외 무역 관행을 변화시킬 수 있는 방법은 없었다.

공행 상인들은 대외 무역을 독점하고 막대한 이익을 얻었다. 그들은 관리들에게 막대한 뒷돈을 지불함으로써 독점권을 유지했다. 자연 재해의 복구나 농민 봉기의 진압에 필요한 비용을 기부하는 것은 그나마 생색이 나는 행위였다. 독점권을 유지하는 데 필요한 비용의 일부는 서양 상인들의 주머니에서 빼내어 충당했다. 서양 상인들의 관점에서 청나라의 대외 무역은 폐쇄적이고 불합리하며 일방적이었다. 그들은 자유 무역을 옹호했다. 국가가 대외 무역에 개입하여 제한하거나 자국의 이익을 보호해서는 안 된다고 생각했다. 그들이 보기에 청나라는 자국 상인들의 대외 무역을 제한했고 그것은 자국의 이익을 보호하는 행위였다.

서양 상인들 중에서 중국과의 무역 방식에 변화가 필요하다는 점을 가장 절박하게 느끼는 사람들은 영국인이었다. 건륭 시대 이후 광저우에 입항한 외국 선박의 절반 이상이 영국 국적을 갖고 있었고, 그만큼 무역 규모도 컸기 때문이다. 자국 정부를 향한 상인들의 강력한 요구는 국왕 조지 3세로 하여금 매카트니와 애머스트를 청나라에 사절로 파견하게 만들었다. 하지만 외교적 노력은 허사였고, 두 사람 다 빈손으로 귀국했다.

황제는 청나라 중심의 세계 질서를 대외 관계에서도 관철시키려 했고, 서양 상인들은 더 많은 경제적 이익을 얻기 위해 청나라에서도 자유 무역이 용인되어야 한다고 여겼다. 광저우에서 진행되던 무역은 원래 광둥 13행과 서양 상인 사이의 문제였다. 그런데 영국에서 사절을 보내면서 상인들 뒤에 있던 국가 사이의 문제가 되기 시작했다. 황제는 외국인들에게 이미 충분히 시혜를 베풀고 있다고 여겨 간여하지 않으려 했고, 매카트니와 애머스트의 요구를 귓등으로도 듣지 않았다. 영국 국왕은 청나라가 자국 사절에게 보인 태도에 불만을 품었다. 한편 가경제는 자국의 의례를 무시하는 영국 사절의 무례한 태도를 불쾌하게 여겼고, 영국 상인들의 입항을 금지하려다가 현상을 유지하는 편이 낫겠다는 판단에서 그만두었다.

1820년대에 들어서면서 청나라의 대외 무역 환경은 크게 변화했다. 그 중심에는 동인도 회사의 청나라 무역 독점권 폐지와 항각 상인港脚商人들의 성장이 있었다. 영국은 1600년부터 동인도 회사를 설립해 아시아 무역의 독점권을 부여했다. 동인도 회사로부터 청나라 무역의 독점권을 받은 상인들이 18세기 초부터 광저우로 와서 교역 활동을 시작했다. 항각 상인은 'county merchant'를 한자로 옮긴 말로, county는 인도의 교역 항구에 있는 부두를 의미한다. 이들은 동인도 회사의 허가 없이 자유롭게 무역을 하던 상인들이었다. 항각 상인들의 무역 비중은 나날이 커졌다. 1805년에 항각 상인은 청나라와 영국 사이의 무역에서 총액의 60퍼센트 이상을 차지할 정도였다. 항각 상인들의 성장은 동인도 회사의 청나라 무역 독점을 사실상 무력화했다. 그리고 영국도 18세기 말부터 동인도 회사를 통해 인도에 영향력을 행사하는 방식을 바꿔서, 인도를 식민지로 삼아 직접 지배하려는 계획을 세우고 있었다. 1833년에는 동인도 회사의 무역 독점권이 폐지되었는데, 이것은 항각 상인의 성장과 영국의 인도 식민 통치 계획이 서로 맞물린 결과였다. 청나라와 영국 사이의 무역에서도 변화가 불가피했다. 이제 개별 상인이 아니라, 영국 정부가 직접 청나라와의 무역을 주관하게 되었다. 이런 상황은 청나라와 영국 사이의 관계에서 중대한 변화를 가져올 수밖에 없었다.

무역 갈등과 아편 밀매

동인도 회사의 무역 독점권이 폐지된 후, 영국은 윌리엄 존 네이피어William John Napier를 무역 감독관에 임명하여 청나라와의 무역을 관리하도록 했다. 1834년 7월, 네이피어는 입항 허가도 받지 않고 광저우로 들어와서 영국 상관에 머물렀고, 양광총독兩廣總督 루쿤盧坤에게 직접 공문을 보냈다. 그는 또 황푸黃浦까지 군함으로 이동했고, 그곳에서 상선으로 갈아탔다. 당시 관례에 따르면 그는 마카오에서 입항 허가를 요청하고 그것이 수락되어야만 광저우로 들어갈 수 있었다. 공문은 반드시 상급 기관에 보내는 품문稟文 형식을 사용하고 공행 상인을 통해서 전달되어야만 했다. 하지만 네이피어는 당당한 대영제국의 관리로서 타국의 관리에게 자신을 낮춰가면서 일반인을 통해 공문을 보낼 수 없었다. 그는 영국 관리로서 국가의 위신과 자신의 자존심을 지키려 했다.

루쿤도 청나라의 위신과 자신의 자존심을 지키려 했다. 그는 네이피어에게 청나라의 규정을 준수하고, 관례대로 마카오에서 기다리라고 요청했다. 네이피어가 그 요청을 거부하자, 루쿤은 영국 상관을 봉쇄하고 식료품 공급을 중단했으며 청나라 사람들을 모두 철수시켰다. 그렇게 해서 양국 사이의 무역은 중단되었다. 루쿤은 랜설럿 덴트 Lancelot Dent를 비롯한 영국 상인들에게 분란을 일으킨 장본인은 네이피어이니 그가 떠나면 무역은 재개될 것이라고 말했다. 영국 상인들은 무역을 계속 해나가는 것이 중요했고, 네이피어의 행동을 지지하지 않았다. 결국 네이피어는 마카오로 물러났고 무역은 재개되었다. 네이피어는 마카오에서 병에 걸렸고, 시름시름 앓다가 세상을 떠났다.

네이피어를 이어 무역 감독관 두 명이 더 임명되었는데, 이번에는 현상을 유지하려는 그들의 소극적인 태도가 상인들의 반발을 불러일으켰고, 결국 그들은 그 자리에 오래 머물지 못했다. 그러다가 1836년에 찰스 엘리엇Charles Elliot이 새로운 무역 감독관으로 부임했다. 찰스 엘리엇은 양광총독 덩팅전鄧廷楨에게 공손하게 품문을 올렸다. 그는 무역을 진행하는 시기에는 광저우의 상관, 그 외의 시기에는 마카오에 머물러도 좋다는 허가를 얻어냈다. 하지만 거기까지였다. 대등하게 공문을 교환하고 교류하는 일은 일어나지 않았다. 광저우 현지의 덩팅전과 찰스 엘리엇은 한동안 그럭저럭 우호적인 관계를 유지하는 데 만족했다.

런던에서 청나라와 관련된 정책을 주도하고 있던 헨리 파머스턴Henry Palmerston 외무 장관은 현지에서 청나라 관리들과 접촉해야 하는 찰스 엘리엇의 고충을 일일이 고려하지는 않았다. 그가 청나라와의 관계를 판단하는 기준은 무역 수지였다. 영국의 청나라 무역에서 전환점이 되는 해는 1826년이었다. 그 뒤로 영국은 청나라 무역 수지의 적자에서 벗어났고, 그 흐름은 줄곧 바뀌지 않았다. 파머스턴은 현지에서 돈을 벌어들이고 있던 상인들의 목소리에 귀를 기울였고, 1836년에는 찰스 엘리엇을 무역 감독관으로 파견했다. 상인들은 별다른 상황 변화가 없는 데 불만을 품었고, 찰스 엘리엇에게 더 적극적으로 교역 상황을 변화시킬 것을 요구했다. 찰스 엘리엇은 상인들의 입장을 충분히 이해했다. 다만 완강한 청나라의 정책을 변화시킬 마땅한 방법이 없었기에 뭔가 상황을 반전시킬 계기가 나타나기를 기다렸다.

한편 베이징에 있던 도광제는 청나라의 무역 수지가 마약 밀매 때문에 악화되고 있다는 점을 간파했고, 본격적으로 그 대책을 마련하기 시작했다. 영국 상인을 중심으로 하는 아편 밀매는 건륭 시대 말

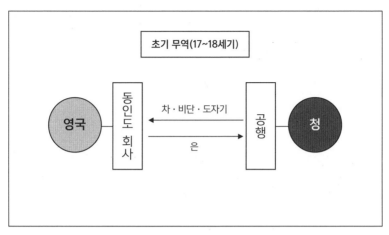

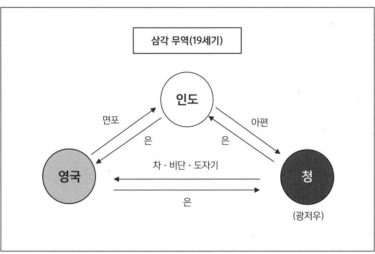

청나라와 영국 간 무역의 변화

기부터 시작되었는데, 1833년 동인도 회사의 무역 독점권 폐지와 항각 상인들의 활발한 활동으로 청나라에 밀반입되는 아편의 양이 급증했다. 1821년에 6000여 상자이던 밀매량이 1834년에는 2만 2000여 상자로 늘어났고, 은의 유출도 880여만 냥에서 1300여만 냥으로 증가했다. 은 유출량이 증가하면서 동전에 비해 은의 가치가 12퍼센트 이상 상승했다. 은가의 상승은 세금을 은으로 납부해야 하는 백성들의 조세 부담을 가중시켰고, 세금을 내지 못하는 백성들이 늘어나면서 청나라의 재정을 악화시켰다. 사실 도광제는 1820년 즉위한 이후 줄곧 아편을 단속하도록 명령했는데, 별다른 실효를 거두지 못하면서 특단의 대책을 강구하기에 이르렀다.

도광제는 관료들에게 아편 확산을 막을 수 있는 대책을 내놓으라고 촉구했다. 관료들이 내놓은 대책은 아편 무역과 재배를 합법화하여 은의 유출을 막자는 이금론弛禁論과, 아편의 판매와 유통뿐만 아니라 흡입하는 사람까지 처벌하여 철저하게 단속하자는 엄금론嚴禁論으로 나뉘었다. 도광제는 엄금론을 주장한 관료들의 손을 들어주었고, 아편을 철저하게 단속하겠다고 선포했다. 그는 아편을 뿌리 뽑으라는 특명을 집행할 흠차대신欽差大臣에 린쩌쉬林則徐를 임명했고, 그를 아편 밀매꾼들의 소굴이던 광저우로 파견했다.

1839년 3월, 광저우에 도착한 린쩌쉬는 사흘의 시간을 주고 아편 밀매꾼들에게 스스로 아편을 내놓으라고 명령했다. 밀매꾼들은 버티기에 들어갔고, 그들이 내놓은 아편은 1000여 상자밖에 되지 않았다. 린쩌쉬는 아편 몰수를 방해하는 인물로 영국 상인 덴트를 지목하고 체포령을 내렸다. 그리고 상관도 봉쇄했고 음식물의 반입도 금지했다. 무역 감독관 찰스 엘리엇은 자신에게 아편을 가져오면 한 상자에 차 다섯 근을 주기로 하고 상인들을 설득했다. 상인들은 찰스 엘리엇에게 아편 2만여 상자를 내놓았고, 거둬들인 아편은 다시 린쩌쉬에게 압수되었다. 린쩌쉬는 압수한 아편을 후먼虎門의 모래사장에서 석회와 섞어서 바다로 흘려보내는 방식으로 폐기했는데, 전부 폐기하는 데 22일이나 걸렸다. 아편이 압수된 뒤에 영국과의 무역은 다시 재개되었다.

사실 찰스 엘리엇의 조치에는 노림수가 있었다. 그는 상인들로부터 대가를 지불하고 거둬들인 아편을 린쩌쉬에게 압류하게 했다. 압류된 아편은 비록 불법적인 물건이기는 했지만, 이제 개별 상인들의 사유물이 아니라 영국의 재산이었다. 다시 말해서 린쩌쉬는 영국의 재산을 압수한 셈이었고, 아편 밀매꾼과 청나라 사이의 문제는 영국과 청나라 양국 사이의 문제로 바뀌었다. 덴트를 비롯한 상인들은 영국 의회에 가서, 자신들이 광저우의 상관에서 음식물도 끊긴 채 감금되는 가혹 행위를 당했고 재산상의 피해도 막심했다고 하소연했다. 찰스 엘리엇도 당연히 정부에 강력한 조치가 필요하다고 요구함으로써 상인들의 행동에 힘을 보탰다.

영국 의회 내부에서는 린쩌쉬의 아편 압류를 둘러싸고 격렬한 논쟁이 벌어졌다. 영국 상인과 무역 감독관은 의회에 억울함을 호소했고, 의회에서는 그들의 입장에 동조하는 쪽과 부도덕한 밀매를 옹호할 수 없다는 쪽이 서로 물러서지 않았다. 상인의 입장에 동조하는 쪽에서는 무력의 사용만이 청나라와 대등하게 외교 관계를 맺고 자유 무역을 관철시킬 수 있는 유일한 방법이라는 점을 강조했고, 반대하는 쪽에서는 여전히 명분 없이 무력을 행사하는 것은 치욕적이라는 논리를 내세웠다.

광저우의 린쩌쉬는 압류한 아편을 공개적으로 폐기함으로써 아편을 근절하려는 강력한 의지를 다시 보여주었다. 도광제도 광저우에서 올라온 아편 폐기와 관련된 보고에 대해 오랜 숙원이 해결되었다며 칭찬을 아끼지 않았다. 하지만 문제는 완전히 해결되지 않았다. 린쩌쉬가 상인들에게 아편 밀매 중단 서약서를 요구했으나 단 한 건도 제출되지 않았다. 그 서약서는 아편을 밀매하다가 적발되면 사형을 당해도 좋다는 내용을 포함하고 있었다. 찰스 엘리엇은 자국의 무역 수지가 악화되는 것을 염려했고, 상인들은 현실적인 이익을 포기할 수 없었다. 아편 밀매를 계속하려는 영국 상인들과, 엄격하게 단속하려는 린쩌쉬 사이의 눈에 보이지 않는 갈등은 차츰 고조되었다.

청영아편전쟁

린쩌쉬는 아편을 압류하고 폐기함으로써 황제의 명령을 충실하게 이행했다. 광저우 연해에서는 외국 상인들의 불법적인 행태를 단속하는 활동이 강화되고 있었다. 영국을 비롯한 외국 상인들은 아편 밀매를 할 수 없게 되어 경제적 타격을 받았고, 그 때문에 불만도 높아지고 있었다.

대립하는 세력 사이에 갈등과 긴장이 고조되면 대화와 협상을 통해 해결될 수 있는 일이 충돌의 도화선으로 발전하는 사례를 종종 볼 수 있다. 1839년 여름, 청나라와 영국 사이에서 벌어진 일도 그랬다. 당시 영국 선원들이 술에 취해 청나라 사람을 폭행하고 죽음에 이르게 한 사건이 발생했다. 린쩌쉬는 청나라의 법률에 따라 사건이 처리되어야 한다고 여겼고, 영국 측에 범인을 인도해달라고 강력하게 요구했다. 하지만 찰스 엘리엇은 선상에서 스스로 사건을 재판했고, 범인들에게 벌금과 함께 6개월 이하의 감금형을 내렸다.

린쩌쉬는 찰스 엘리엇의 일방적인 행위에 대해 아편 압류 때와 같은 보복 조치를 내렸다. 즉, 마카오에 있던 영국인들에게 식량 공급을 중단했고, 영국인이 고용한 청나라 사람들도 모두 철수시켰다. 가을이 되자, 아편 밀매 중단 서약서를 내지 않은 영국 상인들도 무역을 재개하려는 움직임이 있었다. 수사제독水師提督 관텐페이關天培는 수군을 이끌고 광저우로 들어가는 길목에서 허가받지 않은 상인들을 제지했다. 그 과정에서 청나라 수군은 상인을 비호하는 영국 전함과 일곱 차례나 무력으로 충돌했고, 영국 전함은 청나라 수군의 위세에 눌려 후퇴했다. 린쩌쉬는 기세를 올리며 영국의 이어지는 도발에 대비해 경계를 강화했다.

한편 런던에서는 정식으로 군대를 파병하기 위한 절차가 진행되었다. 1839년 10월, 파머스턴은 찰스 엘리엇에게 원정군이 도착하면 광저우를 봉쇄하고, 곧장 북상하여 텐진天津에서 청나라와 담판을 벌일 계획임을 알렸다. 1840년 2월에는 찰스 엘리엇의 사촌형 조지 엘리엇George Elliot이 원정군 사령관에 임명되었으며, 4월에는 하원의 표결을 통해 271 대 262표(아홉 표 차)로 파병안이 통과되었고, 5월에 상원에 제출된 아편 무역 반대 결의안은 채택되지 않았다. 영국 의회는 민주적인 절차에 따라 토론과 표결을 거쳐 파병이 결정되었다고 말하겠지만, 아편 밀매꾼들의 손을 들어주었다는 오명을 피할 수 없게 되었다.

1840년 6월 28일, 영국 정부가 파병한 군함과 병력이 전부 광저우에 도착했다. 찰스 엘리엇은 미리 계획한 대로 광저우 해역을 봉쇄하고 일부 병력을 남겨둔 채 북상했다. 처음에 린쩌쉬 등은 청나라 수군이 광저우에서 경계를 강화하고 있어서 영국군이 감히 공격하지 못하는 것이라고 여겼다. 하지만 영국군은 북상하면서 샤먼廈門, 딩하이定海, 닝보寧波 등을 차례로 봉쇄했다. 8월 11일에는 텐진에 도착하여 영국 상인들의 억울함을 풀러 왔다는 조회照會를 직예총독直隸總督 치산琦善에게 보냈다. 아울러 압수한 아편의 배상, 양국 관리의 평등한 왕래, 무역 근거지로 삼을 섬의 할양 등을 요구했다.

도광제는 전쟁이 확대되자, 그 책임을 물어 린쩌쉬를 파면했다. 그는 영국의 조회를 받은 뒤에 치산을 통해 청나라의 입장을 전달했다. 아편은 금지된 물품으로 배상할 수 없고, 평등한 왕래는 선례가 없는 일로 불가능하며, 무역은 광저우에서만 이루어지는 것이 옳다고 했다. 다만 광저우에서 억울한 일을 당했다면 자세히 조사한 뒤에 공정하게 처리하겠다고 덧붙였다. 치산은 조지 엘리엇에게 황제의 뜻을 전달했고, 자세한 협상은 광저우에서 진행하자고 요청했다. 조지 엘리엇은, 풍토병에 걸린 병사들이 발생하고 군대의 일부가 광저우 해역에 있는 상황에서, 전면전을 벌이기 어렵다고 판단했다. 그는 치산의 요청을 받아들여 광저우에서 협상을 진행하기로 결정했는데, 남하하는 과정에서 병에 걸렸다. 그러자 찰스 엘리엇이 그의 자리를 대신하게 되었다.

협상은 12월 4일부터 시작되었는데, 여전히 평등한 왕래를 비롯하여 섬의 할양이나 무역항의 확대 등에 대해 입장 차가 너무 커서 난항에 부딪혔다. 협상이 교착 상태에 빠지자, 1841년 1월 7일에 영국은 후면으로 가는 길목의 찬비穿鼻 포대를 공격하여 점령했다. 그리고 찰스 엘리엇은 치산에게 홍콩섬香港島의 할양, 배상금 600만 냥지불, 평등한 왕래 등을 다시 요구했다. 1월 26일에는 홍콩섬을 점거하는 무력시위를 감행했다. 치산은 찰스 엘리엇의 요구를 수용하겠다며 찬비 가조약을 체결했다. 하지만 병을 핑계 삼아 정식으로 조약을 체결하는 장소에 나타나지 않았다. 베이징의 도광제는 치산이 영토할양 등을 멋대로 수용했다는 점을 이유로 그를 파면했다. 그리고 자신의 조카 이산奕山을 정역장군靖逆將軍에 임명하고 광저우로 파견하여 영국군을 물리치라고 명령했다.

광저우의 찰스 엘리엇은 협상 상대가 사라지자 더 공격적인 태도를 보였다. 3월이 되자, 찰스 엘리엇은 영국 군함을 이끌고서 포대가 무너진 후면을 손쉽게 점령한 후에 광저우로 진격했다. 광저우의 지부知府 위바오춘余保純은 중단되었던 교역을 허가하고 협상을 진행하기로 함으로써 일단 영국군이 성안으로 들어오는 것을 막았다. 그런데 협상은 진전이 없었고, 그사이에 이산이 광저우에 도착했다. 그는 청나라 군대를 이끌고 영국군과 결사 항전하겠다고 선포했다. 하지만 전투는 싱겁게 끝났고, 이산은 백기를 들고 항복했다. 위바오춘은 찰스 엘리엇과 광저우에서 평화 협정을 체결했고, 양국 사이의 관계는 협상 국면으로 전환되는 듯했다.

치산이 찰스 엘리엇과 찬비 가조약을 체결했을 때, 베이징의 도광제는 치산이 영토 할양 등의 조건에 동의했다는 사실에 격분했다. 유사한 상황은 영국 측에서도 나타났다. 런던의 파머스턴은 찰스 엘리엇이 찬비 가조약에서 청나라로부터 얻어낸 것이 지나치게 적다고 불만을 가졌다. 파머스턴은 찰스 엘리엇을 해임하고 헨리 포틴저Henry Pottinger를 새로운 원정군 사령관으로 임명했다. 포틴저의 임무는 찬비 가조약에서 논의된 내용을 포함하여 더 많은 배상금을 받아내고, 추가로 여러 곳의 개항장까지 확보하는 것이었다. 현지에서 힘든 전투를 치르는 장군들은 양측이 서로 양보하는 적당한 협상을 고려했지만, 베이징과 런던의 정책 결정자들은 자신들의 의지가 관철되어야 한다는 강경한 입장을 고수했다. 이렇게 현지의 담당자들과 중앙의

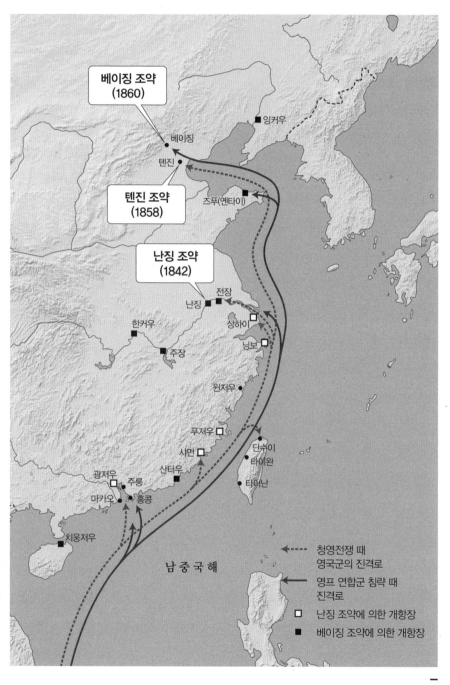

베이징 조약
(1860)

텐진 조약
(1858)

난징 조약
(1842)

잉커우

베이징

텐진

즈푸(옌타이)

전장

난징

상하이

한커우

닝보

주장

원저우

푸저우

단쉬이
타이완

사먼

산터우

타이난

광저우

주룽

마카오

홍콩

치웅저우

남 중 국 해

- - - - ▶ 청영전쟁 때
영국군의 진격로

────▶ 영프 연합군 침략 때
진격로

☐ 난징 조약에 의한 개항장

■ 베이징 조약에 의한 개항장

전쟁, 조약, 개항장

정책 결정자들이 상황을 보는 방식이 달랐기 때문에 전쟁은 한쪽이 다른 한쪽을 완전히 눌러버려야 끝나는 방향으로 진행되었다.

1841년 8월 10일, 포틴저는 찰스 엘리엇보다 더 적극적으로 군사 작전을 전개했다. 영국군은 샤먼, 딩하이, 닝보 등을 봉쇄하는 데 그치지 않고 그곳들을 점령했다. 상하이上海 남쪽에 있는 닝보를 6개월 이상 점령했는데, 이는 청나라 조정에 자신들의 요구를 들어달라고 무력시위를 벌이는 행위나 마찬가지였다. 도광제는 영국군에 대적하기 위해 군대를 증파했지만 별다른 효과를 거두지 못했다. 1842년 봄, 날이 따뜻해지자 포틴저는 새로운 군사 행동을 개시했다. 영국군은 닝보에서 출발하여 상하이를 점령했다. 그리고 창장강長江을 따라 북상하여 전장鎭江을 점령했고, 8월 9일에는 마침내 난징南京 외곽에 전함을 배치하여 공격을 예고했다. 하지만 공격은 이뤄지지 않았다. 그러자 도광제는 치잉耆英에게 전권을 위임하여 흠차대신으로서 영국군의 난징 공격을 막고 문제를 신속히 해결하도록 했다. 결국 영국군의 무력 행동은 중지되었으며, 그 대가로 지불된 것이 난징 조약이다.

1842년 8월 29일에 체결된 난징 조약은 모두 13개 조로 구성되었다. 그 주요 내용에는 ① 광저우·샤먼·푸저우福州·닝보·상하이 등 다섯 항구의 개항, ② 홍콩섬의 할양, ③ 배상금 2100만 냥 지불, ④ 관세 협의, ⑤ 관리의 평등한 왕래 등이 포함되었다. 항구의 개항을 비롯한 내용들은 모두 영국이 처음에 군사 행동을 시작하면서 목표로 삼았던 사항—이다. 영국은 전쟁에서 완승했고, 청나라를 압박하여 자국이 원하던 모든 것을 얻어냈다. 청나라는 전쟁에서 패배했고, 아편 밀매는 묵인되었으며, 영국의 주장은 대부분 관철되었다.

하지만 난징 조약은 런던의 파머스턴을 비롯한 정부 관리들을 만족시킬 수 없었다. 1843년 7월과 10월에 난징 조약을 보완하기 위한 협의가 진행되었고, 중영오구통상장정中英五口通商章程과 오구통상부점선후조관五口通商附粘先後條款이 체결되었다. 통상장정에는 관세 5퍼센트 인하와 영사 재판관의 인정, 선후조관(후면 조약)에는 영국 군함 한 척의 개항장 정박 허용, 개항장에서 영국인의 건축과 영구 거주 및 치외법권 허용 등이 포함되었다. 통상장정과 선후조관은 개항장을 청나라 영토 안의 새로운 세계로 만들어주었다. 개항장 안에서 영국인들은 자국 군대의 보호 아래 청나라의 간섭 없이 거주했고, 낮은 관세를 내고 자유롭게 상업 활동을 벌였으며, 문제가 발생하면 자국 법에 호소할 수 있었다. 청나라와 영국 사이에 조약이 체결된 뒤인 1844년에는 미국과 프랑스도 각각 왕샤望廈 조약과 황푸黃埔 조약을 체결하여 청나라에서 자국의 이권을 확보했다. 왕샤 조약에는 조약이 체결되고 12년이 지난 후에 양국이 협의를 거쳐 조약을 개정할 수 있다는 조항이 포함되었다.

새로운 질서

청영아편전쟁의 패배로 만주인들이 세운 청나라 중심의 천하에 흠집이 생겼고, 청나라 사람들이 자신들을 중심에 놓고 외부 세계를 바라보던 질서에도 변화가 불가피했다. 분명히 청영아편전쟁은 이미 만들어진 청나라의 천하가 더 큰 세계 질서 속에서 변화되는 전환점으로서 의미가 있다. 물론 그렇다고 해서 모든 청나라 사람에게 전혀 다른 세계가 등장했음을 의미하지는 않았다. 이미 형성된 청나라의 천하가 변화하는 데에는 시간이 필요했다. 오랜 시간을 거치면서 만들어진 질서는 사람들의 발에 맞는 신발과 같았다. 사람들은 신고 있는 신발이 해져서 더는 신을 수 없게 되었거나, 어떤 신발이 너무 매력적이어서 한동안 불편함을 기꺼이 감수할 수 있을 때에야 비로서 새 신발을 사게 마련이다.

홍타이지가 조선을 정벌한 이래 만주인은 '꽃길'을 걸었고 거칠 것이 없었다. 압도적인 인구를 가졌던 한인, 한때 만주인에게 앞선 문화를 전수했던 몽골인, 청나라를 야만의 나라라고 업신여겼던 조선인, 청나라의 공세에 끝까지 저항했던 준가르인 등은 모두 청나라 중심의 천하와 그 질서를 받아들였다. 만주인이 청나라의 주인으로서 천하의 중심에서 위풍당당하게 군림했던 세월이 200여 년이었다. 그 세월이 만들어낸 외부와의 단절이 만주인 황제와 관료들에게 외국에 대한 우월감을 심어주었다. 그리고 그 우월감은 도광제가 영국과의 충돌에 대처하는 방식에도 영향을 끼쳤다.

도광제는 검소하고 꼼꼼한 성격을 지닌 황제였다. 자신의 아들에게도 엄격했다. 그 엄격함이 지나쳐서 공부를 소홀히 하는 장남에게 격분하여 발로 걷어찼고, 급소를 맞은 장남은 그 후유증으로 세상을 떠날 정도였다. 만주인과 청나라에 자부심을 가진 보수적인 황제가 대등한 교역과 외교를 요구하는 영국을 탐탁지 않게 여긴 것은 당연한 일이었다. 더구나 부도덕한 아편을 파는 야만인들을 응징한다는 도덕적·문화적 우월감이 더해지면서, 현지에서 전투를 치르던 장군들이 파악한, 청나라 군사력의 열세를 이성적으로 받아들이기 어려웠다. 그 때문에 영국의 침략과 무리한 요구에 강경한 태도를 계속 견지했다.

정책의 최종 결정권자로서 도광제는 분명 전쟁의 전개 과정과 그 결과에 책임을 져야만 했다. 다만 그는 부패하거나 무능하지는 않았다. 영국과의 전쟁에서 패배했지만, 그 뒤처리를 확실히 진행하고 청나라가 위기 상황에서도 버틸 수 있도록 조치했다. 전쟁이 끝난 뒤에 도광제는 프랑스와 미국 등을 비롯한 열강들의 조약 체결 요구를 받아들이는 대외 유화 정책을 펼쳤다. 유화 정책은 취약한 재정 구조 속에서 도광제가 취할 수 있는 현실적인 대안이었다.

청나라가 외세와 대적하기 위해 강력한 화력을 가진 대포를 비롯한 무기를 도입하거나 군대를 개혁했어야 한다는 주장을 할 수도 있다. 하지만 무기 도입과 군대 개혁은 팔기 제도라는 청나라의 근간에 대한 변혁을 의미했고 막대한 재정을 필요로 하는 문제였다. 가경 시대 이후 청나라의 재정은 좋지 않아서 황제들도 근검을 외치고 있었다. 전후 문제를 처리하는 것이 급하고 전쟁으로 재정이 더 어려워진 상황에서 군사 개혁 문제는 현안으로 대두되지도 않았다. 하지만 외부 세계에 관심을 기울이고 변화할 필요가 있다고 보는 움직임도 있었다.

린쩌쉬는 청나라를 소중하게 생각하는, 강직하고 청렴한 관료이자 유학자였다. 그는 황제의 명령을 받고 아편 밀매를 엄격하게 단속했고, 영국의 침략에 대비하여 방어 시설을 튼튼하게 구축했다. 하지만 영국이 처음부터 베이징의 황제와 담판하려는 계획을 세웠다는 사실을 알아채지 못했다. 방어 시설도 과거의 기준에 맞춰 성벽을 점검하고 물속에 장애물을 설치하는 방식으로 구축했다. 그런 시설들은 영국의 대포를 막아내기에 역부족이었다. 그는 청나라 군대가 처한 여건 속에서 최선을 다했다. 하지만 영국군의 포화는 톈진에까지 미쳤고, 린쩌쉬는 그 책임에서 자유로울 수 없었다. 도광제는 린쩌쉬에게 전쟁이 일어난 책임을 물어 파면했다.

파면당한 린쩌쉬는 신장으로 유배를 떠났고, 5년 뒤에 섬감총독陝甘總督이 되어 관료 사회로 돌아왔다. 린쩌쉬는 광저우에 있을 때 영국을 비롯한 서양 세력과 접촉하는 과정에서 그들에 대해 더 알아야겠다는 생각을 했다. 그는 사람을 시켜 마카오와 싱가포르의 신문을 번역하여 서양의 지리와 제도 등을 수집했고, 《사주지四洲志》라는 책을 편찬했다. 그는 서양 무기와 군함의 위력을 알았고 그것들이 청나라에 필요한 물건이라고 여겼다. 그가 인정한 것은 서양의 무기와 군함이었을 뿐이고 여전히 서양인들에게 우월감을 갖고 있었다. 하지만 서양의 장점을 인정하고 그것을 받아들일 필요가 있다고 인정한 사실은 높게 평가받을 만하다.

외부 세계에 대해 알아야 한다고 생각한 자신들의 생각을 정리하여 책으로 표출하기 시작했다. 웨이위안魏源은 린쩌쉬의 《사주지》를 참고하고 보완하여 《해국도지海國圖志》를 펴냈다. 《해국도지》는 서양 여러 나라의 지리·정치·경제·인구·종교 등을 소개한 책이고, 과학 기술을 받아들임으로써 서양을 제압해야 한다는 이이제이以夷制夷의 주장을 담고 있었다. 《해국도지》 이외에도 서양과의 관계를 서술한 저작들이 등장했다. 량팅난梁廷枏은 《이분문기夷氛聞記》에서 아편 밀매를 엄금해야 한다고 주장했고, 전쟁이 일어났을 때 지역민을 모아서 영국군에 저항했던 경험을 통해 전술적인 측면에서 지구전을 벌였다면 승산이 있었다고 여겼다. 샤셰夏燮는 《중서기사中西記事》를 통해 1840년대부터 1850년대까지 청나라와 외국 사이의 관계를 일목요연하게 정리했다. 그리고 쉬지위徐繼畬는 《영환지략瀛環志略》에서 세계 각국의 지리적 위치를 비롯하여 문화와 정치 제도까지 소개했다.

웨이위안 등이 청나라를 둘러싼 세계에서 새롭게 형성되던 질서를 정확하게 파악하고 있었다고 보기는 어렵다. 그들의 책에서는 서양 야만인들에 대한 적대감, 강력한 화포에 대한 우려, 낯설고 본 적이 없던 물건이나 세계에 대한 호기심 등이 섞여 있었다. 영국과 벌인 전투의 속사정을 정확히 알고 있는, 패배한 청나라 사람들에게서 나타날 만한 감정이었다. 이런 감정이 더 폭넓게 확산되었다면 전쟁이 끝난 뒤 10년 동안의 상황은 달라졌을 것이다. 하지만 전쟁으로 개방된 다섯 항구는 드넓은 청나라의 영토에서 점과 같은 존재였고, 그 항구들에서 통용되던 새로운 질서는 제한적인 사람들에게 영향을 끼쳤을 뿐이다. 새로운 질서가 청나라의 영토에 스며들기 위해서는 시간이 더 필요했다.

2장
내우와 외환

1840년대의 마지막 겨울, 청나라에서 가장 검소한 황제였던 도광제가 세상을 떠났다. 도광제는 팔꿈치가 해진 곤룡포를 입을 정도로 검소했다. 작은 가정의 살림살이는 검소함으로 바뀔 수 있다. 하지만 어려워진 나라 살림은 검소함이 아니라 과감한 정책과 결단을 통해 큰 그림을 그려야만 돌파구가 마련될 수 있다. 청나라는 광저우로 제한된 대외 무역을 통해 경제적 풍요를 누렸었다. 하지만 아편 밀매 때문에 은이 유출되면서 경제적 어려움에 직면했다. 청영아편전쟁의 패배는 아편 밀매를 사실상 묵인하게 만들었다. 그 결과는 은의 유출에 그치지 않았고, 청나라의 경제적 어려움은 돌파구를 찾지 못했다.

인구 증가와 생존 갈등

중국의 인구는 한나라부터 명나라 초까지 대략 6000만 명에서 8000만 명을 오가는 규모였다. 그 뒤에 오랫동안 평화가 이어지면서 명나라 말의 인구는 1억 6000만 명까지 증가했다. 명·청 왕조 교체의 혼란 속에서 인구가 줄어들었다가 1700년에 1억 5000만 명으로 과거의 최대치를 거의 회복했고, 그 뒤 계속 증가해 1850년에는 4억 3000만 명에 이르렀다.

인구 증가는 청나라만의 현상이 아니었다. 같은 시기 유럽과 러시아에서도 비슷한 성장률을 보였다. 프랑스 역사학자 페르낭 브로델 Fernand Braudel은 소빙하기가 끝나고 세계적으로 온화한 기후가 나타나면서 인구가 늘었다고 보았다. 기후가 청나라의 인구 증가에 영향을 끼친 점은 인정할 수 있다. 다만 청나라의 인구가 크게 늘어난 이유는 일반적으로 다음과 같이 설명한다. 천연두 백신이 개발되면서 사망률이 낮아졌고, 고구마·감자·옥수수 같은 구황 작물이 들어와 전파되었으며, 강희제 이후 평화로운 시대가 지속되고 감세 정책으로 백성들의 세금 부담이 줄어들면서 인구가 증가하게 되었다는 것이다.

왕조 시대에 인구 증가는 백성들이 살기 좋은 태평성세였음을 보여주는 지표로 여겨졌다. 그런데 청나라 때 인구가 기하급수적으로 늘어나는 상황에서 그 인구를 부양하는 데 필요한 토지는 필요한 만큼 늘어나지 않았다. 인구가 늘어나면서 백성들이 살고 있던 환경도 악화되었다. 삼림이 줄어들었고, 삼림이 파괴되면서 홍수에 취약해졌으며, 농지가 침식되고 지력이 약해졌다. 그러자 인구에 비해 토지가 더욱더 부족한 상황에 처했다.

늘어나는 인구, 부족한 토지, 경제적 어려움 등은 청나라 사회를 불안하게 만들 수 있었는데, 직접적인 당사자였던 백성들이 해결 방법을 모색했다. 경작할 토지가 없는 백성들은 간척할 토지가 남아 있는 지역으로 이주했다. 인구압, 즉 인구 증가에 의해 생계 압박이 높아짐에 따라 백성들은 세 방향으로 이주했다. 이주의 물결은 대체로 동쪽의 성들에서 서쪽의 장시江西·후베이·후난湖南·쓰촨, 서북쪽의 샨시·간쑤甘肅, 남쪽의 광둥·푸젠·타이완, 남서쪽의 윈난雲南·구이저우貴州·광시廣西성들로 향했다.

만주인이 세운 청나라에서 인구와 토지 사이의 불균형을 해소하는 데 기여한 지역 가운데 하나가 만주 지역이다. 만주인 황제들은 오랫동안 만주 지역을 자신들의 성지로 여겨 백성들의 출입을 제한하는 금령을 내렸다. 만주 지역의 출입 제한은 변방에서 중앙에 대항하는 새로운 세력이 등장하는 것을 원천적으로 차단하려는 군사적 목적에 의해 시행된 측면도 있었다. 만주 지역의 인구는 1800년에 100만 명 정도밖에 안 되었다. 토지와 생존을 찾아 만주 지역으로 이주하는 흐름은 백성들에 의해 시작되었다. 백성들은 굶주림으로부터 벗어나 살아남기 위해 청나라의 금령을 어기고 만주 지역으로 들어갔다. 1860년에 만주 지역의 인구는 300만 명을 넘어섰다. 그러자 청나라 조정은 금령을 완화하기 시작했다. 이는 금령이 완화되었다기

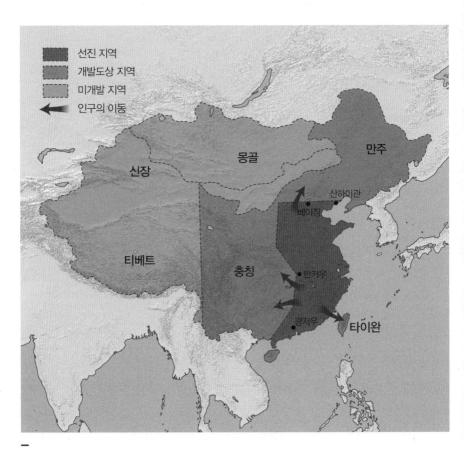

청나라 때의 인구 이동

2부 왕조 체제의 균열

보다 생존의 돌파구를 찾던 백성들이 금령을 무력화한 것으로 이해할 수도 있다.

인구 증가는 청나라를 떠받치고 있던 핵심 계층의 생활에도 영향을 미쳤다. 청나라 때 소수의 몽골인과 한인을 포함하여 만주인을 중심으로 구성된 팔기에 소속된 사람들을 기인旗人이라고 했다. 청나라는 기인에 대한 우대 정책을 펼쳤다. 기인은 중국을 정복하는 전쟁 과정에서 한인들에게서 몰수한 토지에 거주했다. 전국에 걸쳐 설치한 주방은 한인들을 감시하는 초소와 같은 역할을 했고, 기인은 청나라를 군사적·정치적으로 지키는 역할을 맡았다. 기인의 수가 늘어남에 따라 토지도 더 많이 필요했다. 하지만 토지를 충분히 확보할 수 없었던 데다 일부 기인은 유흥과 향락을 위해 토지를 팔아치워버렸다. 강희제와 옹정제는 기인에 대한 지원을 늘렸지만 상황은 호전되지 않았고, 빈곤층으로 전락한 기인이 등장하기에 이르렀다.

청나라의 인구 증가는 생존 갈등과 해외 이주라는 현상을 가져왔다. 두 현상과 관련하여 푸젠·광둥·광시 세 성이 포함된 동남부 연해 지역이 자주 언급된다. 생존 갈등은 토착인과 외지인(객가客家) 사이의 격렬한 무장 충돌을 야기했고, 해외 이주는 현재 세계 곳곳에서 활동하고 있는 화교를 탄생시켰다. 생존을 위한 무장 충돌은 토착인과 외지인 사이뿐만 아니라 토착 종족 사이에서도 일어났는데, 단순한 다툼을 넘어서서 무기를 들고 싸운 무장 충돌을 계투械鬪라고 했다. 옹정 시대에는 계투가 동남부 연해 지역의 성들에서 빈번하게 발생했고, 건륭 시대 후반기에 들어서면서 그 범위가 전국으로 확대되었으며 그 규모도 훨씬 커졌다. 인구가 증가함에 따라 생존 갈등이 심해지고 계투가 확산된 현상은 청나라의 통치자들이 예방하기 어려운 일이었다. 하지만 청나라의 통치력이 약화되고 지역에 대한 통제도 이완되면서 민간인들 사이의 불법적인 무장 충돌이 제대로 통제되지 못한 측면도 간과하기 어렵다.

중국인의 해외 이주는 이미 청나라 이전에도 있었는데, 상인이나 개인이 해외로 떠나서 거주하는 방식이었다. 그러다 1800년을 전후한 시기에 그 양상이 달라져서 대규모 집단적 이주가 등장했다. 서양 열강은 식민지에 건설한 농장이나 광산에서 일할 노동력을 확보해야 했다. 당시 유럽에서는 더 이상 노예 수급이 어려워 노예의 충원이 어려웠다. 그들의 필요는 새로운 노동력으로 눈을 돌리게 만들었고, 중국인 막일꾼을 의미하는 쿨리苦力가 등장하게 되었다. 쿨리들은 일자리를 찾아 외국행 선박에 올랐다. 자발적인 경우도 있었지만 사기꾼에게 속아서 낯선 환경에 내동댕이쳐진 경우도 많았다. 그들은 동남아시아의 농장을 비롯하여 멀리 아메리카 대륙의 농장으로 향하는 배에서 죽는 경우도 있었고, 현지에 도착해서 죽도록 일하다가 비참하게 삶을 마감하는 경우도 많았다.

일부 학자들은 청영아편전쟁 이후 서양 열강이 청나라의 경제에 끼친 파괴적인 영향을 강조했고, 청나라의 경제적 어려움과 사회적 혼란을 서양 열강 탓으로 여겼다. 물론 아편 밀매와 은의 유출은 밀접하게 관련되어 있고, 그 결과로 청나라의 경제적 상황이 악화되었다. 하지만 어떤 측면에서 보면 청나라는 건륭 시대까지 서양 열강과의 무역에서 흑자를 기록했다. 또한 대량의 은이 유입되면서, 인구 증가에 따른 경제적 위기가 늦춰지기도 했다. 경제적 어려움은 그 흑자가 사라지면서 현실화되었던 것으로 볼 수도 있다. 1800년을 전후하여 청나라의 경제는 이미 늘어나는 인구와 생존 경쟁으로 어려움에 빠져 있었고 탈출구가 필요했다. 아편 밀매가 급증하기 전까지 청나라는 대외 무역을 통해 상당한 수혜를 입고 있었지만 전쟁에 패배하고 대외 무역의 적자가 누적되면서 청나라 사회의 불안정이 심화되었다.

태평천국

1850년 2월, 영국과의 전쟁을 이끌었던 도광제가 세상을 떠났고, 그의 넷째 아들 이주奕詝가 즉위했다. 이주 함풍제咸豐帝는 자신의 이복동생 공친왕恭親王 이신奕訢과 제위를 놓고 경쟁을 벌였다. 그는 아버지가 죽으면 어떻게 할 것이냐는 말에 눈물만 흘림으로써 효심이 깊다는 평가를 받아 황제가 될 수 있었다. 하지만 즉위한 지 얼마 되지 않아, 무장아穆彰阿나 치잉과 같은 권신들이 아버지를 잘못 보필하여 영국과의 전쟁에서 패배했다는 이유를 들어 그들을 파면함으로써 아버지의 흔적을 지우는 작업에 착수했다. 자신의 시대를 만들려는 함풍제의 의욕적인 시도는 그리 오래가지 않았다. 청나라의 남쪽 끝에서 불길한 소식이 들려왔기 때문이다.

1851년 1월, 광시성의 농촌 마을 진톈金田에서 배상제회拜上帝會가 무장 봉기를 일으켰다. 배상제회는 홍슈취안洪秀全이 세운 비밀 종교 단체였다. 농민의 아들로 태어난 홍슈취안은 과거 시험에 여러 차례 떨어졌다. 상실감에 빠진 그는 심신 미약 상태에서 신기한 꿈을 꿨다. 꿈속에서 한 노인이 자신에게 칼을 주면서 악마를 물리치라고 했다. 그는 과거 시험을 보러 광저우에 갔다가 손에 넣은 《권세양언勸世良言》이라는 책과 꿈 이야기를 연결시켰고, 꿈속의 노인은 하느님이고 자신은 예수의 동생이라는 확신을 갖게 되었다. 그 뒤 홍슈취안은 과거 시험을 통해 관리가 되려던 희망을 버리고 배상제회를 창설했고, 양슈칭楊秀淸·샤오자오구이蕭朝貴·펑윈산馮雲山·웨이창후이韋昌輝·스다카이石達開 등을 신도로 끌어들였다. 1850년 11월, 배상제회의 신도 2만 여명이 진톈으로 집결했고, 이듬해에 악마를 물리치고 새로운 세상을 만들기 위해 태평천국을 선포하고 봉기를 일으켰다.

봉기에 참가한 사람들 중에는 다른 지역에서 광시 지역으로 흘러든 객가들이 많았다. 객가들은 산지를 개간하거나 농사에 필요한 물을 대는 과정에서 현지인들과 충돌이 잦았고, 무장 충돌을 벌이기도 했다. 객가들의 삶은 시간이 지나도 크게 나아지지 않는데, 홍슈취안은 그들의 허탈한 마음으로 파고들어서 누구나 평등하게 잘 사는 세상을 약속함으로써 세력을 키워 나갔다. 홍슈취안은 유가 사상과 기독교를 결합시켰고, 자신은 하늘에 있는 전지전능한 상제上帝의 뜻을 일반 백성들에게 전달하는 유일한 존재라고 주장했다. 그리고 배상제회의 교리를 간단하게 정리하여 《원도성세훈原道醒世訓》과 《원도각세훈原道覺世訓》을 저술하여 포교했고, 쉬운 노래인 〈원도구세가原道救世歌〉로 하층민들을 포섭했다.

1851년 9월, 홍슈취안이 이끄는 태평군은 농촌을 벗어나 융안주永安州를 점령했다. 그곳에서 홍슈취안은 천왕天王, 양슈칭·샤오자오구이·펑윈산·웨이창후이·스다카이 등을 각각 동왕·서왕·남왕·북왕·익왕翼王이라고 부르며 위계질서를 세웠고, 관직과 군제도 갖추기 시작했다. 융안에서 태평군은 문묘에 가 공자의 위패, 제사용 기구, 유가 경전 등을 불살랐고, 관제묘關帝廟와 성황당도 파괴했다. 청나라 관군은 융안을 포위하여 고립시키는 작전을 전개했다. 1852년 4월, 식량이 떨어진 태평군은 융안을 버리고 광시성의 중심지인 구이린桂林을 공격했다. 구이린은 정규군 녹영과 지역의 향신들이 모집한 단련이 함께 굳건하게 버티고 있었고, 태평군이 함락시키기에는 힘에 부쳤다. 결국 홍슈취안은 구이린을 포기하고 방향을 북쪽으로 돌렸다.

1852년 12월까지 태평군은 후난성의 창사長沙, 후베이성의 웨저우岳州·한양漢陽·한커우漢口·우창武昌 등을 점령했다. 그 과정에서 남왕 펑윈산과 서왕 샤오자오구이가 잇따라 전사했다. 태평군은 구이린에서 힘든 전투를 벌이다 쫓기듯이 북진하게 되었는데, 오히려 그것이 세력을 확장하는 데 도움이 되었다. 북상하는 과정에서 사회에 불만

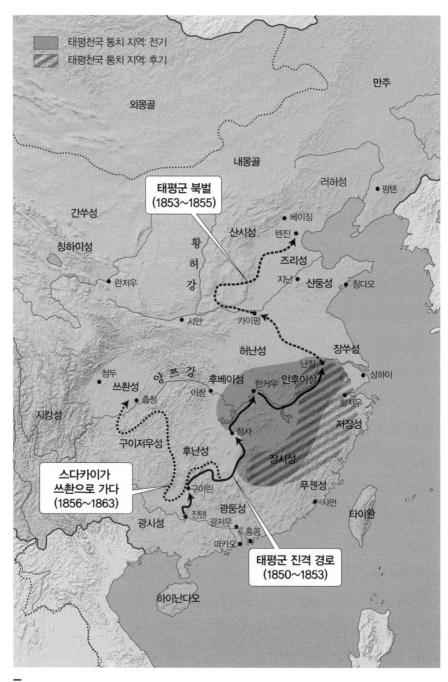

태평군의 진격로 및 통치 지역

을 품고 있던 농민들을 더 많이 태평군으로 충원할 수 있었고, 웨저우에서는 무기와 선박을 대량으로 노획함으로써 군사력을 크게 증강시킬 수 있었다. 태평군은 연이은 승리와 전력 보강으로 사기가 올랐고, 이제 더 큰 그림을 그리기 위해 행동에 들어갔다.

1853년 2월, 날이 따뜻해지자 태평군은 난징으로 진격했다. 태평군은 별다른 저항도 받지 않았다. 그리고 3월에 비교적 손쉽게 난징을 점령했다. 천왕 홍슈취안은 난징의 이름을 톈징天京으로 바꾸고 태평천국의 수도로 삼았다. 태평천국은 배상제회의 신자 100만 명을 핵심으로 하여 여섯 성을 영향력 아래에 둔 청나라 안의 작은 나라가 되었고, 1864년 멸망할 때까지 10여 년이 넘게 유지되었다.

태평천국은 난징에서 왕조와 구별되는 몇 가지 독특한 제도를 실험했다. 첫째, 성고聖庫. 상점에서 판매하는 상품, 개인 의복과 일용품을 제외한 사유 재산은 모두 성고에 보관했고, 필요에 따라 배급을 받아 사용했다. 둘째, 남녀 분리. 난징의 청장년 남자는 패면관牌面官, 어리거나 늙은 남자는 패미관牌尾官으로 편성하여 능력에 따라 군사 업무와 노동을 하도록 했다. 여성은 노동 능력의 우열에 따라 수금영綉錦營과 여영女營으로 편성되었고, 군사 활동에도 참여했다. 남녀는 분리하여 거주했고 부부도 마음대로 만날 수 없었다. 셋째, 수공업 통제. 수공업을 업종에 따라 장영匠營과 공아工衙로 구분하여 재편했고, 생산을 중앙에서 통제했다.

난징 이외의 농촌 지역에서 실험한 천조전무天朝田畝 제도는 토지의 이용 방법뿐만 아니라 농촌 사회와 군대를 조직하는 방법도 포함하고 있었다. 홍슈취안은 토지 사유제를 폐지하고 남녀 차별 없이 가족 수와 나이에 따라 균등하게 분배하여 경작하게 하겠다고 약속했다. 농가는 25가家가 1양兩으로 재편되었고, 양사마兩司馬를 두어 행정·생산·분배·종교·사법·교육·상벌 등을 관리하게 할 계획이었다. 농민들의 조직은 평상시에는 행정을 처리하는 단위였고, 전시에는 군대의 일부로서 기능하게 만들어졌다.

중화인민공화국 수립 이후, 성고와 천조전무 제도를 비롯한 태평천국의 정책들은 생산 수단의 사유를 철폐하고, 능력에 따라 일하고 필요한 만큼 분배받으며, 남녀의 동등한 생산 참여를 보장하여 선구적이었다고 이해되기도 했다. 그런데 문서에 존재하는 정책들이 제대로 시행되었는지에 대해서는 의문이 남고, 태평천국이 10년이라는 짧은 기간 동안 특정 지역에서 거대한 변화를 이끌어낼 만한 힘이 있었던 것으로 보이지 않는다. 더욱이 태평천국을 움직이는 핵심 인물들을 둘러싸고 벌어진 사건들은 선구적이라고 평가할 만한 제도들을 집행할 의지가 있었는지 회의감을 들게 했다.

홍슈취안은 태평천국에서 황제와 같은 권위와 권력을 지녔고, 양슈칭을 비롯한 왕들도 특권을 지닌 제후들이었다. 태평천국의 천왕과 제후들은 청나라의 황제나 제후들보다 더 큰 권력과 특권을 지닌 존재들이었다. 그들을 견제할 수 있는 어떤 제도적 장치도 없었기 때문이다. 견제 장치의 부재는 결국 친밀한 형제라던 천왕과 제후들 사이의 알력 다툼을 낳았다. 1856년 8월, 양슈칭은 상제의 뜻을 빙자하여 홍슈취안에게 동등한 지위를 요구했다. 홍슈취안은 마지못해 약속했으나, 웨이창후이를 불러들여 양슈칭과 그의 수하 2만 명을 몰살시켰다. 그 뒤 홍슈취안은 웨이창후이가 반역의 마음을 품고 있다고 의심했고, 군대를 동원하여 그를 체포하여 사형에 처했다. 두 사람이 죽자, 태평천국의 건국에 참여했던 인물 가운데 남은 사람은 홍슈취안과 스다카이 두 사람뿐이었다.

스다카이는 안칭安慶에서 톈징으로 들어올 때 열렬한 환영을 받았는데, 그 광경은 다시 홍슈취안으로 하여금 권력을 빼앗길지도 모른다는 두려움을 갖게 만들었다. 홍슈취안은 친형들을 안왕安王과 복왕福王에 임명함으로써 자신을 보좌하게 했다. 하지만 두 왕은 동생을 보좌할 만한 능력도 없었고 탐욕스럽기까지 했다. 스다카이는 홍슈취안에게 두 왕을 엄격하게 관리하여 불상사가 생기지 않게 해야 한다고 요구했다. 하지만 홍슈취안은 오히려 스다카이를 의심했다. 스다카이는 자신의 근거지인 안칭으로 돌아갔는데 그곳에서도 홍슈취안이 군대를 보내 자신을 해치지 않을까 걱정했다. 결국 그는 자신을 따르던 무리를 이끌고 태평천국을 이탈하여 남쪽의 여러 성들을 전전했고, 1863년 봄에는 쓰촨으로 흘러들어 갔다가 청나라 군대에게 포로로 잡혔다.

스다카이마저 등을 돌리자, 홍슈취안은 자신을 도와서 거병했던 사람들 모두를 잃고 말았다. 1857년 10월, 홍슈취안은 안왕과 복왕의 명칭을 천안天安과 천복天福으로 바꾸고, 장군들의 자리를 다시 배치하여 군대를 정비함으로써 천왕의 권력을 강화했다. 1859년 4월 에는 홍슈취안의 사촌 동생 홍런간洪仁玕이 톈징으로 와서 태평천국 에 합류했다. 홍런간은 간왕干王에 임명되었고, 태평천국 후반기의 정 책을 주도했다. 그는 태평군이 북상할 때 합류하지 못했지만, 홍콩에 서 4년 동안 서양의 정치와 경제에 대한 식견을 넓혔다. 홍콩에서의 경험을 바탕으로 저술한 《자정신편資政新編》은 언론·산업·교육·외교 등에 걸쳐 태평천국의 제도적 개혁 방안을 담고 있었다. 한편 군사 부문에서는 전투 경험이 풍부한 천위청陳玉成과 리슈청李秀成을 각각 영왕英王과 충왕忠王에 책봉했다. 표면적으로 태평천국은 새롭게 출발 하는 것처럼 보였다. 그리고 대외적 요인이 태평천국에게 유리하게 흘 러가고 있었다. 영국이 1858년부터 프랑스와 연합하여 청나라를 군 사적으로 압박하기 시작했던 터라 청나라는 태평천국의 진압에 집중 하기 어려웠다. 하지만 태평천국은 청나라 정규군보다 더 강한 적을 만났다.

태평천국에 대한 공세는 지방의 한인 관료들이 모집한 단련(지역 방어 조직, 의용군)이 주도했다. 단련에는 쩡궈판曾國藩이 후난성에서 모 집한 상군湘軍, 리훙장李鴻章이 안후이성에서 모집한 회군淮軍이 있었 다. 현직 관료였던 쩡궈판과 리훙장은 태평군이 공자의 위패와 유가 경전을 불태우며 질서를 파괴하는 모습을 보고 충격을 받았고, 지역 과 왕조의 질서를 사수하기 위해 지역의 향신층과 함께 단련을 모집했다. 향신층은 대체로 상당한 토지를 소유하고 있었기 때문에 태평천국의 영향력이 확대되는 데 위기의식을 느꼈고, 팔기나 녹영과 같은 청나라의 정규군이 약화된 상황에서 지역과 자신의 재산을 지키기 위하여 적극적으로 단련을 지원했다.

1860년 3월, 날이 따뜻해지자 상군과 회군이 중심이 되어 태평천국에 공세를 펼쳤다. 태평군은 오랜 전투의 경험으로 단련된 병사들로 구성되었다. 반면에 상군과 회군은 상대적으로 경험이 적었고 청나라 조정의 지원도 부족한 상황이었다. 따라서 초반의 전투에서 쩡궈판이 이끄는 군대는 고전했다. 쩡궈판의 군대는 몇 차례 작은 승리를 거뒀지만 태평천국에 결정적인 타격을 입힐 수 없었다. 1862년 6월에 가서야 청나라 조정은 쩡궈판을 전폭적으로 지원했다. 상군은 텐징을 포위하며 장기전에 돌입했고, 회군은 상하이를 태평군의 공격으로부터 지켜냈다. 쮜쭝탕左宗棠은 저장성浙江省 지역에서 태평군의 물자 보급로를 차단했다. 이때부터 전세는 태평군에게 불리하게 돌아갔다. 같은 해 8월, 리슈청은 상황을 반전시키기 위해 상하이 공격을 감행했다. 리훙장의 회군은 태평군의 공격을 잘 막아냈다. 이듬해 11월, 회군은 외국인들로 구성된 상승군常勝軍의 지원을 받으며 장쑤성江蘇省의 지역 대부분을 탈환했다. 이제 태평천국에게 남은 지역은 수도 텐징과 서너 개 도시뿐이었다.

상군과 회군, 상승군의 포위 공격으로 태평천국은 차츰 와해되어 갔다. 1864년 초가 되면 텐징에 먹을 것이 떨어져 백성들은 굶주림에 시달리게 된다. 리슈청은 더는 톈징을 지킬 수 없다고 판단했고, 태평천국의 새로운 터전을 마련해야 한다고 홍슈취안에게 건의했다. 하지만 홍슈취안은 하느님이 자신을 지켜줄 것이라는 믿음으로 건의를 거부했고, 백성들에게는 고난을 이겨내야 한다는 말을 남기고 병을 핑계로 두문불출했다. 톈징은 더위가 심하기로 유명한 곳으로 5월 중순이 지나면 여름 분위기가 난다. 6월 1일 무더위가 시작될 무렵, 홍슈취안은 모든 것을 내려놓고 스스로 목숨을 끊었다.

홍런깐은 홍슈취안의 아들 홍톈구이푸洪天貴福를 유천왕幼天王으로 추대하고 자신은 섭정이 되었다. 7월이 되자, 토벌군이 물밀 듯이 밀어닥쳤다. 태평군은 필사적으로 저항했지만, 이미 겨울부터 식량난으로 제대로 먹지도 못한 상태였던 병사들이 톈징을 지켜내기는 어려웠다. 결국 태평군은 톈징을 포기했고, 상군의 포위를 뚫고 탈출했다. 그 과정에서 리슈청은 포로가 되었다. 홍런깐의 지휘 아래서 유천왕을 호위하던 태평군은 상군을 비롯한 진압군의 추격을 피해 여러 성들로 쫓겨 다니는 처지가 되었다. 결국 연말이 되자 유천왕과 홍런깐이 차례로 체포되었고, 태평천국도 역사에서 사라지게 되었다.

영프 연합군

1854년은 난징 조약이 체결된 지 12년이 지난 해였고, 그때부터 영국은 최혜국 대우의 조항에 따라 청나라에 조약 수정을 요구하기 시작했다. 당시 1850년에 즉위한 함풍제는 아버지 시대의 후반기에 시행한 타협적인 대외 정책을 폐기하고 강경 노선을 걷고 있었으며, 유화적인 대외 정책을 추진했던 무장아와 치잉을 파면함으로써 자신의 의지를 보여주었다. 황제의 강경한 태도는 현지의 양광총독 쉬광진徐廣縉(후임 예밍천葉名琛)에게도 영향을 끼쳤고, 일반 백성들도 지방관의 묵인과 방조 아래 외국인에 대한 적대감을 노골적으로 표출했다. 영국인들은 적대적인 분위기를 싫어했기 때문에 구태여 광저우로 들어가려 하지 않았는데, 지방관과 백성들은 자신들이 반대 여론과 행동을 통해 이방인의 진입을 막아냈다고 믿었다. 이처럼 관료 사회는 강경하고 백성들은 적대적인 상황에서 조약을 수정하자는 영국의 요구가 받아들여지기는 어려웠다.

한편 영국의 관점에서 보면, 1850년대 중반은 청나라로부터 자국이 원하는 것을 얻어낼 절호의 기회였다. 영국이 조약 수정을 고려하고 있을 때 태평천국은 중국의 중남부에서 독립적인 국가로서 기반을 다지고 있었다. 영국은 청나라 사회의 혼란을 이용할 수 있겠다고 여겼다. 하지만 청나라의 황제와 관료들이 자신들의 생각대로 움직이지 않았고 강경한 입장을 고수했다. 이렇듯 양측의 입장이 충돌하고 있을 때 영국에 무력 사용의 빌미를 제공하는 사건이 발생했다.

1856년 10월 8일 아침, 청나라 사람이 소유한 홍콩 선적의 배였던 애로호에서 소란이 발생했다. 청나라 해군이 해적을 수색한다는 명분으로 배에 올라탄 뒤 청나라 선원 열두 명을 체포했는데 그 와

중에 영국의 국기가 찢겼다. 영국은 국기를 모독한 일과 자국 선박 안에 있던 선원을 체포한 일을 사과하고, 선원을 석방할 것과 배상금 지불을 요구했다. 양광총독 예밍천은 선원을 석방했지만 사과와 배상은 거부했다. 그러자 영국군은 광저우에 포격을 실시했다. 청나라 군대는 영국군의 강력한 무력 앞에서 청영아편전쟁 때처럼 무력했다. 분노한 백성들이 외국인이 거주하는 상관을 불태우자 영국군의 포격은 더욱 거세졌다. 그러다 날이 추워지자 전투가 일시적으로 중단되었다.

파병과 관련하여 영국에서는 극적인 상황이 연출되었다. 하원에서는 영국이 또다시 불명예스러운 전쟁에 휘말려서는 안된다고 주장하는 의원들이 정부의 파병안을 반대했고, 결국 반대 263표, 찬성 247표로 부결되었다. 하지만 파머스턴 수상은 의회를 해산했고, 그가 속한 자유당은 재선거를 통해 85석이나 많은 의석을 점유했다. 그러자 파병안은 다시 상정되어 통과되었다. 파머스턴은 캐나다 총독을 맡고 있던 엘긴 경Lord Elgin을 전권 대표 겸 토벌군 사령관에 임명했다.

한편 영국이 조약 개정과 관련하여 청나라와 갈등을 겪고 있을 때인 1856년 2월, 프랑스인 신부 오귀스트 샤프들렌Auguste Chapdelaine이 외국인 출입이 금지된 광시성에서 선교 활동을 하다가 살해되었다. 프랑스 정부는 샤프들렌 사건을 이용하여 영국이 청나라를 상대로 벌이는 전쟁에 참여하기로 결정했다. 1857년 7월, 엘긴은 광저우에 도착했고, 9월부터 영프 연합군을 이끌었다. 영프 연합군은 예밍천에게 애로호 사건의 피해 보상, 광저우를 비롯한 개항장에서의 조약 이행, 외교관의 베이징 상주 등을 요구했다. 예밍천은 영프 연합군의 요청을 철저하게 무시하고 어떤 반응도 보이지 않았다. 그러다 12월 28일, 엘긴은 영프 연합군을 이끌고 광저우를 맹렬하게 폭격했고 광저우는 순식간에 함락되었다. 예밍천은 포로로 잡혀 인도의 캘커타로 압송되었고, 1년 뒤에 사망했다.

1858년 4월, 날이 따뜻해지자 영프 연합군은 베이징으로 연결되는 통로였던 톈진에 나타났다. 그런데 청나라인들은 거의 20여 년 만에 다시 나타난 외국인들을 이전과 같은 방식으로 상대했다. 함풍제는 대학사大學士 구이량桂良을 보내 치잉과 함께 협상을 진행하도록 했다. 두 사람은 엘긴의 요구를 애매하게 들어주는 방식을 통해 일단 적군을 남쪽으로 내려가게 할 생각이었다. 그들의 술책은 성공하는 듯이 보였다. 1858년 6월, 구이량은 배상금 지불, 외교관의 베이징 상주, 양쯔강 연안 항구의 추가 개방, 외국인의 자유로운 여행 등에 동의했고, 엘긴과 톈진 조약에 서명했다. 엘긴은 사람을 보내서 여왕에게 비준을 받아오게 하고, 조약을 협상하기 위해 일본으로 떠났다. 구이량은 톈진 조약의 세부 사항이 확정되는 데 시간이 걸린다는 점을 이용하여 외교관의 베이징 상주 같은 조항들을 폐기하려 했다.

1859년 3월, 영국 정부는 프레더릭 브루스Frederick Bruce를 베이징 주재 특명전권대사에 임명했다. 브루스는 상하이에서 조약을 비준·교환하자는 요청을 거부하고, 당당한 영국 대사로서 베이징에서 절차를 진행하겠다며 북쪽으로 향했다. 6월 18일, 그가 함대를 이끌고 톈진으로 향하는 길목에 도착했을 때였다. 청나라 해군은 미리 강바닥에 장애물을 설치해 전함의 진로를 막았고, 적들에게 대포를 발사했다. 영국 전함 네 척이 격침되었고 100여 명의 사상자가 발생했다. 그 소식을 듣고 함풍제를 비롯한 관료들은 승리에 기뻐하며 환호성을 질렀다.

하지만 환호성은 오래가지 못했다. 영국 정부는 청나라의 상식을 벗어난 도발에 분노했다. 1860년 8월, 영프 연합군은 브루스의 후임인 제임스 호프 그랜트James Hope Grant의 지휘 아래 톈진으로 향하는 길목의 방어 시설들을 무력화한 다음, 곧장 베이징으로 진격했다. 연합군이 베이징 턱밑까지 이르자, 청나라는 협상을 시도했다. 하지만 연합군의 공격을 막을 만한 군사력을 갖지 못했음에도 불구하고, 황제에게 영국식으로 인사하고 국서를 교환하는 것과 같은 대등한 외교 관계는 맺을 수 없다고 버텼다. 협상은 결렬되었고 연합군은 더욱 강경해졌다. 상황이 급박하게 돌아가자, 함풍제는 공친왕에게 연합군과의 협상을 맡기고 러허로 피란을 떠났다. 연합군은 베이징으로 들어와서 위안밍위안圓明園을 약탈하고 건물을 모조리 불태우는 만행을 저질렀다.

베이징에 남겨진 공친왕은 파괴를 막기 위해 러시아의 중재로 연합군과 협상을 진행했다. 영국과 프랑스의 요구는 모두 관철되었고, 1860년 10월, 영국·프랑스 두 나라와 청나라 사이에 베이징 조약이

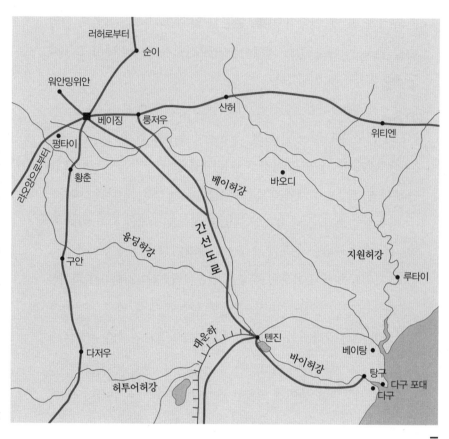

러허로부터

순이

워안밍위안

베이징

룽저우

산허

위티엔

펑타이

라오잉으로부터

황춘

베이허강

바오디

융딩허강

간선도로

구안

지원허강

루타이

다저우

다운하

텐진

바이허강

베이탕

허투어허강

탕구

다구 포대

다구

영프 연합군 침략 때의 도로 상황

체결되었다. 영국 쪽에서는 외교관의 베이징 상주, 배상금 증액, 톈진을 포함한 열 개 항구의 개방, 홍콩섬 맞은편의 주룽九龍반도 할양 등을 관철시켰다. 프랑스 쪽에서는 선교사들이 청나라에서 토지를 구매할 권리를 갖게 되었다.

당시 중재를 맡았던 인물은 니콜라이 이그나티예프Nikolai Ignatiev 러시아 대사였다. 1860년 11월, 연합군이 철수한 뒤에 이그나티예프는 신속하게 청나라와 베이징 조약을 체결했다. 러시아는 이미 1858년에 톈진 조약을 중재한 대가로 아이훈愛琿 조약을 체결하여 헤이룽강 서쪽과 쑹화강松花江 북쪽의 드넓은 지역을 자국의 관할 아래 두었는데, 다시 베이징 조약을 통해 연해주라고 불리는, 우수리강烏蘇里江 강 서쪽의 땅까지 자국의 영토로 만들었다. 당시 러시아가 차지한 영토는 100만 제곱킬로미터로 한반도 면적의 다섯 배에 가까웠다. 연합군의 무력 앞에서 무기력했던 청나라가 허둥대는 상황은 러시아에게 절호의 기회를 제공했던 셈이다. 이그나티예프는 어려움에 처한 청나라로부터 땅을 뜯어낸 교활한 중개인이었지만, 러시아의 시각에서 보면 외교력으로 영토를 확장한 뛰어난 외교관이었다.

3장
정변과 양무

청나라 초기의 황제 중에서 옹정제는 황위에 오르기 위해 형제들과 치열하게 경쟁하면서 마음의 상처를 입었다. 그는 제위를 놓고 황자들 사이에서 서로 물고 뜯는 암투가 벌어지는 일을 막기 위해 황태자밀건법을 실시했다. 그 뒤 함풍제가 제위에 오를 때까지 황제가 바뀌는 과정에서 피를 보는 일은 사라졌다. 하지만 내우와 외환은 정상적인 황위 계승을 어렵게 만들었다. 1860년, 태평천국은 동남부 지역에서 10년이 넘게 청조에 반기를 들고 있었고, 영프 연합군이 위안밍위안의 보물과 베이징 조약이라는 전리품을 들고 철수했다. 함풍제는 서양 야만인들의 침략을 피해서 러허에 머무르고 있었는데, 그의 허약한 몸은 안팎에서 밀려드는 난제들을 이겨낼 수 없었다. 청나라는 이제 새로운 권력자와 질서를 필요로 했다.

신유정변

함풍제는 즉위 초에 아버지 시대의 권신들을 제거함으로써 황제로서 자신의 권위를 분명하게 보여주었고, 태평천국 때문에 관료 사회가 흔들리고 있을 때 공친왕의 도움으로 어느 정도 안정을 꾀할 수 있었다. 하지만 공친왕의 정치적 영향력이 더는 커지는 것을 원하지 않았던 함풍제는 태황태후의 장례식에서 무례하게도 무릎을 꿇지 않았다는 이유로 공친왕의 모든 관직을 박탈했다. 이제 함풍제를 정점으로 하는 권력 구조는 완성된 듯이 보였다. 하지만 밖에서 황제의 권위를 흔드는 전쟁의 먹구름이 밀려오고 있었다.

사실 함풍 시대의 정책 방향은 영국과의 두번째 전쟁을 피할 수 없게 만들었다. 함풍제는 서양 야만인에게 타협적인 태도를 취했다는 이유로 무장아를 제거함으로써 대외 정책의 방향을 분명하게 보여주었다. 그는 외세에 강경한 정책을 펼쳐 청나라의 위신, 더 나아가 황제로서 자신의 위상을 높이겠다는 생각을 갖고 있었다.

여기에서 우리는 청영아편전쟁이 끝난 뒤 10여 년 동안의 상황을 되돌아볼 필요가 있다. 1842년, 영국과의 전쟁이 끝난 뒤 청나라 조정은 이제 한시름 놓았다는 분위기였다. 반면 지방, 특히 광저우에서는 성안으로 들어오려는 영국에 대한 반감이 커지고 있었다. 더욱이 가능하면 영국과의 무력 충돌을 피하려던 입장이었던 치잉이 떠난 뒤에, 차례로 양광총독에 임명된 쉬광진과 예밍천은 함풍제의 정책에 부응하여 영국과 어떤 대결도 불사하겠다는 태도를 취했다. 특히 예밍천은 함풍제의 전폭적인 신뢰를 바탕으로 강경한 태도를 고수할 수 있었다.

함풍제는 서양 야만인을 강경하게 상대함으로써 무장아를 처벌했던 자신의 행위에 일관성이 있음을 보여주려 했고, 쉬광진과 예밍천은 황제의 지지와 현지 주민들의 반외세 감정을 지지 기반으로 삼았다. 영국 측은 총독들에게 광저우로 들어가 조약을 개정하는 데 협조해달라고 요구했지만 단호히 거부되었다. 하지만 1858년 5월, 막상 전쟁이 눈앞에 닥치자, 함풍제는 유화 정책도 필요하다고 건의한 공친왕을 열병대신閱兵大臣에 임명했다. 열병대신은 팔기와 녹영의 군사 훈련을 정기적으로 감독하는 자리였다. 함풍제는 영프 연합군이 무력으로 압박하는 상황에서 공친왕에게 상징적인 권위를 부여함으로써 군대의 사기를 진작하는 데 그를 이용하고 싶었던 것으로 보인다. 하지만 전쟁이 시작되고 영프 연합군이 베이징을 압박하면서 공친왕은 상징적인 자리에 머물지 않게 되었다.

공친왕은 함풍제의 부름을 두 번 받았다. 첫번째는 태평천국이 기세를 올리면서 관료 사회가 흔들리던 때였고, 두번째는 영프 연합군이 청나라를 침략했을 때였다. 함풍제는 공친왕의 정치적 영향력이 커지는 것을 우려했음에도 위기의 순간에는 '청나라'를 지키기 위하여 공친왕에게 의지할 수밖에 없었다. 공친왕은 함풍제의 경계심 때문에 정계에서 밀려났지만 여전히 정치적 영향력을 유지하고 있었던 것이다. 그리고 청나라의 위기는 공친왕에게 정치적 기회를 제공했다.

1858년 5월 이후, 공친왕은 차츰 관료들과 일반인들에게 얼굴을 내미는 횟수를 늘려갔다. 공친왕은 함풍제를 대신하여 사직 제사(8월), 천단 제사(11월), 태묘 제사(12월) 등을 지냈다. 1859년 4월에 공친왕은 내대신內大臣에 임명되었는데, 내대신이 황제의 시위대를 통솔하는 일을 맡았다는 점에서 특별한 의미가 있다. 공친왕은 이제 국가의 중요한 제사를 대행했을 뿐만 아니라, 황제의 안위를 책임지는 자리에 앉게 되었다. 그가 1855년에 밀려났던 모든 자리로 복귀한 상태는 아니었다. 하지만 그럴 필요가 없었다. 새로운 기구가 설치되면서 정치 구조가 바뀌었고 실질적인 권력을 행사하게 되었기 때문이다.

공친왕이 처음부터 새로운 기구를 통해 정치 구조를 바꿈으로써 권력을 재편하려고 했는지, 아니면 위기 상황이 그에게 힘을 부여했는지 정확히 파악하기는 어렵다. 다만, 그가 권력을 차지하고 재편하려는 의도가 없었다면, 새로운 기구는 단지 임시 기구로서 그 수명을 다하는 것이 옳았다. 하지만 새로운 기구, 총리각국통상사무아문總理各國通商事務衙門(총리아문)은 그가 죽을 때까지 청나라의 정책 결정을 주도하는 권력의 핵심으로 기능했다.

원래 총리아문은 임시 기구로 출발했다. 1860년 8월, 함풍제는 공친왕을 흠차대신에 임명하여 영프 연합군과의 협상을 책임지게 했고, 자신은 러허로 피란을 떠났다. 그해 12월, 함풍제는 총리아문을 설치해달라는 공친왕의 건의를 받아들이면서도, 교섭을 진행하는 과정에서 생긴 모든 일을 낱낱이 보고하고 조금이라도 숨기는 일이 있어서는 안 된다고 경계했다.

함풍제를 대신해서 제사를 지내고 내대신의 자리에 있었을지라도 황제가 베이징에서 자리를 지키고 있을 때에는 공친왕은 여전히 많은 신하들 중 한 명에 불과했다. 하지만 함풍제가 베이징을 떠나면서 상황은 달라졌다. 특히 총리아문의 설치는 정치적 영향력을 확대하던 공친왕에게 날개를 달아준 셈이나 다름없었다. 그리고 이미 외국 세력이 청나라의 운명에 영향을 끼치는 중요한 요소 중 하나가 된 상황에서 외교를 담당했다는 것은 큰 의미가 있었다. 청나라 중심의 질서에서는 외교권이 의미가 없었다. 사실 청영아편전쟁 이전까지 청나라에는 외교가 없었고, 황제 이하 관료들은 그 필요성도 느끼지 못했다. 그러나 서양 세력이 영향력을 발휘하는 상황에서 외교 업무는 왕조의 존립을 좌우할 수 있는 분야였고, 그 일을 담당하는 것은 권력의 일부를 차지하고 있음을 의미했다. 따라서 영프 연합군과 협상을 주도했던 공친왕의 정치적 위상은 높아질 수밖에 없었다.

이렇게 공친왕이 권력의 일부를 차지하고 위상이 높아짐에 따라, 군기처 영반領班 쑤순肅順을 중심으로 이친왕·정친왕鄭親王 등이 장악하고 있던 관료 사회는 두 세력으로 갈라졌다. 하나는 함풍제와 함께 피란 중이었던 러허파(쑤순파), 다른 하나는 현지에 남아서 협상을 진행하던 베이징파(공친왕파)였다. 이 두 세력 사이의 갈등과 대립은 함풍제가 죽은 뒤에 정점으로 치달았다.

관료 사회를 구성하던 사람들의 시각에서 보면, 청나라의 가장 시급한 과제는 태평천국을 진압하는 것이었다. 그렇게 하려면 우선 영프 연합군의 문제가 어떤 식으로든 정리 및 해결되어야만 했다. 러허파는 서양 열강에 대한 이해가 부족했기에 강경한 대응만 주문할 뿐이었다. 반면에 베이징파는 영프 연합군과 협상하는 과정에서 서양 열강의 실체를 파악하게 되었고, 그들의 요구를 받아들일 수밖에 없음을 알게 되었다. 공친왕을 중심으로 하는 베이징파는 이미 총리아문을 통해 일종의 내각을 구성하고 있었으며, 군기처의 권한들을 하나둘 잠식하고 있었다. 이런 상황에서 베이징파는 조속한 안정을 바라던 관료들의 지지를 이끌어낼 수 있었지만, 러허파는 자신들을 지지하던 황제가 사라지자 의지할 것은 죽은 황제의 유지뿐이었다.

한편 두 세력 사이의 결전에서 중요한 열쇠를 쥐고 있었던 사람은 자희태후慈禧太后(서태후西太后)였다. 자희태후는 공친왕의 손을 들어주었고, 그와 협력하여 신유정변辛酉政變을 일으켰다. 1861년, 자희태후는 자신의 아들인 어린 황제를 대신하여 직접 상유上諭를 작성했고, 자신의 지위를 인정하지 않던 찬양정무대신贊襄政務大臣들을 제거했다. 이렇게 자희태후가 공친왕과 손을 잡으면서, 베이징파가 러허파를 제거하고 관료 사회를 장악하게 되었다.

어떤 면에서 신유정변의 씨앗은 함풍제가 심은 셈이었다. 함풍제는 죽기 전에 황제권을 보호하는 데 가장 크게 관심이 있었다. 그는 찬양정무대신들의 힘이 지나치게 커지는 것을 막기 위해 정책 결정에서 자안태후慈安太后(동태후東太后)와 자희태후의 재가권(거부권)을 보장했고, 찬양정무대신들의 역할은 황제를 보좌하는 것으로 제한했으며, 황제권을 보호하기 위해 찬양정무대신들과 태후들이 서로 견제할 수 있도록 했다. 사실 자안태후와 자희태후는 중요한 정책을 결정하는 문서에 최종적인 재가권을 가지고 있었으니 문서의 초안을 작성하거나 검토하는 찬양정무대신보다 권한이 더 높았다. 이런 점에서 함풍제의 의도와는 달리 그가 내린 유조遺詔는 정변의 불씨를 안고 있었다. 그런데 찬양정무대신들은 태후들의 권한을 과소평가했다. 이런 상황에서 태후, 특히 자희태후는 공친왕과 연합하고 함풍제의 유조에서 명시한 자신의 권한을 최대한 행사함으로써 찬양정무대신들을 제거할 수 있었다.

정치 구조의 변화

신유정변 이후 황제를 정점으로 하던 청나라의 권력 구조에는 변화가 생겼다. 권력의 중심에는 자희태후와 공친왕이 있었다. 자희태후는 자신의 권한을 충분히 사용할 줄 아는 정치적 능력을 지녔고, 공친왕은 황제가 수도를 비운 틈을 이용하여 현실적인 정치권력을 갖게 되었다. 동치제同治帝가 용상에 앉아 있는 베이징에서, 자희태후는

자희태후

공친왕

어린 황제의 친모로서 권한을 충분히 행사하면서 권력을 누리고 싶어 했고, 공친왕은 영프 연합군의 군사적 위협 속에서 수도를 지킨 '당당한 친왕'으로서 왕조(권력)의 지분을 갖고 싶어 했다. 권력 의지가 충만한 이 두 사람에게 찬양정무대신들은 공동의 적이 되었고 결국 참수되거나 관직에서 물러나게 되었다. 동치同治는 원래 자안태후와 자희태후가 함께 정치를 돌본다는 의미를 지니고 있었지만, 실제로는 자희태후와 공친왕이 함께 정치를 돌보는 구조였다.

청나라의 정치 구조는 함풍 시대를 거치면서 재편되었고, 권력이 분점되었다. 군기처 대신 총리아문이 정치와 행정의 중심이되었고, 사실상 자희태후가 행사하던 황제권은 축소되었다. 하지만 공친왕이 주관하는 모든 일은 자희태후의 재가 없이 불가능했다는 점에서 자희태후와 공친왕 사이의 상하 관계는 분명했다. 그 상하 관계는 공친왕의 정치적 부침에서 분명하게 확인할 수 있다. 자희태후는 태평천국의 위협이 사라지자, 공친왕에게서 의정왕議政王의 지위를 빼앗았고, 양무운동이 성과를 이뤘다고 판단했을 때는 활력이 없고 구태에 빠져 있다는 이유로 공친왕의 모든 관직을 박탈했다. 한편 일부 독무督撫들은 지방에서 군사권을 행사했는데, 이런 상황도 황제권을 축소시켰다.

동치 시대 이후 청나라의 정치 구조는 권한이 축소된 황제, 행정을 장악한 총리아문, 그리고 일부 지방의 군사권을 행사하던 독무 등을 특징으로 했다. 그에 따라 황제에게 집중되었던 권력도 분점되었다.

이러한 구조 변화와 권력 관계는 세 가지 특징을 갖고 있었다.

먼저, 황제권의 약화다. 청나라는 모든 권력이 황제에게 집중되었고, 그 방식에 의해 유지되던 왕조였다. 그런데 함풍 시대를 지나 동치 시대에 이르면서 권력이 분점되었다. 군기처가 총리아문으로 대체되면서, 중앙은 황제(자희태후)라는 상징 권력과 공친왕이라는 현실 권력으로 이루어진 이중 구조가 되었다. 상징 권력과 현실 권력의 분리 현상이 나타난 것이다. 황제가 공친왕의 임면권을 가지고 있었으므로 상하 관계는 분명했다. 하지만 황제는 공친왕이라는 현실 권력의 도움 없이 왕조를 유지하기가 어려웠고, 그 때문에 위기 상황이 생기면 공친왕에게 도움을 구하는 상황이 되풀이되었다. 따라서 관료 사회를 확고하게 장악하던 공친왕이 사라졌을 때 청나라의 위기는 더욱 가중될 수밖에 없었다. 앞으로 살펴보게 되겠지만, 공친왕 사후 한 달 만에 발생한 무술변법운동은 황제가 얼마나 무기력한지를 보여주었다. 또 의화단운동 시기 독무들의 동남호보선언은 중앙의 정치력이 부재한 상황에서 지방의 발언권이 강화되었음을 명확하게 보여주는 사건이었다.

다음으로, 만한 관계의 변화다. 1744년, 만주인이 산하이관을 넘은 지 100년째 되던 해에 어사御史 항스쥔杭世駿은 한인 총독이 단 한 명도 없는 상황이 개선되어야 한다고 건의했다. 건륭제는 만주인과 한인을 차별할 생각이 전혀 없다고 하면서도 100년 동안 만주인 인재가 많이 나와서 한인보다 못한 것이 없다고 반박했다. 결국 항스

쥔은 사사로운 이익 때문에 함부로 상주문을 올렸다는 이유로 파면되었다.

다시 100년이 지난 뒤, 만주인 관료와 장군 들은 청영전쟁에서 민족 특유의 강인함을 보여주지 못했다. 함풍 시대가 되면 서로 정치적 경쟁 관계에 있던 공친왕과 쑤순은 둘 다 한인 인재의 등용에 적극적이었다. 쑤순이 등용한 쩡궈판이나 쥐쭝탕은 신유정변 이후에도 정치적 탄압을 받지 않았다. 이들이 건재할 수 있었던 것은 황제에게 모든 권력이 집중된 정치 구조가 바뀌었고, 황제·공친왕·독무 사이의 권력 관계가 변화했으며, 태평천국운동의 진압 과정에서 군사적 지분을 확보했기 때문이었다.

끝으로, 공친왕의 부상浮上이다. 함풍 시대 이전 황위 계승 경쟁에서 밀려난 황자들은 비극적인 최후를 맞는 경우가 많았고, 어린 황제를 보좌하던 섭정왕은 죽은 뒤에도 처벌을 면치 못했다. 공친왕은 청나라에 위기가 생길 때마다 정치적으로 재기하는 모습을 보여주었다. 친왕이 된 황자들이 있었음에도 불구하고 공친왕은 정치적 영향력을 계속해서 유지할 수 있었던 것이다. 그가 그럴 수 있었던 것은 함풍 시대 이후 내우외환 속에서 황제권이 약화되었기 때문이다. 외국 열강에 대한 외교권과 지방의 군사권을 잃은 황제는 관료에 대한 인사권을 통해 권력을 유지할 수 있었을 뿐이다. 동치 시대 이후 사실상 황제였던 자희태후도 외교권과 지방의 군사권을 행사하지 못한 탓에 공친왕을 파면했다가 다시 등용하는 일을 반복할 수밖에 없었다.

일반적으로는 신유정변 이후 50년 가까이 자희태후가 권력을 독점한 것으로 알려져 있다. 하지만 자희태후의 권력은 공친왕과 광서제光緖帝를 완전히 무력화하기 전까지는 불안했다. 왜냐하면 왕조 체제에서 자희태후가 권력을 가질 수 있었던 유일한 근거는 황제의 친모라는 점이었는데, 황제가 성년이 되면 권력을 넘겨주어야만 했기 때문이다. 자희태후는 한시적인 권력 때문에 불안했고, 그 불안감은 자신의 권력을 확인하려는 행동으로 이어졌다. 공친왕을 정치적으로 압박하고, 동치제가 죽자 여동생의 아들을 황제에 앉힌 것은 자신의 권력을 확인하고 그 권력을 유지하려는 의도에서 비롯된 행동이었다.

청일전쟁 이전에 공친왕은 낙마와 복귀를 반복하면서도 정치적 영향력을 완전히 상실하지는 않았고, 그때까지 청나라는 적어도 형식적으로나마 아시아에서 일정한 권위를 유지했다. 공친왕의 존재는 청나라의 파국을 늦추었다. 신유정변으로 함풍제의 유조가 부정되고 권신들이 처형되었는데도 정국이 소용돌이에 빠지지 않았고, 10여 년이 넘게 청나라를 괴롭히던 태평천국이 붕괴되었으며, 서양 열강과 우호적인 분위기가 형성되었다.

서양 열강과 우호적인 분위기가 형성된 덕택에 청나라는 새로운 무기를 통해 압도적인 군사력을 갖추었고, 태평천국이 서북부 지역에서 촉발시킨 염군捻軍이나 회민回民의 반란도 무력화할 수 있었다. 태평천국을 비롯한 여러 반란을 진압하는 과정에서 현지의 지방관들은 서양의 군사 기술이 지닌 우수성을 인정하지 않을 수 없었다. 그들에게 서양 군사 기술의 도입은 청나라의 안위를 위해 시급하게 추진해야 하는 일로 보였다.

양무운동

정변으로 권력을 장악한 자희태후와 공친왕은 자신들이 쑤순을 비롯한 찬양정무대신들보다 낫다는 것을 증명해야만 했다. 자희태후는 공친왕을 파면했다가 복귀시키는 방식으로 권력의 서열을 명확히 했고, 공친왕은 영프 연합군과의 문제를 원만하게 해결함으로써 자신의 필요성을 보여주었으며, 무력을 증강한 상군과 회군은 내부 분열로 세력이 약화된 태평천국을 붕괴시킴으로써 지방에서 주도권을 장악했다. 청나라 사회는 내우와 외환으로부터 벗어나 차츰 안정을 찾아갔다.

이제 자희태후, 공친왕, 지방 관료 등은 위기를 벗어나면서 저마다 차지한 권력의 몫을 어떻게 지킬지를 고민할 때가 되었다. 권력이 분점되고 정치 구조가 바뀐 상황에서 각 정치 세력이 동의할 수 있는 정책이 필요했다. 그것이 분점된 권력과 변화된 정치 구조를 안정시키는 길이었다. 정치 세력들 사이의 공통 관심사는 청나라의 왕조 체제를 유지하는 것이었다. 청나라가 튼튼하게 유지되어야 권력도 가질 수 있었기 때문이다. 왕조를 유지하는 방법으로 제시된 것은 서양의 군사 기술 도입을 통한 군사력의 강화였다. 이러한 배경에서 야만인을 이용하여 야만인을 제압한다는 이이제이 혹은 중국의 것을 근본으로 하여 서양의 것을 이용한다는 중체서용中體西用을 핵심 사상으로 하는 양무운동이 시작되었다. 양무운동은 중앙의 총리아문, 지방의 한인 관료들에 의해 주도되었다.

양무운동은 세 분야에 걸쳐 진행되었다. 즉, 군사력을 강화하는 군수 공장의 건설, 돈을 벌기 위한 근대 기업의 설립, 서양의 문물을 도입하기 위한 교육 기관의 설치였다.

군사력의 강화는 처음에는 서양 무기의 구매를 통해 이뤄졌다. 1862년, 상군과 회군은 서양의 총과 대포를 대량으로 구매하여 군대의 화기를 교체했다. 당시 영국과 프랑스는 청나라를 자국의 구식 무기를 처리하는 곳으로 이용했다. 1860년대까지 청나라는 주로 영국과 프랑스로부터 무기를 도입하고 소총과 화포의 조작 방식도 교육받았다. 1860년대 후반 이후 독일은 신형 무기도 제공하려 했기 때문에 청나라 관리들은 독일제 무기를 선호했고, 독일식 군사 훈련에도 호감을 가졌다.

무기 구매와 동시에 서양의 무기를 모방하여 제조하는 군수 공장도 설립되었다. 하지만 일정한 규모를 갖춘 군수 공장은 몇 년 뒤에 등장했다. 대표적인 군수 공장으로는 리훙장이 상하이에 세운 장난江南 제조국製造局과 난징에 세운 진링金陵 기기국機器局, 쭤쭝탕이 푸저우에 전함을 건조하기 위하여 세운 푸저우 선정국船政局 등이 있었다. 군수 공장들은 관료들이 서양의 기계를 도입하여 군인들을 복무시키는 방식으로 운영되었다. 청나라의 공장들에서 만들어낸 총이나 화포는 처음에는 엉성하고 과녁도 맞출 수 없는 그저 모양만 흉내 내는 수준이었다. 하지만 차츰 어느 정도 성능을 갖춘 군수품들이 생산되었다. 한편 1860년대에 군수 공장을 가동하면서 리훙장을 비롯한 양무파 관료들은 자금, 원자재, 연료 등의 부족으로 어려움을 겪었다. 그들은 1870년대부터 당면한 어려움들을 해결하는 방안으로 근대 기업의 설립을 추진했다.

근대 기업의 설립은 나라가 부강하고 재정이 확보되어야 군사력을 키울 수 있다는 인식을 바탕으로 했다. 1860년에 베이징 조약이 체결된 이후 서양 열강은 청나라에서 운송업을 통해 막대한 부를 축적하고 있었다. 양무파 관료들은 서양인들이 독점하고 있는 운송업에서 청나라의 몫을 찾아야 한다고 여겼다. 1872년, 리훙장은 상하이에 윤선초상국輪船招商局을 설립했다. 윤선초상국은 상인들이 자금을 출자하여 경영하고 관청에서 감독권을 갖고 있었는데, 이러한 방식을 관독상판官督商辦이라고 한다. 윤선(증기선) 세 척으로 시작한 사업은 독점적인 권리를 가진 덕분에 급속도로 성장할 수 있었다. 1879년에는 윤선을 30척 넘게 보유했고 하와이와 샌프란시스코까지 운행하는 국제적인 기업으로 성장했다.

운송업 이외에도 여러 분야에서 근대 기업이 설립되었다. 카이핑開平 광무국鑛務局(1877년)은 서양 기술을 이용하여 석탄을 채굴했고, 톈진 전보국電報局(1879년)은 전국의 주요 지역을 연결하는 전선을 가설했고, 상하이 기기직포국器機織布局(1890년)은 기계 설비를 도입하

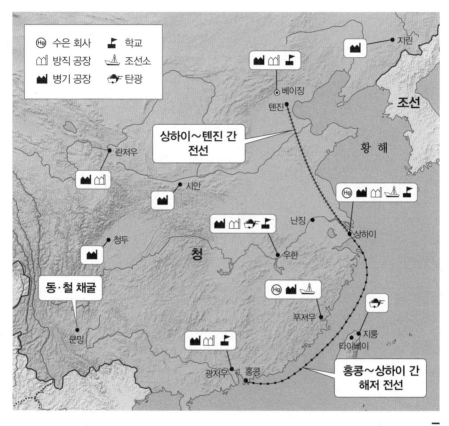

범례

- Ⓗⓖ 수은 회사
- 🏭 방직 공장
- 🏭 병기 공장
- 🚩 학교
- ⚓ 조선소
- ⛏ 탄광

지린

조선

상하이~톈진 간 전선

황 해

란저우

베이징
톈진

시안

청두

청

난징

우한

상하이

푸저우

동·철 채굴

쿤밍

광저우

홍콩

지룽
타이베이

홍콩~상하이 간 해저 전선

양무운동 시기 설립된 공장들

여 면포를 생산했고, 한양漢陽 제철 공장製鐵工場(1894년)은 영국의 설비와 기술자를 고용하여 철을 생산했다.

교육 기관의 설치는 외국 서적을 번역하고 외국어를 가르치는 것을 목적으로 했다. 청나라는 서양 열강과 교섭할 때 주로 선교사들의 도움을 받았는데, 의사소통과 조약의 체결을 제3자에게 의지하는 일이 번거로웠기 때문에 외국어를 제대로 구사하는 인재의 필요성을 절감하게 되었다. 1862년, 총리아문의 산하에 동문관同文館이 설치되었다. 여기에서는 첫해에 영어만 가르쳤는데, 이듬해부터 프랑스어와 러시아어도 개설되었고, 1867년부터는 자연과학을 가르치는 부서도 추가되었다. 같은 해에 장난 제조국에는 번역관이 설치되어 외국어 서적을 번역하기 시작했다.

서양의 과학 기술을 가르치는 기관으로는 푸저우 선정국의 부속 시설이 있었다. 1866년, 쮜쭝탕은 선정학당船政學堂을 설립했다. 선정 학당은 중국에서 최초로 항해와 선박에 관한 기술을 교육하고 인재를 양성한 기관이었다. 학당에서는 프랑스인과 영국인이 수학, 기계학, 증기선의 구조와 제조, 항해술 등을 교육했다. 그 뒤 푸저우의 사례를 모방하여 톈진, 난징, 광저우 등지에서 유사한 기관들이 등장했다. 그중에서 톈진에 설치된 북양수사학당北洋水師學堂과 무비학당武備學堂은 자연과학과 관련된 기술과 함께 군사학도 교육하여 군인을 많이 배출했다. 특히 돤치루이段祺瑞·펑궈장馮國璋·차오쿤曹錕·우페이푸吳佩孚 등 무비학당 출신들은 중화민국 초기에 군벌로서 정치와 군사 분야에서 큰 영향력을 행사하게 된다.

군수 공장, 근대 기업, 교육 기관은 청나라 안에서 서양으로부터 기술, 상업, 문화 등을 받아들이는 수단이었다. 반면 유학생은 청나라 밖에서 서양을 보고 듣고 느끼고 배우려는 사람들이었다. 1866년, 청나라의 관세 업무를 맡고 있던 영국인 총세무사 로버트 하트Robert Hart는 결혼을 하기 위해 귀국하는 길에 동문관의 학생들을 데리고 갔다. 당시 퇴직 관리였던 만주인 빈춘斌椿은 하트와 친분이 있어서 세무사에서 문서 작성을 돕고 있었는데, 그가 관료를 대신하여 동문관의 학생들을 인솔했다. 빈춘 일행은 영국·프랑스·독일·스웨덴·벨기에·덴마크·노르웨이·러시아 등지를 방문했다. 1872년에는 룽훙容閎의 건의로 리훙장·쩡궈판이 함께 황제에게 상주하여 소년 서른 명을 국비 유학생으로 미국에 파견했다. 그 뒤 세 차례 더 국비 유학생을 파견했으나, 보수파가 왕조의 근본을 잊어버리고 오랑캐의 학문을 배우게 만드는 일이라고 강력히 반대하여 중단되었다.

청나라는 양무운동을 통해 서양으로부터 군사, 경제, 교육 분야에서 새로운 형식을 받아들였다. 새로운 무기가 도입되고 군수 공장이 세워졌고, 윤선을 통해 해외 운송 사업을 벌이는 기업이 등장했으며, 서양의 학문을 받아들이는 교육 기관들이 설립되었다. 하지만 양무운동은 가져온 변화에도 불구하고 한계가 분명했다. 새로운 무기의 도입이 군사 제도의 개편으로 이어지지 않았고, 기업은 주로 관청이 주도하는 관독상판의 형식으로 운영되면서 이윤이 생산적인 부분에 재투자되지 않았으며, 교육은 서양의 앞선 학문을 소수에게 전달하는 데 머물렀다.

한편 베이징 조약으로 개방된 항구가 확대되고 여행이 쉬워지면서 청나라에 오는 선교사의 수가 늘었다. 선교사들은 1861년부터 1875년까지 800여 곳의 교회와 부설 학교를 세워 2만여 명의 학생들을 교육했다. 그들은 교육을 통해 지역 사회에서 영향력을 확대했는데, 향신들은 선교사들이 백성들 사이에 파고드는 현상을 경계했다.

선교사들은 지역 사회에서 교육뿐만 아니라 열강의 힘을 배경으로 각종 분쟁에서도 압력을 행사할 수 있었다. 향신과 선교사 사이의 긴장이 폭력 사태로 발전하기도 했는데, 형식적으로는 백성들이 선교사, 외국 관리, 교회 등을 공격하는 양상을 띠었다. 1870년에 발생한 톈진 교안敎案이 대표적이다. 당시 백성들은 청나라 관리에게 고압적인 태도를 보인 프랑스 영사 앙리 빅토르 퐁따니에Henry Victore Fontanier를 죽이고 성당을 습격했고, 더 나아가 영국과 미국 선교사의 교회도 불태웠다. 사건은 청나라가 프랑스를 비롯한 관련국에 사과하고 배상금을 지불하는 것으로 마무리되었다. 향신들은 백성들의 배후에서 선교사로 상징되는 열강이 자신들의 영향력을 빼앗아가는 것을 두려워했고, 그 두려움이 분노로 바뀌면서 고아들을 돌보던 선교사들을 아동 유괴범이라고 공격하는 상황으로 나아갔다. 결국 교안은 양무운동이 진행되면서 영향력을 키우던 서양 열강과 그들에게 반감을 품은 세력 사이의 갈등이 밖으로 표출된 상징적인 사건이었다.

4장
내정과 외교

1861년부터 자희태후와 공친왕은 동치제의 뒤에서 청나라를 이끌었다. 청나라는 서양 열강과 우호적인 관계 속에서 양무운동을 추진했고, 군사·경제·교육 등의 분야에서 느리지만 변화가 나타나고 있었다. 황제가 어렸음에도 정치는 표면적으로 안정되었고, 사회는 다시 활력을 찾은 듯이 보였다. 당시 열강들은 경제적 이익을 찾기 위해 분주하게 움직이고 서로 치열하게 경쟁했다. 청나라가 외부의 움직임에 대응하기 위해서는 더 전면적인 변화가 필요했다. 하지만 표면적인 안정이 가져다준 안일함은 변화를 추구하기보다 사적인 욕심을 채우는 방향으로 변해갔다.

갑신역추

1884년은 조선에서 갑신정변이 일어난 해다. 시급한 개혁이 필요하다고 여겼던 개화파들이 성급하게 정변을 일으켰으나 3일 천하로 끝났고, 조선 내에서 보수적인 목소리는 오히려 강해졌다. 같은 해 청나라의 정국에서도 한 차례 소용돌이가 일었고, 권력 구조에 변화가 나타났다. 자희태후는 1882년에 공친왕을 지지하는 군기대신軍機大臣(추신樞臣)이 다수를 점유하고 있던 군기처의 인적 구성을 역전시켰고, 1884년에는 공친왕을 실각시켰다. 이 사건은 갑신역추甲申易樞로 불린다. 사실 신유정변 이후 자희태후는 지속적으로 자신에게 권력을 집중시키고자 했고 갑신역추를 통해 그 일을 완성했다.

자희태후가 맨 처음 자신의 권력 의지를 행동으로 보인 해는 1865년으로, 이때 공친왕에게서 의정왕의 지위를 박탈했다. 이 일이 있기 전까지 자희태후는 단순히 어린 황제의 친모가 수렴청정을 실시하던 중국의 전통에 의지하여 권력을 누렸다. 하지만 이제 자희태후는 스스로 권력자가 되었다. 권력을 획득하고 권위를 세우는 가장 좋은 방법은 경쟁 상대를 무력화할 수 있는 힘을 보여주는 것이다. 자희태후는 자신이 가진 관리 임면권을 의정왕이던 공친왕에게 행사함으로써 상하 관계를 분명하게 했다. 물론 그렇다고 하더라도 자희태후가 완전하게 권력을 장악한 것은 아니었다. 자안태후가 더 많은 권력을 행사하려는 자희태후와 행정 기구를 계속해서 장악하려는 공친왕 사이에서 완충 작용을 했다.

1874년은 자희태후가 40세 생일을 맞이하는 해였다. 동치제는 1873년부터 친정을 시작했는데, 글을 쓰면 틀리는 글자가 많았고, 《대학》도 제대로 알지 못할 정도로 능력이 부족했다. 하지만 능력이 부족하다고 황제로서 자존심까지 없는 것은 아니었다. 동치제는 친정을 시작하자마자 영프 연합군이 파괴한 위안밍위안의 재건을 열정적으로 추진했다. 그는 태후의 생일을 명분으로 위안밍위안을 재건하여 자희태후를 그곳으로 보내고, 자신은 궁궐에서 독자적으로 업무를 처리함으로써 황제로서 위엄을 세우고 싶어 했다.

재건 공사는 나라의 재정이 어려워서 곤란하다는 신료들의 반대에도 불구하고 강행되었다. 1874년 7월에는 리광자오李光昭의 사기 사건이 발생했다. 리광자오는 먼저 가짜 증명서를 만들어 자신이 황제의 특명으로 위안밍위안의 재건에 쓰일 목재를 조달하는 임무를 맡고 있다고 프랑스 목재상을 속였다. 그는 조정에서 지불을 보증한다고 속여서 목재 5만 냥 어치를 손에 넣었다. 베이징으로 돌아온 뒤, 그는 30만 냥 어치 목재를 구매했으니 대금을 달라고 요청했다. 동치제는 크게 기뻐하며 톈진에 목재가 도착하면 관세를 부과하지 말라고 명했다. 하지만 목재가 톈진에 도착한 뒤에도 대금은 프랑스 목재상에게 지불되지 않았다. 그러자 프랑스 목재상이 조정에 대금의 지불을 요청했다. 이렇게 해서 리광자오의 사기 행각은 들통이 났다. 직예총독 리훙장은 사건의 전말을 황제에게 상세하게 보고했고, 동치제는 리광자오를 파면하고 참수형에 처했다.

리광자오 사건을 계기로 수면 아래에 있던 위안밍위안의 재건 반대 의견이 공론화되었다. 공친왕·순친왕을 비롯한 왕·공·대신 들은 동치제에게 소견召見을 요청했고, 몇 차례 거부당한 끝에 그들은 마침내 황제에게 공사의 폐단을 지적하며 중지를 읍소했다. 표면적으로 동치제는 공친왕 등의 간청을 못마땅하게 생각했지만, 위안밍위안 재건 공사는 지속할 수 없다는 사실을 알았기에 왕·공·대신 들의 의견을 받아들였다. 당시 자희태후는 정치적 지위를 갖지 않은 상황이었고, 모든 결정은 공친왕을 중심으로 하는 관료들의 강력한 반대 의견을 황제가 받아들이는 형식으로 내려졌다. 결국 논란이 되었던 공사는 중지되었고 일은 그렇게 일단락되는 듯했다.

하지만 공사 중지를 명한 다음 날에 반전이 일어났다. 1874년 7월 29일, 동치제는 공친왕이 소견할 때마다 예를 갖추지 않은 경우가 많았다는 잘못을 들어 친왕의 지위를 박탈했다. 혈기왕성한 황제의 순간적인 분노와 치기 어린 행동은 오래가지 못했다. 8월 1일, 동치제는 자안태후와 자희태후를 만난 뒤에 자신의 명령을 거둬들였다. 그는 겨울이 되자 병석에 눕더니 봄에 세상을 떠났다.

아들 함풍제의 죽음은 자희태후에게 권력을 확대할 기회가 되었다. 그녀는 동생의 아들 짜이톈載湉을 후사가 없었던 동치제의 양자로 받아들였고 제위를 계승하도록 했다. 함풍제의 황후도 세상을 떠나자, 자희태후와 공친왕이 가진 권력은 그대로 유지되었다. 하지만 1876년부터 군기처에서 비공친왕계의 세력이 늘어나기 시작했다.

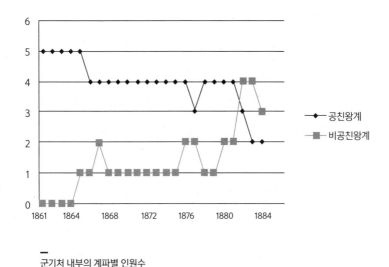

군기처 내부의 계파별 인원수

1881년에 자안태후가 사망하자 자희태후의 정치적 지위는 더욱 강해졌다. 자안태후가 사망한 이듬해에 군기처 내부의 계파 비율은 역전된다. 군기처 내부의 계파별 인원수는 자희태후가 동치제 사망 후에 다시 수렴청정을 시작한 이후 4 대 2의 비율을 유지했다. 그런데 자안태후가 사망한 이듬해였던 1882년이 되면, 공친왕계와 비공친왕계의 비율은 3 대 4로 변했고, 1883년에는 2 대 4로 완전히 역전되었다. 이는 공친왕이 군기처의 영반이라고 하더라도 중요한 정책을 결정할 때, 자희태후의 의지가 관철될 수 있는 구조가 되었음을 의미한다. 1865년과 1874년 두 번에 걸쳐 자희태후는 공친왕의 관직을 박탈한 적이 있었지만, 황실의 왕공과 관료들의 청원에 의해 철회했다. 하지만 이제 형식적으로 자희태후와 함께 최고 의결권을 가지고 있던 자안태후가 사라지고 군기처를 장악한 상황이 되면서 그녀의 정치적 행위를 막을 견제 장치가 사라졌다. 결국 1884년에 자희태후는 베트남에서 프랑스 군대가 청나라 군대에게 타격을 입히자, 그 책임을 물어 공친왕을 끌어내렸다. 자희태후는 이렇듯 갑신역추를 통해 청나라의 최고 권력자가 되었다. 하지만 이제 어떤 견제도 없는 상태에서 자신 앞에 닥친 일들을 처리해야 했고, 그 결과에 대한 책임과 역사적 평가도 모두 그녀가 져야 했다.

청프전쟁

청나라는 조선과 베트남을 번속藩屬이라고 여겼지만, 이미 1850년대부터 영향력을 잃고 있었다. 사실 당시 청나라는 내우외환으로 어려움을 겪었고, 그것을 수습하기 위해 힘을 쏟아붓고 있었다. 그래서 주변국의 어려움이나 서양 열강의 움직임을 제대로 파악하고 대응할 여유가 없었다.

1863년, 조선에서는 고종이 즉위했지만 어렸기 때문에 그의 아버지 흥선대원군이 국정을 담당했다. 흥선대원군은 왕권을 강화하기 위해 가부장적인 유교 사상을 중시했다. 가톨릭은 그의 정치적 지향과 달랐기 때문에 탄압의 대상이 되었고, 외부와의 접촉을 통제하는 쇄국 정책이 시행되었다. 그 결과, 프랑스는 1866년에 자국 선교사 처형을 빌미로 군함을 보내 강화도에서 조선군과 교전을 벌였고(병인양요), 1871년에는 미국도 대동강에서 불타버린 제너럴셔먼호 사건을 빌미로 아시아 함대를 보내 강화도에서 교전을 벌였다(신미양요). 두 사건이 일어났을 때, 프랑스와 미국은 조선이 청나라의 속국이니 조선과의 문제를 해결하는 데 청나라가 적극적으로 나서라고 요청했다. 하지만 청나라는 조선이 속국이면서 자주국이라는 말을 하며 중재를 꺼렸다. 결국 프랑스와 미국은 조선과 외교 관계를 맺을 수 없었다.

프랑스·미국과 달리, 일본은 1875년에 강화도로 군함을 보내 조선군과 전투를 벌였고, 1876년에는 강화도 조약으로 불리는 조일수호조규를 체결했다. 강화도 조약에서 조선은 자주국이고 일본과 동등한 권리를 가진다고 명기되었다. 일본은 조선을 자주국으로 명기함으로써 조선 문제에서 청나라를 배제하게 되었다고 여겼지만, 조선은 종래 일본과의 전통적인 관계를 확인했을 뿐이라고 여겼다. 강화도 조약이 체결되고 6년이 지난 1882년, 조선은 미국과 조미수호통상조약을 체결했다. 다시 4년이 지난 1886년, 프랑스와 조불수호통상조약을 체결했다. 조선이 미국, 프랑스와 통상 조약을 체결할 때 청나라는 대내외의 문제에 맞닥뜨린 상황이었다. 국내에서는 이미 살펴보았듯이 갑신역추가 일어났고, 국외에서는 프랑스가 베트남을 동아시아 진출의 거점으로 삼으려 했다.

프랑스는 이미 1858년에 영국과 연합군을 결성하여 청나라를 침략할 때 베트남에도 군대를 보냈고, 베트남군과의 전투에서 승리했다. 그 결과 1862년에 제1차 사이공 조약이 체결되었고, 프랑스는 베트남 남부의 세 개 성을 할양받았다. 프랑스의 욕심은 거기에 그치지 않았다. 프랑스군은 1873년에도 베트남을 침공했고, 1874년에 제2차 사이공 조약을 체결하여 베트남 남부 전체를 지배하기에 이르렀다. 제2차 사이공 조약에서 베트남은 자주국으로 규정되어 있기는 하다. 하지만 강화도 조약과 마찬가지로 그것은 프랑스가 청나라의 베트남에 대한 종주권을 부정하고 자국의 지배력을 강화하기 위한 수단이었다.

1882년, 프랑스는 베트남 북부까지 점령하기 위해 군사 행동을 벌이기 시작했다. 청나라는 군대를 파견했고, 태평천국이 멸망한 후에 베트남에서 활동하고 있던 류융푸劉永福의 흑기군과 함께 프랑스 군대와 전투를 벌였다. 하지만 전투를 진행하면서도 리훙장은 프랑스 공사와 접촉했고 협상을 통해 문제를 해결하고자 시도했다. 1883년에 프랑스는 베트남의 응우옌 왕조와 후에 조약을 체결하여 보호국으로 삼았다. 베트남을 둘러싼 청나라와 프랑스 사이의 대결은 그렇게 마무리되는 것으로 보였다.

그런데 1884년 갑신역추로 자희태후가 권력을 독점하면서 프랑스에 대한 강경론이 대두되었고, 양국 사이의 전투가 재개되었다. 프랑스 함대는 베트남에 머무르지 않고 푸젠성으로 진격하여 청나라 함대를 궤멸시키고 마웨이馬尾의 조선소를 파괴했다. 1885년, 청나라는 프랑스와 톈진 조약을 체결했다. 조약에 청나라와 베트남의 종속 관

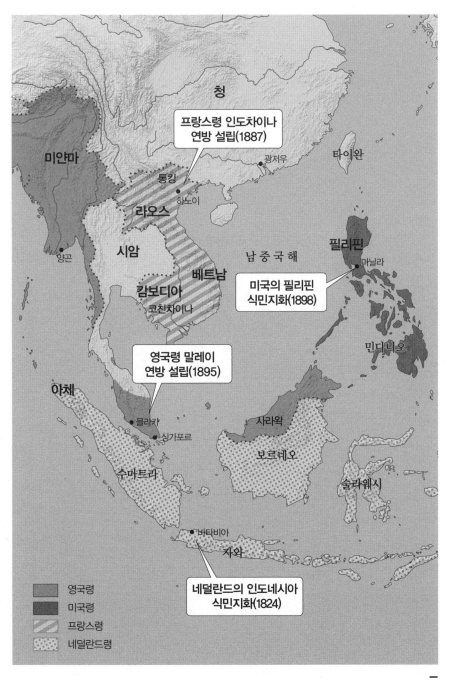

청

프랑스령 인도차이나
연방 설립(1887)

타이완

미얀마

통킹

하노이

광저우

라오스

시암

양곤

베트남

캄보디아

코친차이나

남 중 국 해

필리핀

마닐라

미국의 필리핀
식민지화(1898)

민다나오

영국령 말레이
연방 설립(1895)

아체

믈라카

싱가포르

사라왁

보르네오

술라웨시

수마트라

바타비아

자와

네덜란드의 인도네시아
식민지화(1824)

영국령
미국령
프랑스령
네덜란드령

동남아시아의 식민지화

계를 부정하는 내용은 없었다. 하지만 청나라는 사실상 프랑스가 베트남과 맺은 조약을 용인하게 되었고, 더는 베트남 문제에 간여할 수 없었다. 베트남 내부에서는 뜻있는 사람들을 중심으로 프랑스에 저항하는 움직임이 나타났지만, 모두 진압되었다. 그 뒤 베트남은 프랑스의 식민 지배를 받게 되었다.

프랑스는 베트남을 세 지역으로 나누어서 통치했다. 코친차이나는 프랑스 정부에 의해 임명된 총독이 식민부의 직접적인 지시를 받으면서 통치했고, 안남과 통킹은 고등 주차관이 외무부 관할 아래 간접적으로 통치했다. 1887년에는 세 지역과 보호국 캄보디아(1863년)를 합쳐서 인도차이나연방을 구성하고 총독이 다스리게 했다. 또한 1893년에는 인도차이나연방에 보호국 라오스가 추가되었다.

사실 청나라는 베트남을 둘러싸고 벌어진 전쟁을 피할 수 있었고, 적어도 함대나 조선소가 파괴되는 피해를 줄일 수도 있었다. 하지만 국내 정치 상황이 프랑스와의 외교 문제를 해결하는 데 영향을 미쳤다. 당시 청나라 내부에서는 공친왕의 유화적인 대외 정책을 공격하는 청류파淸流派가 득세했다. 자희태후는 청류파를 공개적으로 지지하지는 않았지만 공친왕을 견제하려는 의도에서 청류파의 행동을 묵인했다. 1884년에 갑신역추를 통해 공친왕이 관직을 완전히 박탈당하자, 프랑스에 강경한 대응을 주장하는 청류파가 대외 정책을 주도했다. 청나라 내부의 권력 구조가 바뀐 것은 청프전쟁에도 영향을 끼쳤다. 그전에 공친왕은 군기처에서 군기대신의 다수를 자기 편으로 확보하여 관료 사회에 영향력을 미쳤고, 그 군기대신들과 함께 총리아문에서 총리대신을 겸직하면서 유화적인 외교 정책을 주도했다. 그런데 공친왕을 비롯한 여러 인물들이 군기처와 총리아문에서 쫓겨나면서 외교 정책이 강경한 방향으로 바뀌었다. 자희태후는 청나라의 현실을 도외시하고 서양 야만인들과 타협할 수 없다는 명분만을 내세우는 청류파의 주장을 받아들였고, 그 결과로 함대와 조선소는 파괴되고 베트남에 대한 영향력도 잃고 말았다.

청나라가 청프전쟁을 겪으면서 입은 군사적·경제적·외교적 손실은 20여 년 동안 진행된 양무운동이 실패했음을 보여주었다. 군수공장과 조선소를 건립하여 군사력을 증강하고 해군 함대를 조직했지만 프랑스군에 대적할 만큼 강력하지 못했음이 드러났던 것이다. 군사 조직은 여전히 팔기를 중심으로 돌아갔고, 무기는 부분적으로 서양 열강의 화력에 저항할 수 있었을 뿐이며, 외교적으로 미숙하여 상대국의 불신을 자초했다.

베트남은 청나라에게 중요한 번속의 하나였지만, 청나라가 만든 천하 질서 속에서 조선만큼 중요하지는 않았다. 청프전쟁에서 청나라의 군사력이 예상했던 것보다 약하다는 점이 만천하에 드러나면서 동아시아의 정세에도 영향을 미치게 되었다. 청나라가 만들어낸 천하 질서가 남쪽 끝 베트남에서 무너졌고, 그 여파는 동북쪽 끝 조선에 미치게 되었다.

청일전쟁

청프전쟁으로 청나라가 베트남의 종주권을 상실하게 되었지만, 변방 정책에서 실패만 있었던 것은 아니다. 1870년대 청나라 내부에서 연해의 중요성을 주장하는 해방론海防論과 서북부 지역의 중요성을 강조하는 새방론塞防論이 등장하여 서로 논쟁을 벌였으며, 실제적인 성과도 있었다. 쭤쭝탕은 1873년에 서북의 간쑤성에서 회족들이 일으킨 반란을 평정했고, 1878년에 신장 대부분의 지역을 정복했다. 그의 활약으로 청나라는 서북 변방에서 세력을 확장하려던 영국과 러시아를 막아낼 수 있었고, 1884년에는 신장성을 설치하여 영토를 보존할 수 있었다.

1870년대에 청나라는 조선과 타국 사이에서 맺어지는 관계에 대해 방관적인 태도를 보였는데, 1880년대에는 조선에 대한 종주권을 유지하기 위해 노력을 기울였다. 1882년, 조선이 미국·영국·독일 등과 통상 조약을 맺을 때, 리훙장은 조약에 조선이 속국이되 내정과 외교는 자주적으로 처리한다는 점을 명기하도록 했다. 같은 해, 구식 군대가 반란을 일으키고 흥선대원군이 권력을 장악하는 임오군란이 일어났다. 청나라는 마젠중馬建忠과 군대를 파견하여 흥선대원군을 톈진에 강제로 유폐시켰다. 그리고 마젠중은 조선이 청나라의 속방屬邦이라는 점을 명기한 조청상민수륙무역장정을 체결하도록 했다.

청나라가 조선의 외교와 내정에 대한 간섭을 강화하자, 조선 내부에서 반발이 터져 나왔다. 1884년, 김옥균과 박영효 등 급진 개화파는 일본의 도움으로 갑신정변을 일으켰고 권력을 장악했다. 정변은 위안스카이袁世凱가 이끄는 청나라 군대의 개입으로 실패했다. 하지만 일본도 청나라 군대의 개입을 빌미로 자국의 군대를 서울로 보냈다. 1885년, 리훙장과 이토 히로부미伊藤博文는 톈진에서 서울에 있는 자국 군대의 문제를 협의하여 톈진 조약을 체결했다. 이 조약에서 양국은 군대를 동시에 철수하고, 유사시 조선에 군대를 파병할 때는 상대국에 알린다는 점을 분명히 했다.

그 뒤 조선에는 위안스카이가 계속 머물렀고 내정과 외교에 개입했다. 청나라의 세력이 커짐에 따라, 남하 정책을 펼치던 러시아와 그것을 막으려던 영국의 영향력은 조선에서 상대적으로 약화되었다. 일본은 조선에서 청나라의 영향력이 커지는 것을 묵인함으로써 러시아와 영국의 힘을 약화시켰는데, 그 이유는 러시아와 영국의 힘이 약화되면 청나라만 상대해도 된다고 판단했기 때문이다. 1890년대 초에는 조선에서 청나라의 영향력이 크게 확대되었고, 일본은 이미 10여 년 동안 군사력을 크게 강화했다. 일본의 해군 전함 수는 청나라의 절반 정도였고 배수량排水量도 적었는데, 속도는 더 빨랐고 더 새로운 무기를 장착하고 있었다. 또한 일본 해군은 단일한 지휘 체계 아래 작전을 수행할 수 있었지만, 청나라 해군은 지휘 체계가 분산되어 있었다.

1894년에 동학농민운동이 일어나자, 조선 조정은 위안스카이에게 지원을 요청했다. 일본 정부가 군사를 파병할 의사가 없는 것처럼 행동하자 청나라는 적극적으로 동학농민운동을 진압하기 시작했다. 그러자 일본 역시 텐진 조약에 따라 군대를 보냈고 조선의 내정 개혁을 요구했다. 농민들은 청일 양국의 군대가 개입하는 것을 막으려고 스스로 해산했지만 별로 소용이 없었다. 청일 양국은 서로 군대를 철수하라고 요구했다. 하지만 어느 한쪽도 스스로 물러날 생각이 없었고, 그 결과 무력 충돌을 피할 수 없게 되었다.

청일전쟁은 일본의 일방적인 우세 속에서 진행되었다. 일본은 전쟁에 모든 것을 걸고 있었다. 반면 청나라는 일사불란한 지휘 체계도 없었고, 군함 중에는 군대의 부패로 무기가 제대로 갖춰지지 않은 경우도 있었다. 청나라의 내부 의견도 통일되지 않았다. 주화파는 자희태후와 태후의 신뢰를 받고 있던 리훙장을 중심으로 했고 정치적 실권을 쥐고 있었는데, 외교적 교섭을 통해 문제를 해결하려 했다. 주전파는 광서제와 그의 스승 웡통허翁同龢를 중심으로 했고 정치적 실권을 갖지 못했는데, 무력을 통해 일본을 응징해야 한다는 입장을 보였다. 하지만 청나라 내부의 상황과 상관없이 당시 청일 양국 관계에서 주도권을 쥔 쪽은 일본이었다. 일본은 청나라의 약점을 간파하고 있었고 전쟁을 통해 확실한 우위를 보여줌으로써 조선에 대한 종주권을 비롯해 이익을 챙기려 했다. 따라서 일본이 원하는 요구를 전부 들어주지 않는 한, 전쟁을 피할 수는 없었다.

청나라와 일본 사이의 첫 교전은 1894년 7월 인천 남서쪽 41킬로미터 지점에 있는 풍도豊島 해안에서 벌어졌다. 일본 해군은 바다에서 청나라 해군을 격파했고, 압록강에서 청나라 군대에 막혔지만 랴오둥반도에 상륙함으로써 전세를 유리하게 끌고 나갔다. 일본군은 랴오둥반도를 점령한 뒤에 약탈, 방화, 살인을 자행했다. 전황이 일본에 유리하게 흘러가자, 청나라는 일찌감치 9월부터 화의를 모색했다. 자희태후는 기력이 약해 거동도 불편한 공친왕을 다시 등용하여 총리아문의 사무를 처리하게 했다. 공친왕은 영국, 미국, 독일, 러시아, 프랑스 등 5개국의 공사들에게 주재국 정부에 화의를 주선해달라고 요청하도록 했다. 그중에 미국만이 중재할 수 있다는 뜻을 내비쳤는데, 청나라는 조선의 독립국 인정과 배상금 지불이라는 일본의 요구 조건을 바탕으로 협상을 진행할 수 있다고 미국 정부에 알렸다.

1895년 3월 20일, 리훙장과 이토 히로부미가 시모노세키下關에서 협상을 진행했다. 일본은 톈진과 산하이관까지 점령하여 청나라로부터 이권을 최대한 많이 얻어낼 생각으로 협상에 소극적이었다. 그런데 리훙장이 낭인의 저격을 받고 얼굴에 상처를 입는 사건이 발생했다. 일본은 열강의 간섭을 걱정하여 곧 전쟁을 마무리하기로 결정했고, 시모노세키 조약이 체결되었다. 청나라는 일본에 2억 냥兩의 전쟁 배상금을 지불해야 했는데, 청나라 1년 수입의 세 배에 해당하는 막대한 액수였다. 이 조약에는 랴오둥반도, 타이완, 평후澎湖열도 등의 할양, 개항장에 자유로운 공장 설립 및 세제 혜택 보장도 포함되었다. 그런데 독일·러시아·프랑스가 개입하여 랴오둥반도 할양이 취소되는 대신에 3000만 냥의 전쟁 배상금이 추가되었다.

청일전쟁의 패배는 서양 열강에게 청나라의 상황을 적나라하게 보여주었다. 군대는 제대로 지휘되지 않았고, 내부의 의견은 통일되지 않았으며, 관리들은 무능했다. 서양 열강들은 이미 조약을 통해 최혜국 대우의 권리를 갖고 있었고, 일본이 청나라로부터 얻어낸 권리들을 향유할 수 있었다. 그러자 열강들은 청나라를 몇 개 지역으로 나누어 자국의 세력 범위로 삼았고, 철도 부설, 광산 채굴, 공장 설립, 은행 개설 등 각종 이권을 차지했다.

양무운동을 통해 청나라에서는 제한적이긴 하나 규모가 큰 민간 기업이 성장할 수 있는 기반이 갖춰지고 있었다. 하지만 열강들이 개항장에 자유롭게 공장을 설립할 수 있게 되면서 앞선 기술력으로 생산된 상품을 가지고 청나라의 시장을 장악하기 시작했고, 막대한 자본으로 은행을 설립하여 금융 시장도 지배하기에 이르렀다.

일본은 이제 청나라를 대신하여 아시아 국가들 가운데 가장 강한 나라가 되었다. 청나라가 물러난 조선에서 일본은 유일하게 영향력을 행사하는 국가가 되었고, 타이완을 식민지로 얻었다. 조선과 타이완은 일본이 각각 만주와 동남아시아 지역으로 세력을 확대하는 교두보가 되었다. 전쟁 승리로 받게 된 배상금은 일본이 더 강력한 군사력을 갖추고 산업 발전을 통해 국가의 부를 축적하는 데 보탬이 되었다.

청나라의 상황은 일본과 정반대였다. 하찮은 섬나라라고 무시하던 일본에게 패배한 것은 충격 그 자체였다. 권력을 쥐고 있던 보수파 관료들은 조용했지만, 광서제나 개혁파 인사들은 근본적인 변화의 필

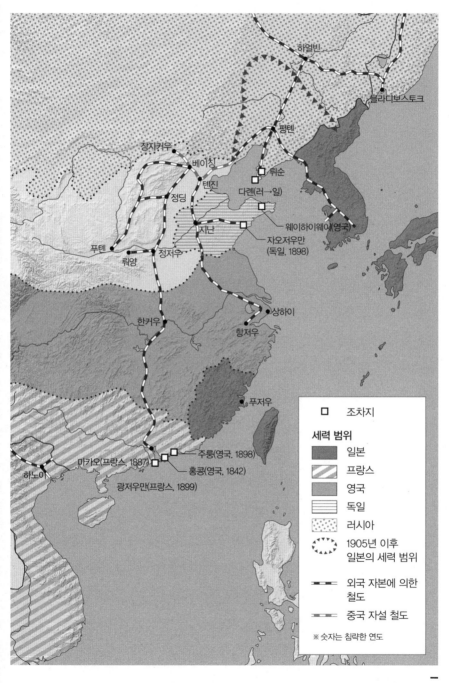

청나라에서 열강의 세력 범위

하얼빈

블라디보스토크

펑톈

창자커우

베이징

텐진

뤼순

다롄(러→일)

정딩

지난

웨이하이웨이(영국)

푸톈

뤄양

정저우

자오저우만
(독일, 1898)

한커우

상하이

항저우

푸저우

주룽(영국, 1898)

마카오(프랑스, 1887)

홍콩(영국, 1842)

광저우만(프랑스, 1899)

하노이

□   조차지

세력 범위

일본

프랑스

영국

독일

러시아

1905년 이후
일본의 세력 범위

외국 자본에 의한
철도

중국 자설 철도

※ 숫자는 침략한 연도

요성을 느꼈다. 근본적 변화에 대한 생각은 다시 청나라의 존재를 인정하는 방식과 청나라를 아예 부정하는 방식, 두 가지로 나뉘었다.

5장
경세와 개항

정통 유학자들은 자신이 유교 경전을 읽으면서 배운 것을 바탕으로 현실에 발을 딛고 사는 백성들의 삶을 돌봐야 한다는 소명 의식을 갖고 있었다. 유학자로서 책에서 읽은 내용을 관리가 되어 현실에서 실천하는 기회가 모두에게 주어지는 것은 아니었다. 만주인은 중국을 정복하고 효율적으로 통치했고, 건륭 시대 중반까지 영토가 확장되었으며 경제가 안정되었다. 만주인 황제가 주도하는 대규모 편찬 사업이 진행되는 동안, 유학자들은 자신의 목소리를 내기보다는 고전古典 속에 파묻혀 지냈다. 건륭 시대 후반부터 정치와 경제 상황이 바뀌면서 자신의 목소리를 내는 유학자들이 나타났다.

경세제민

청조 정치 제도의 안정은 건륭 중반기를 거치면서 조금씩 흐트러지기 시작했다. 관리들의 강압적 행태와 과도한 세금 징수로 생활이 곤궁해진 변경 지역의 백성들은 백련교도의 난을 비롯한 크고 작은 반란을 일으켰다. 또한 관청의 서리였던 천리교도天理敎徒 린칭林淸은 1813년에 궁중의 환관들과 결탁하여 쯔진청紫禁城 안까지 난입했다. 이 천리교의 난은 진압되기는 했지만, 당시 체제가 어느 정도나 느슨해졌는지를 상징적으로 보여주는 사건이었다.

가경제는 건륭 시대 후반기에 지출이 확대되면서 생겨난 재정적 부담을 고스란히 떠안고 있었지만, 재위 초반기에 직면한 변경의 위기를 처리하기 위해 많은 군사비를 지출하지 않을 수 없었다. 또한 새로운 인재들을 등용하고 관료들에 대한 장악력을 높이는 데도 예산이 필요했다. 가경제는 급격한 인구 증가(과거 응시자 증가)에도 불구하고 평균 140명 안팎으로 정체되어 있던 과거 선발 인원을 평균 235명으로 늘렸다.

궁쯔전龔自珍은 관료와 대상인의 무분별한 독점에 따른 현격한 빈부의 차이로 사회의 불안이 가중되었다고 지적했다. 그는 대지주들의 토지 독점을 금지하고 주周나라의 종법제와 정전제를 모방하여 백성들에게 토지를 지급한다거나, 서북 변경에 행성行省을 설치하여 지배력을 강화함으로써 문제를 해결해야 한다고 주장했다. 하지만 일반인들이 겪고 있던 현격한 빈부의 차이에 따른 경제적 어려움을 해결하기 위해 그가 제시한 방안은 '과거의 태평성대에 시행되었다는 정책을 다시 시행하자'는 식이었다. 그렇다면 당시 청나라는 경제적 어려움에 처하게 된 원인을 어떻게 진단했고 그것을 극복하기 위해 어떠한 정책들을 시행했을까?

1796년에서 1820년에 청나라 조정은 경제적 침체를 야기한 원인이 토지 부족, 재정 적자, 국부의 유출 등에 있다고 진단했고, 그에 대한 대책을 세웠다. 첫째, 토지 부족으로 야기되는 문제들을 해결하기 위하여 동북 지역을 개간하기 시작했다. 1796년에서 1820년간 중국의 인구 성장 속도는 과거 어느 때보다 높았다. 이 기간 동안 인구는 3억 1000만 명에서 3억 8000만 명으로 늘어났고, 연평균 4.72퍼센트나 성장했다. 한인들의 서북 지역 이주가 소수 민족의 반발을 야기하자, 가경 시대의 이주, 개간 정책은 동북 지역을 중심으로 이루어졌다. 1800년대의 이주는 만주족의 성지를 보호한다는 명분 때문에 특정 지역 주민들이 심각한 재해를 당했을 때 일시적으로 허용했을 뿐이었다. 하지만 1810년대가 되면 중원 지역의 안정을 위하여 관청에 의해 이주가 체계적으로 시도되기 시작했다.

둘째, 재정 적자를 메우기 위하여 조운漕運을 정비하고 소금의 사적인 제조와 판매를 엄격하게 금지했다. 청나라 국가 재정은 사람과 토지에 매겨진 지정전량地丁錢糧, 소금의 생산과 유통에 매겨진 염과鹽課, 창장강, 대운하, 해안의 교통 요지를 통과하는 물품에 매겨진 관세 등에 의존했다. 지정전량은 자연 조건이나 각 성의 군비 지출에 따라 중앙으로 올라오는 액수의 변동이 심했다. 반면 염과나 관세는 중앙으로 올라오는 액수에 변동이 크지 않아서 국가의 재정을 운용하는 데 중요했다.

셋째, 국부의 유출을 막기 위해 대외 무역의 제한이라는 폐쇄적인 경제 정책을 실시했다. 가경 시대 중반기까지 대외 무역은 국부의 유출이라는 측면보다도 정해진 규정을 지키지 않는 불법 행위를 문제시했다. 그런데 가경 시대 후반에 접어들자 외국 상인들이 양행상인 洋行商人(양상洋商)들과 결탁하여 중국 내의 순도 높은 은량銀兩을 한 해에 100만량 이상이 해외로 유출시켰다. 따라서 은량의 해외 유출을 엄격하게 금지하도록 했고, 대외 무역을 제한하는 정책을 더욱 강화했다.

이상의 정책들이 경제적 침체 상황을 개선시킬 수 있었을까? 도광 시대에도 경제 침체의 원인에 대한 진단이 앞 시대와 크게 달라지지 않았기 때문에, 가경 시대에 시행되던 정책들이 계승되거나 한층 강화되었다.

사실 1800년대에서 1820년대에 나타난 경제 침체는 통화량이 늘었음에도 불구하고 그것이 일부 상인들에게만 집중된 결과였다. 1830년대에 들어서면 은 유입량은 줄어들고 물가는 상승하여 일반 백성들의 생활이 더욱 힘들어졌다. 1840년에 영국은 지속적으로 광둥 무역 체제의 변경을 요청했고, 결국 자신들의 의지를 관철시키기 위하여 청영아편전쟁을 일으켰다. 과거 중국 대륙의 연구자들은 '파괴적'이라는 말을 통해, 서구 학자들은 '충격'이라는 말을 통해 전쟁의 영향을 지나치게 강조하는 경향이 있었다. 물론 전쟁이 침체 상태에 있던 청나라의 사회경제 상황을 더 어렵게 만들었다. 하지만 더 큰 문제는 다른 데 있었다. 당시 조정이나 상당수 지식인들에게 전쟁의 패배는 지방 차원의 문제일 뿐, 청조의 전면적인 변화를 필요로 할 만큼 심각하게 받아들여지지 않았다는 것이었다. 그 결과는 1840년대 중·후반부터 광둥 지역에서 외국인에 대한 반감이 노골화되는 것으로 나타났다. 내부의 문제점들을 제대로 파악하지 못하고 영국을 비롯한 열강의 군사력을 정확히 파악하지 못한 상황에서 군사 대결을 통해 서양 야만인을 제압할 수 있다는 무모한 용기를 갖게 된 것이다. 그 결과 1858년 영프 연합군이 베이징을 점령하고 약탈하는 결과를 초래했다.

물론 당시 문제를 바르게 진단한 사람들이 없지는 않았다. 웨이위안과 허창링賀長齡은 《황조경세문편皇朝經世文編》을 편찬했고, 정치·행정·재정·군사·법률 등 다양한 분야에 대해 문제를 지적하고 변화의 필요성을 역설했다. 웨이위안은 청영아편전쟁이 끝난 뒤에 서양 각국의 정보를 담은 《해국도지》를 저술했다. 그는 유학자들이 예의도 모르는 야만인으로 업신여기던 서양인의 장점을 받아들여 서양을 제압하기 위하여 책을 저술했다고 밝혔다. 쉬지위는 《영환지략》을 저술하여 서양 각국의 위치·인구·역사·언어 그리고 간단한 외모까지 소개했다. 하지만 이들의 저술은 제한된 사람들에게 영향을 끼쳤을 뿐이

《해국도지》의 세계지도

고, 대다수 청나라 사회 구성원들은 영프 연합군이 일으킨 침략 전쟁에서 패배하기 전까지 변화의 필요성을 느끼지 못했다.

조약 체제

동아시아의 국제 질서는 조공과 책봉을 기본 틀로 하는 조공 체제였는데, 청영아편전쟁 이후 조약에 의해 국가 사이의 관계가 규정되는 조약 체제로 바뀌었다. 1860년 영프 연합군의 침략전쟁이 끝난 후에 베이징 조약이 체결되면서 청나라는 열 개 항구를 추가로 개방했고, 외국 상인들은 내륙의 도시들에서도 상업 활동을 할 수 있게 되었다. 1842년에 체결된 난징 조약이 서양 열강에 제한된 형태의 무역을 허가했다면, 베이징 조약은 사실상 열강에게 청나라 영토 안에서 전면적이고 자유로운 무역을 허가했다. 자유 무역과 함께 청나라에는 조계租界라는 새로운 공간이 등장했다. 조계는 개항장들에 나타났다. 그곳은 서양 열강이 청나라에서 상업·정치·외교 등의 활동을 진행하기 위한 거점이라고 할 수 있는데, 청나라 안에 있으면서도 외국인에 대해 치외법권이 인정되었다. 따라서 조계는 청나라 안의 외국 땅과 같은 곳이었다.

1860년대에 영국은 광저우·샤먼·전장·한커우·뉴좡牛莊에, 프랑스는 광저우·상하이·한커우·톈진에 조계를 갖고 있었다. 시간이 지나면서, 조계와 조계를 소유한 열강의 수는 차츰 늘어났다. 열강들은 조계 안에서 일반인이 토지를 임차할 수 있게 했고, 경찰과 자치 정부를 갖춰 나갔다. 상하이가 좋은 사례였다. 1863년에 영국과 미국은 상하이에 국제 조계를 만들기 위해 공동으로 자치 정부를 만들었다. 조계에 거주하던 청나라 사람들은 자치 정부에 세금을 납부했다. 청나라 사람들 중 만주인 왕조보다는 외국인 자치 정부의 보호를 받는 편이 낫다고 판단한 사람들이 상하이로 밀려들었다. 이렇게 사람들이 늘어나자 토지 가격이 상승했다. 외국인들은 임차한 토지를 다시 임차하여 큰 이득을 챙길 수 있었다. 상하이뿐만 아니라 광저우, 톈진, 한커우 등도 열강의 비호 아래 대도시로 발전해 나갔다.

당시 개항장은 여러 시선이 충돌하는 상징적인 장소였다. 열강은 개항장을 거점으로 더 많은 이익을 얻어내려고 했다. 배외적인 성향의 유학자와 관료에게 그곳은 천조天朝의 신성한 땅에서 사라져야 할 곳이었다. 열린 생각을 가진 유학자들과 관료들은 그곳에서 서양 열강이 지닌 선진적인 요소들을 직접 확인할 수 있었고, 청나라의 부국강병을 위해 군사 기술, 기업 활동, 정치 제도 등 선진적인 요소들을 실험하는 장소로서 의미가 있다고 여겼다.

청나라 내부에서는 열강과의 관계를 완전히 다르게 바라보는 시각이 공존하고 있었다. 하지만 1860년대에는 청나라 조정과 열강이 서로 협조적인 관계를 유지했다. 청나라는 태평천국을 진압하는 데 열강의 도움을 받았고, 열강은 청나라의 정치적 안정이 자국에게 경제적 이익을 가져다줄 것이라는 생각으로 협조했다. 미국 공사 앤슨 벌링게임Anson Bulingame의 사례는 청나라와 열강 사이의 우호적인 분위기를 잘 보여준다. 벌링게임은 1868년부터 2년여 동안 정일품正一品의 청나라 외교관으로서 미국과 영국을 비롯한 유럽의 여러 나라에서 청나라를 대표하여 불평등 조약을 개정하고 동등한 외교 관계를 맺기 위해 노력했다. 청나라의 해관海關 업무를 체계적으로 설계한 로버트 하트도 외국인으로서 청나라의 무역 관리 제도를 개선하는 데 도움을 주었다. 또한 난징 조약을 비롯한 조약들에서 청나라에 불평등한 요소들을 개선하려고 시도했다. 조약은 10년이 되어야 개정할 수 있었기에, 베이징 조약을 체결한 지 10년째 되는 해가 다가오던 1868년부터 그는 조약의 개정을 위해 아낌없이 노력했다. 하지만 청나라에 선의를 가진 사람들의 노력은 경제적 이익을 추구하던 상인, 그들과 결탁된 정치인들에 의해 좌절되었다.

1870년부터 청나라와 열강 사이에는 차츰 갈등이 고조되기 시작했다. 물론 표면적으로 둘 사이의 관계는 여전히 원만했고, 갈등은 청나라 조정과 열강 정부 사이의 문제가 아닌 것처럼 보였다. 1870년, 톈진에서 성당이 파괴되고 선교사들이 살해되는 교안이 발생했다. 쩡궈판과 리훙장이 차례로 사건의 처리를 맡았다. 당시 프랑스는 프로이센과 전쟁을 치르느라 아시아에 신경 쓸 여유가 없었고, 청나라도 관련자들을 사형시킴으로써 프랑스 정부를 자극하지 않으려 했다. 따라서 두 나라 사이의 갈등이 외교 문제로 비화하지는 않았다. 하지만 톈진 교안은 청나라와 열강들의 우호적인 관계가 끝났음을 보여주는 신호탄이었다.

1875년, 영국 공사관의 직원 오거스트 마거리Augustus Margary는 인도로 가는 무역로를 개설하기 위해 청나라와 미얀마의 국경 지역으로 파견되었다. 마거리는 국경을 따라 이동하면서 야영을 하던 중에 지역 무장 집단에 의해 피살되었다. 영국 정부는 청나라 조정에 배상과 사죄를 요구했다. 궈충타오郭崇燾는 사죄 사절단으로 영국에 파견되었고, 그 일을 기회로 런던 주재 청국 공사가 되었다. 마거리 사건도 톈진 교안처럼 원만하게 해결된 듯이 보였다. 하지만 지각 있는 청나라 사람들은 영프 연합군의 침략이 끝난 뒤에 한동안 잊혔던 기억을 떠올렸다. 열강과 우호적인 관계를 유지하는 시기가 끝나자, 청영아편전쟁 때처럼 열강이 피해를 입으면 청나라는 손해 배상과 더 많은 특권을 제공함으로써 사건을 무마하는 관행을 되풀이하게 된 것이다.

청나라와 러시아 사이의 문제는 더 복잡했다. 러시아는 베이징 조약을 중재하면서 연해주와 헤이룽강 동북부를 차지하게 되었는데, 거기에 만족하지 않았고 더 많은 지역을 장악하려 했다. 1871년, 코칸드 출신의 야쿱 벡Yaqub Beg이 청나라로부터 독립하려는 움직임이 최고조에 달하자, 러시아는 청나라를 도와 치안을 확보한다는 명목으로 이리강伊犁江 유역을 점령했고, 그곳을 식민지로 만들려 했다. 쭤쭝탕은 청나라가 이리강 유역을 반드시 지키고 서북 지역의 방어를 튼튼하게 해야 한다는 새방론을 강력하게 주장했다. 그는 군대를 이끌고 오랫동안 전투를 치렀고, 마침내 1878년에 야쿱 벡을 제압했다. 청나라는 그곳에 충허우崇厚를 파견하여 러시아와 교섭을 벌였다. 충허우는 러시아에게 이리강 유역 대부분의 소유권을 넘겨주고 500만 루블의 배상금까지 지불하는 협상안에 서명했다. 자희태후를 비롯하여 청나라의 관료들은 분개했다. 장즈둥張之洞은 충허우를 참수하고 재협상을 해야 한다고 상주했다. 결국, 쩡궈판의 아들 쩡지쩌曾紀澤가 영국을 비롯한 열강의 지원을 받아 재협상을 진행했고, 배상금을 올리는 대신 러시아에 넘겨주기로 한 땅의 일부를 되찾았다.

1880년대에 들어서자, 청나라 권력은 차츰 자희태후의 손에 완전히 장악되었다. 언뜻 표면적으로는 정치권력이 강화된 것처럼 보였다.

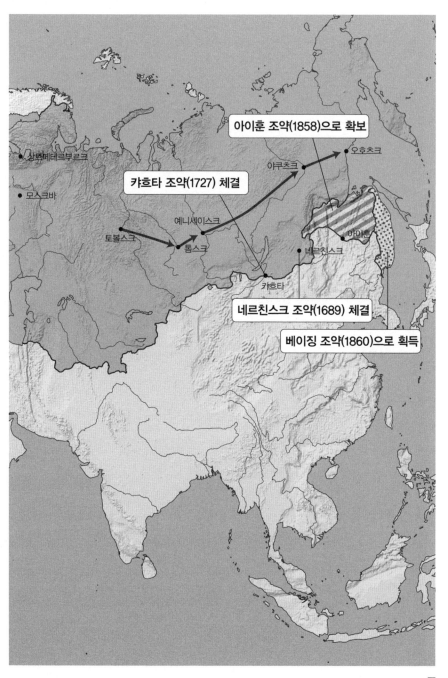

러시아가 동쪽으로 영토를 확장한 과정

하지만 자희태후에게 정책을 조언하고 견제할 장치가 사라지면서 국제 관계의 측면에서 청나라는 자국의 상황을 정확히 직시하고 그 상황에 따라 외교 문제를 처리하는 유연성이 부족했다. 그 결과, 청프전쟁과 청일전쟁을 겪으면서 국제 사회에서 청나라의 지위는 더욱 낮아졌다.

외국 문물

개항장을 중심으로 하는 도시는 과거 상업 중심 도시와 달랐다. 그 도시들은 서양으로부터 문물이 들어오고 외국과 교류하는 장소, 서양의 문물과 제도를 간접적으로 경험할 수 있는 장소, 왕조의 통제를 벗어나서 새로운 사상과 정치 활동을 경험할 수 있는 장소였다.

개항장들 중에서 상하이는 외국인들이 가장 선호하는 도시였다. 상하이는 아시아에서 무역을 하는 회사들이 대륙의 남북, 동남아시아, 일본 등과 교역할 때 거점으로 삼을 수 있는 지리적 장점이 있었다. 이미 1850년대부터 오리엔탈은행, 차타드은행, 홍콩상하이은행 HSBC 등이 설립되었다. 청나라에서 활동하던 무역 상사들은 양행洋行이라고 불렸는데, 은행과 마찬가지로 상당수가 상하이를 거점으로 삼았다. 덴트Dent&Co(보순양행寶順洋行)와 자딘매디슨Jardine Matheson Holdings(이화양행怡和洋行)은 원래 광저우에서 아편을 밀매하면서 성장했는데, 이제 영국의 면사와 면포를 청나라에 수출하고 차와 생사를 수입하는 등 합법적인 무역으로 투자의 범위를 확대했다.

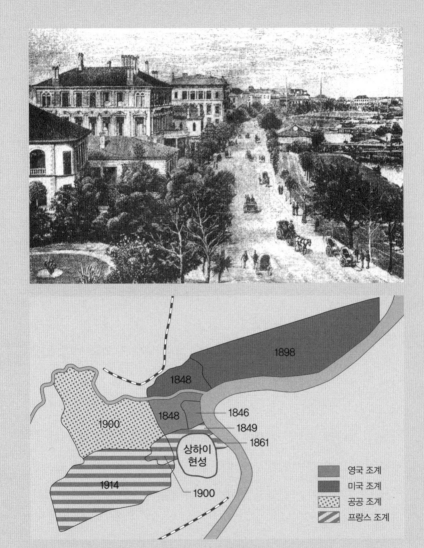

상하이
현성

1898

1848

1848　1846

1849

1861

1900

1914

1900

	영국 조계
	미국 조계
	공공 조계
	프랑스 조계

1880년 상하이 와이탄外灘(위)과 조계지역의 확대과정(아래)

은행과 양행에서 일하던 중국인 직원은 매판買辦으로 불렸고, 외국인 회사에서 일한 경험을 바탕으로 청나라가 설립한 양무 기업으로 옮겨 경영에 참여했다. 쉬룬徐潤과 탕팅수唐廷樞는 매판으로 활동하면서 돈을 벌었고, 리훙장의 요청으로 각각 윤선초상국輪船招商局과 카이펑탄광開平炭鑛의 운영에 관여했다. 정관잉鄭觀應은 매판의 경험을 바탕으로 《이언易言》(1880년)과 《성세위언盛世危言》(1894년)을 저술하여 청나라가 부강한 나라가 되기 위해서는 군사력보다 경제력이 중요하고 열강과의 상업 전쟁(상전商戰)에서 이겨야 한다고 역설했다.

쉬룬을 비롯한 초기 매판 기업가들은 리훙장과 같은 관료의 도움을 바탕으로 관독상판 형식의 양무 기업에 참여했다. 그들은 양무 기업을 발전시키는 데 공헌했지만, 관료와의 관계를 이용하여 치부했다는 평가도 피할 수 없었다. 청일전쟁 이후, 매판은 외국 기업의 설립이 자유로워진 상황에서 민족을 구한다는 명분으로 기업을 설립했고, 지역의 향신들도 유교 사회의 편견을 뚫고 상공업에 투자하기 시작했다. 청나라 조정은 전쟁의 패배로 힘이 약해지고 민간에 대한 통제력을 잃고 있었는데, 반면에 매판과 향신은 조정의 권력이 느슨해진 틈을 이용하여 자신들의 영향력을 확대할 수 있는 기반을 마련하기 시작했던 것이다.

상하이의 조계와 그 주변에 살고 있던 청나라 사람들의 일상에는 금융이나 기업 이외에도 만주인 왕조의 통치 아래 있는 지역과 다른 요소들이 있었다. 그중에서 주목해야 할 것이 언론의 등장이다. 왕조

사회에서 일반인이 세상 물정을 알 수 있는 방법은 대단히 제한적이었다. 소수의 관료와 향신에 의해 정보가 독점되었고, 독점된 정보는 일반 백성을 통제하는 수단으로 사용될 수도 있었다. 그러다 1872년에 중국 최초의 일간 신문인 《신보申報》가 창간되었다. 처음에는 600부가 발행되었는데, 수년 만에 5000부가 넘게 발행되었다. 《신보》에는 조정의 동향, 국내외 사건, 논설 등이 실렸는데, 그 내용이 다양하고 객관적인 시각을 담고 있어서 많은 독자를 확보했다.

1896년에는 《소보蘇報》가 창간되었는데, 청나라를 무너뜨리고 공화국을 세우려는 차이위안페이蔡元培, 장빙린章炳麟 등 혁명파가 주도했다. 1903년, 장빙린은 《소보》의 주필이 되어 쩌우룽鄒容의 신문에 《혁명군革命軍》을 소개하면서 혁명을 선전했다. 청나라 조정의 강력한 항의로 《소보》는 정간되었고, 쩌우룽과 장빙린은 체포되어 각각 2년형과 3년형을 선고받았다. 《소보》 사건은 청나라의 비판적인 지식인들이 개혁과 혁명 사이에서 고민하다가 혁명 쪽으로 마음이 치우치고 있음을 상징적으로 보여주었다. 당시 언론은 여론을 형성하는 데 중요한 역할을 할 수 있었고, 청나라 조정은 그 여론을 억누르기에 급급했다.

권력을 다투는 정치 문제에서 한발 벗어나면, 일반인들에게 도시는 돈을 지불하고 즐길 수 있는 것들이 많았다. 도시의 거리에서 차를 마시고, 놀이를 즐기고, 연극을 보고, 술을 마시는 모습은 과거에도 볼 수 있는 풍경이었다. 여기에 새로운 광경들이 등장했다. 서양 물건들이 거리를 채우기 시작한 것이다. 자전거, 마차, 인력거 등이 나타났고, 가로등이 보였으며, 전기로 움직이는 물건들도 등장하기 시작했다. 외부인들에게 도시는 새롭고 신기한 물건들의 전시장처럼 보였다.

외국인들만 청나라로 밀려든 것은 아니었다. 청나라 사람들도 나라 밖에서 자신들의 터전을 만들었다. 해외의 중국인을 일반적으로 화교華僑라고 부른다. 화교는 원래 '중국 밖에 잠시 머무르는 중국인'이라는 뜻을 지녔다. 송나라는 해상 실크로드를 통해 동남아시아 국가들과 교역을 했는데, 교역에 참여한 중국인들 중에는 해외에 잠시 머무르다 귀국하는 이들도 있었고, 중국인으로서의 정체성을 유지한 채 외국에 정착한 이들도 있었다. 후자는 화교로 불렸다. 1870년대 후반부터는 대규모 이민이 나타나기 시작했다. 사람들을 해외로 떠나게 만든 것은 가난이나 재난이었고, 해외로 진출하게 만든 것은 사업이나 유학이었다. 해외 이민의 목적은 대체로 재난에서 벗어나는 것이었다. 가난을 벗어나기 위해 해외의 열악한 조건 속에서 일하던 사람들은 쿨리로 불렸다.

19세기가 저물어갈 때, 외국과의 접촉이 가장 활발하고 역동적이었던 지역에서는 그때까지 경험해보지 못한 커다란 변화가 시작되고 있음을 느끼기에 충분할 정도로 새로운 문물과 사상이 눈앞에 나타났다. 청나라의 구성원들은 하나둘씩 자신이 속한 왕조에 대한 기대를 버리고 있었다. 다만 기대를 버리는 시간이 빠르거나 늦은 차이가 있었을 뿐이다.

상하이와 우쑹吳淞 간 기차, 자전거, 마차, 인력거 등이 뒤섞인 풍경

청나라 조정에서 미국으로 파견된 최초의 유학생들(윤선초상국 앞)

3부

청말민초의 격랑

중국은 청일전쟁 이후 한 세대 동안 청나라가 멸망하고 중화민
국으로 바뀌었으며, 변화의 격랑 속에서 흔들렸다. 청나라와 중
화민국 시대는 지금까지 대체로 분리되어 서술되었고 완전히 다
른 시대처럼 여겨졌다. 왜냐하면 신해혁명辛亥革命으로 아시아
에서 최초로 공화정이 수립될 수 있는 기틀이 마련되었고, 2000
여 년 동안이나 중국 사회를 지배하던 왕조 체제가 무너졌다는
역사적 의미가 매우 컸기 때문이다. 그런데 신해혁명 이후 10여
년 동안의 상황을 살펴보면, 민주(국민주권)와 공화정이 자리를
잡기도 전에 이미 무너졌다고 여겨졌던 왕조 시대의 모습이 다
시 등장했다. 마치 왕조에 기생하던 사람들이 거센 혁명의 불길
을 피해 움츠리고 있다가, 민국 초기의 혼란을 틈타서 살아난 것
처럼 보였다.

1장
황제와 태후

광서제는 요절한 함풍제의 양아들로서 황제가 되었고 자희태후의 조카(여동생의 아들)였다. 황위는 후대가 계승하는 것이 관례였다. 그런데 광서제는 동치제와 같은 세대에 속했기 때문에 관례를 깬 것이다. 광서제의 제위 계승으로 황제 대리인으로서 자희태후의 지위는 연장되었다. 1881년 자안태후가 세상을 떠나고, 1884년 공친왕을 군기처에서 끌어낸 후, 그녀의 독점적 지위는 확고해진 듯 보였다. 하지만 청프전쟁과 청일전쟁의 패배는 최고 권력을 쥔 자희태후의 정치적 입지를 약화시켰다.

무술변법

광서제는 1887년부터 친정을 시작했다. 즉위하던 해에 광서제의 마음속은 청나라의 황제로서 훌륭한 군주가 되겠다는 의욕으로 충만했다. 그는 신하들이 올린 주접에 힘찬 필치로 자신의 의견을 써서 내려 보냈다. 하지만 광서제의 친아버지 순친왕醇親王은 자희태후에게 황제가 여전히 부족하다면서 태후가 실권을 행사하는 훈정訓政을 요청했고, 자희태후는 마지못해 받아들이는 모습을 연출했다. 이 일은 광서제에게 조정과 청나라에서 자신의 입지를 분명하게 확인하게 만들었다. 광서제의 스승이었던 웡퉁허를 비롯한 일부 관료들만이 훈정이 옳지 않다고 지적했을 뿐이다. 대다수 관료들은 이미 오랜 세월 권력을 장악한 자희태후 쪽에 줄을 섰다. 숨을 죽이던 관료들은 제당帝黨, 기세를 올리던 관료들은 후당后黨으로 불리기도 했다. 누가 보더라도 제당과 후당 사이의 우열은 분명했다. 그런데 청일전쟁 후 숨을 죽이던 제당이 목소리를 높일 수 있는 기회가 찾아왔다.

청일전쟁이 끝난 뒤에 청나라는 아시아의 맹주라는 지위를 완전히 잃어버렸고, 일본을 비롯한 여러 나라들에 철도 부설과 광산 채굴 등 각종 이권을 빼앗기게 되었다. 변법파變法派로 불린 지방 신사들은 청나라를 위기에서 구하기 위해서는 서양의 제도를 받아들여야 한다고 주장했다. 그들은 강학회強學會(1895년), 보국회保國會(1898년)를 조직하고 각각 《강학보強學報》와 《시무보時務報》를 간행하여 변법의 여론을 조성했다. 강학회에는 캉유웨이康有爲·량치차오梁啓超·원팅스文

廷式·장즈둥·위안스카이 등이 참여했다. 베이징에서 활동하던 인사들과 다수의 현직 관료들은 지역별 모임으로 활동하다가 일종의 연합 조직인 보국회에 가입했는데, 강연과 집회를 통해 변법의 필요성을 선전했다. 보국회는 짧은 시간 동안 급속도로 조직이 확대되었다. 하지만 구성원의 상당수를 차지하고 있던 현직 관료들은 섣불리 움직이면 큰 화를 입을 수 있다는 우려 때문에 보국회를 탈퇴했고, 활동을 시작한 지 16일 만에 보국회는 와해되었다.

캉유웨이는 시모노세키 조약 직후부터 회시會試에 참가한 거인擧人들과 함께 황제에게 올리는 공거상서公車上書를 작성한 것을 시작으로 지속적으로 황제에게 상소문을 올려 자신의 주장을 알렸다. 또 강학회 활동을 통해 뜻을 함께하는 사람들을 모으고 제도 개혁의 필요성을 역설했다. 그는 《공자개제고孔子改制考》를 통해 공자가 육경六經을 저술하여 제도 개혁을 추진했다고 주장함으로써 자신의 구상이 성인의 뜻에 부합한다고 강조했다. 더 구체적으로, 제도국을 설치하여 사법·금융·교육·농업·상업·공업을 비롯한 사회 전반에 걸쳐 개혁을 추진해야만 청나라를 열강의 위협으로부터 구할 수 있다고 주장했다.

광서제는 스승인 웡퉁허와 캉유웨이의 의견을 듣고서 황제의 권한을 최대한 활용한다면 변법이 가능하다고 판단했다. 1898년 4월에 광서제의 〈국시를 정하는 조서〉가 내려졌고, 103일 동안 정치·경제·군사·교육 등의 분야에서 각종 개혁을 추진하라는 상유上諭가 잇

따라 내려졌다. 그 속에는 불필요한 기구 축소, 농공상총국 설립, 팔기 감축과 서양식 군사 훈련, 팔고문 폐지, 경사대학당 설립, 언로言路 개방 등이 포함되었다. 이렇듯 광서제는 의욕적으로 개혁을 추진하려 했지만 그를 둘러싼 환경이 호락호락하지 않았다. 변법이 시작되었을 때 청나라의 정치 구조를 살펴보면, 광서제의 조서가 독자적으로 내려지기 어려웠고, 설령 독자적으로 내려졌다고 하더라도 쉽게 제한될 수밖에 없었음을 알 수 있다. 자희태후가 여전히 중요한 안건에 대해 의지懿旨를 내려 정책의 집행을 통제했기 때문이다.

결국 광서제에게서 모든 권한을 박탈하는 정변이 일어났고, 변법은 좌절되었다. 자희태후는 정국의 혼란을 수습한다는 명분을 내세웠다. 8월 3일, 어사 양충이楊崇伊는 자희태후에게 캉유웨이 등이 인심을 현혹하여 조정을 문란하게 하고 일본인들을 끌어들이고 있어 종묘사직에 재앙이 생길 수 있다고 간언했다. 자희태후는 즉각 광서제에게서 독자적으로 정무를 처리하는 권한을 모두 박탈했다. 다음 날 광서제는 쯔진청 중남해中南海의 섬 안에 있는 잉타이瀛臺에 갇히는 신세가 되었다. 이렇게 자희태후는 모든 권력을 장악한 뒤, 광서제의 간청으로 다시 훈정을 시작한다고 선포했다. 그러자 캉유웨이는 일본으로 망명했고, 변법에 동조했던 탄쓰퉁譚嗣同을 비롯한 여섯 명은 형장의 이슬로 사라졌다.

정변은 변법에 의구심을 가졌던 관료들의 지지 덕분에 성공할 수 있었다. 변법은 장즈둥과 같은 양무파에게도 지지를 받지 못했는데,

변법 자체보다는 그것을 추진하던 캉유웨이에 대한 불신 때문이었다. 장즈둥은 캉유웨이가 출세를 위해 변법을 추진하고 공자의 생각을 왜곡한다고 보고 자신의 정적으로 여겼다. 그런가 하면 관료나 관료가 되기 위해 준비하고 있던 사람들에게 급격한 변화는 혼란을 야기하는 일로 받아들여졌다. 하지만 캉유웨이 등은 청나라가 변해야 일본처럼 발전할 수 있고 그렇지 않으면 사라질 수도 있다는 위기의식만 강했지, 인심이나 풍속이라는 조건이 변법을 가로막는다는 점을 간과했다. 결국 8월 3일에 광서제의 명의로 내려진 상유에서 캉유웨이는 평소 유가의 경전과 규범에 어긋나게 행동했다는 비난을 받았고 반역자로 쫓기는 신세가 되었다.

자희태후는 광서제를 잉타이에 연금함으로써 황제로서 어떠한 권한도 행사할 수 없게 만들었다. 그녀는 광서제가 친정을 시작한 뒤로 잃어버렸던 권력을 회수함으로써 다시 완전하게 권력을 장악했다. 하지만 그녀는 그 정도에 만족하지도 않았고 광서제가 다시 권력을 장악하려는 시도를 할지 모른다고 불안해했다. 그래서 아예 광서제가 다시는 권력을 넘보는 일이 없도록 반항의 싹을 자르려 했다.

1899년 말, 광서제는 황태자를 책봉하는 상유를 내렸다. 그는 건강이 좋지 않아서 정무를 처리할 수 없는 상황인데, 아들이 없으니 단군왕端郡王의 아들 푸쥔溥儁을 황태자로 삼는다며 이듬해 1월 1일에 의례를 거행하도록 했다. 이 일은 기해년에 황태자를 책봉했다는 의미에서 기해건저己亥建儲로 불린다. 광서제의 상유는 사실 자희태후에 의해 내려진 것이었다. 1899년 초부터 외국인들 사이에서 광서제가 폐위되고 새로운 황제가 즉위할 것이라는 소문이 떠돌고 있었다. 자희태후는 광서제를 폐위하는 대신에 황태자를 세움으로써 훈정의 정당성을 확보하려 했다. 하지만 그마저 여의치 않았다. 기해건저의 소식을 들은 지역 신사紳士 1231명이 연명으로 광서제를 지지하는 글을 올렸고, 해외의 화교들도 청나라에 있던 영·미·일 공사관에 황제를 구해달라고 요청했다. 각국 공사들은 입궁하여 축하하기를 거부했으며 광서제의 병세를 공개하고 외국인 의사에게 진찰을 받도록 허가해달라고 요청했다. 자희태후는 국내외의 반응에 대해 사실상 무시하는 태도로 일관했다.

자희태후는 경험을 통해 권력의 속성을 깨달았고, 그것을 잃었을 때 어떤 처지가 되는지를 목격했으며, 자신의 불안한 지위를 유지하는 전제 조건은 황제가 존재하되 어리거나 무력해야 한다는 사실을 잘 알고 있었다. 자희태후의 불안감은 광서제를 권력으로부터 배제시켰고, 당시 그녀 주위의 관료들은 그 점을 용인했다.

의화단 사건

베이징이 변법과 정변으로 요동치고 있을 무렵, 산둥山東 지역의 백성들 사이에서 심상치 않은 움직임이 나타나고 있었다. 화북 지역은 톈진 교안(1870년)이 진압된 이후에도 반기독교 정서가 여전히 남아 있었다. 시모노세키 조약이 체결된 뒤로는, 열강들이 청나라의 이권을 침탈하는 정도가 더욱 심해졌고, 지역 사회에서 교회를 중심으로 하는 기독교 세력의 영향력이 다시 커졌다. 교회를 등에 업은 세력이 토지 분쟁에 간여하면서 신사 층이나 대도회大刀會 같은 비밀결사의 외세에 대한 반감도 증폭되었다. 반외세 감정은 선교사 살해나 교회 건설을 반대하는 집단 항의로 표면화되기도 했다. 사실 반외세 감정은 생활이 곤궁해진 백성들이 눈앞의 외세인 교회나 선교사를 불만의 배출구로 삼은 측면도 있었다. 그런 것이 관청이나 조정에 대한 반대보다 덜 위험한 행동이었기 때문이다. 이렇듯 반외세 감정이 높아지고 있을 때, 의화단은 무술 수련을 통해 적들의 총탄도 막아낼 수 있다고 선전하며 백성들의 마음속으로 파고들었다. 의화단은 단원이 늘어나자, '청나라를 받들어 양놈을 물리치자'는 부청멸양扶淸滅洋 구호가 적힌 깃발을 사용했고 서양과 기독교에 대한 반감을 드러냈다.

1898년 4월, 의화단은 관현冠縣에서 선교사들이 옥황상제를 받드는 사당을 허물고 성당을 건축하려 하자, 공개적으로 반대 운동을 전개했다. 이때부터 의화단 세력은 급속하게 확대되었고, 11월에는 독일계와 미국계 교회를 공격하는 사건까지 발생했다. 원래 의화단의 활동 초기에 청나라는 의화단을 단련으로 편입시켜서 관청의 통제아래 두려는 정책을 시행했다. 자희태후도 지방의 치안에 문제가 생겼을 경우에 단련을 활용해 해결하라고 지시했다. 하지만 의화단을 단련으로 편입하고 단련을 통해 치안을 강화하려는 시도는 효과적

의화단원들

이지 않았다. 의화단이 토비土匪들과 결탁하여 지역 사회를 불안하게 만들었기 때문이다. 그러자 자희태후는 의화단의 활동을 금지하고 조직을 와해시키는 방향으로 정책을 바꾸었다. 1899년 11월, 위안스카이가 산둥에 부임하여 의화단 진압을 대대적으로 실시했다. 하지만 의화단은 탄압을 피해서 산둥 지역을 떠나 톈진까지 진출했고, 그 기세는 꺾이지 않았다.

1899년 12월, 영국·프랑스 등 열강은 의화단이 갈수록 위세를 떨치고 자국민들을 공격하는 상황이 빈번해지자 청나라 조정에 의화단을 포함하여 대도회까지 강력하게 진압해달라고 요청했다. 하지만 자희태후는 열강의 요청에 부정적이었다. 자희태후는 의화단을 진압하려 했던 정책을 바꾸었고, 지방관들에게 신중하게 처리하라고 명령했다. 1900년 3월, 의화단은 활동 지역을 넓혀 베이징으로 나아갔고, 철도를 훼손하고 교회를 불사르기 시작했다. 5월이 되자, 영국·독일·일본·러시아·프랑스·미국·이탈리아·오스트리아 8개국은 자국민을 보호한다는 명분으로 군대를 보냈고, 톈진을 거쳐 베이징으로 진격했다.

자희태후는 친왕·군기대신·대신 들을 불러 네 차례에 걸쳐 어전회의를 열었고 대처 방안을 논의했다. 어전 회의에서는 의화단과 관군이 힘을 합해 열강의 군대를 막아내야 한다는 결정이 내려졌다. 자희태후는 열강이 광서제를 지지한다고 여겨 반감을 가졌고, 그 반감에 사로잡혀 청나라의 군사력과 상황이 지닌 심각성을 깨닫지 못했다. 조정의 관료들은 무술을 수련하여 총탄도 막을 수 있다는 의화단과 함께 열강에 대항하려는 자희태후의 비이성적인 결정을 막지 못했다.

중앙에서 열강과 전쟁을 벌이겠다는 결정이 내려졌을 때, 리훙장·장즈둥·류쿤이劉坤一 같은 주요 독무들은 사실상 중앙의 명령을 거부했다. 그들은 유교적 관점을 견지하며 과거 태평천국 때와 마찬가지로 질서를 어지럽히는 의화단을 토벌해야 하고, 청나라의 군사력으로는 열강을 당할 수 없다고 판단했다. 지방 독무들과 열강은 서로 충돌을 피하기로 합의하는 내용의 협약을 맺었는데, 이를 동남호보선언東南互保宣言이라고 불린다.

전쟁이 시작된 이후 열강의 우세 속에서 전투가 진행되었고, 청나라 군대와 의화단은 고전을 면치 못했다. 자희태후는 전쟁에 반대했던 세 대신을 사형에 처하라는 조서를 내려, 전선에서 싸우는 병사들을 독려하려 했다. 하지만 청나라 군대와 의화단은 자희태후가 바랐던 전투력을 보여줄 만한 힘을 지니지 못했고, 열강의 군대 앞에서 속수무책으로 무너져 전사자 수만 늘어갔다. 청나라 군대는 열강에 전쟁을 선포하고 베이징의 공사관을 공격한 지 8일 만에 사실상 항복을 선언하고 화의를 모색했다. 하지만 연합군은 공격을 멈추지 않았고, 베이징으로 밀려들었다. 그러자 자희태후는 베이징을 떠나 시안西安으로 달아났다.

연합군은 13개월 동안 베이징 쯔진청을 비롯한 관청과 왕공의 저택 등을 약탈했다. 독일군 사령관 알프레트 발더제Alfred von Waldersee는 연합군을 지휘할 때 민간인 공격을 방임했다. 연합군에 참가한 국가들은 한마음으로 약탈에 참여했는데, 정작 청나라와 협상하는 과정에서는 의견이 통일되지 않았다. 각국의 이해관계에 따라 돈이 필요한 나라는 배상금을 더 많이 얻어내려 했고, 무역을 통해 장기적 이익을 얻으려는 나라는 액수보다 지불 기한을 늘리려 했다. 결국 열강은 8개월간의 논의 끝에 배상금의 액수와 지불 방식에 합의했고, 1901년 7월 25일에 신축조약辛丑條約을 체결했다. 조약의 내용은 크게 다섯 가지였다. 첫째, 배상금 4억 5000만 냥을 39년 동안 분할 상환할 것. 둘째, 베이징 공사관에 외국군 주둔을 허용할 것. 셋째, 외세배척운동을 철저히 단속할 것. 넷째, 총리아문을 외무부로 변경할 것. 다섯째, 각국과 새로운 통상 조약을 체결할 것.

시안에서 1년 가까이 피란 생활을 하던 자희태후는 조약이 체결되자 의화단 사건의 희생양을 찾기 시작했다. 8월 2일, 의화단을 비호하고 열강과의 전쟁에 동조한 장친왕莊親王·이친왕·단군왕을 비롯한 왕공 대신 및 관리 70여 명이 처벌을 받았다. 자희태후는 11월에 환궁했는데, 환궁하는 길에 격정적인 어조로 황태자를 폐위하는 조서를 내렸다. 이 조서에서 자희태후는 의화단 사건 이후 열강과 전쟁을 벌이고 멀리 피란을 떠나는 혼란을 낳게 한 원흉으로 단군왕을 지목했고, 황태자에 책봉된 그의 아들을 폐출廢黜했다.

의화단 사건에서 8개국 연합군은 베이징을 파괴했고, 신축조약은 왕조의 재정에 치명적 부담을 가중시켰다. 청나라의 문화유산이 파괴되고, 중앙 조정이 재정적 부담을 안게 된 가장 큰 이유는 비이성적인 정책 결정 탓이었다. 자희태후는 자신보다 광서제를 지지하는 열강에 적대감을 가졌고, 의화단원들을 이용하여 열강에 대적하려 했다. 의화단원들은 반제국주의와 민족주의로 정신무장을 했지만 광적인 성향도 지니고 있었음을 부인하기 어려웠다. 하지만 군기대신을 비롯한 중앙의 관료들과 황족들 가운데 태후의 비이성적인 결정을 철회시키고 이성적인 해결 방안을 모색해야 한다는 목소리를 내는 사람들은 극소수였다. 결국 열강에 전쟁을 선포하는 비이성적인 결정이 내려졌고 이는 파괴적인 결과를 초래했다. 하지만 최종적인 정책 결정권자였던 자희태후는 왕공 대신과 관리 들을 처벌함으로써 의화단 사건이 불러일으킨 파괴적인 결과에 어떠한 책임도 지지 않았다.

신정

의화단 사건은 베이징과 톈진을 중심으로 하는 지역에 파괴적인 결과를 야기했고, 이미 시모노세키 조약으로 재정적 부담이 커진 상황에서 신축조약은 그 부담을 한층 더 가중시켰다. 청나라 조정은 어떻게든 난국을 타개해야만 했고, 그 방식은 신정新政을 추진하는 것이었다. 신정의 밑그림은 피란지였던 시안에서 그려졌다.

1901년 1월, 자희태후는 광서제와 함께 중앙과 지방의 모든 관료에게 청나라를 위한 개혁안을 상주하도록 명령했다. 4월에는 입헌군주제를 기본으로 하여 관제, 군대, 산업, 교육, 재정 등 다방면에 걸친 개혁을 예고했다. 그리고 자희태후는 시안에서 환궁한 이후부터 신정을 구체화했다.

관제의 개혁은 서양 열강의 요구에 따라 시작되었다. 1861년부터 오랫동안 청나라의 외교 업무를 관할했던 총리아문은 외무부로 명칭을 바꾸었다. 외무부는 육부보다 지위가 높았다. 육부에는 업무를 총괄하고 지휘하는 상서와 좌우시랑이 있었는데, 외무부에는 총리대신과 회판대신 등을 추가로 배치했다. 원래 총리아문의 관직은 군기대신들이 맡았다는 점을 고려한다면, 육부보다 높은 지위와 다른 조직체계를 가지고 있었던 것이 당연했다. 외무부에는 새로 설치된 부서도 있었다. 1903년에 설치된 상부商部(농공상부農工商部), 1905년에 설치된 순경부巡警部(민정부民政部)와 학부學部는 각각 상공업 진흥, 치안 안정, 교육 개혁 등을 추진하기 위한 부서였다. 관제 개편을 단행하면서 돈을 지불하고 관직을 사는 연납제捐納制도 사실상 폐지되었다. 연납이 존재하기는 했지만, 연납을 통해서는 명예 관직만 얻을 수 있었을 뿐이고 실제 관직을 얻을 수는 없었다.

군대 개혁은 청나라에서 가장 민감한 문제가 될 수도 있었다. 건국 초부터 만주인들에게 팔기는 자긍심의 원천이었고, 오랫동안 특권이 보장된 군대 조직이었다. 건륭 시대 후반부터 팔기는 특권만 누릴 뿐 정상적인 군사 작전을 수행할 수 없는 비대한 조직이 되어 있었다. 백련교도와 태평천국이 일으킨 봉기에서 보여준 팔기의 무능은 청나라가 살아남기 위해서는 팔기를 중심으로 하는 군대를 시급히 개혁해야 함을 분명히 보여주었다. 하지만 팔기의 개혁은 청나라의 근간을 흔드는 일처럼 비쳐졌기에 계속해서 미뤄졌다. 청일전쟁에서 패배한 이후에야 군대 정비를 진행하여 위안스카이를 중심으로 근대적 군대를 건설하기 시작했다. 이때 청나라 조정은 각 성마다 신군을 설치하려는 계획을 세웠다.

신군 건설은 의화단 사건으로 차질이 생겼는데, 신정을 통해 다시 정비되었다. 이때 위안스카이의 북양군北洋軍과 장즈둥의 자강군自强軍은 신군의 모델이 되었다. 청나라 조정은 무과를 폐지하고, 각 성에 북양군과 자강군를 모방하여 무비학당武備學堂을 설립하고 군인들을 양성했다. 또한 근대적 군사 지식을 갖춘 지휘관을 양성하기 위해 일본 등으로 군사 유학을 보냈다. 당시 강한 군대를 건설하는 것은 무엇보다 시급한 문제였다. 위안스카이는 문관을 중시하는 사회적 편견에 맞서서 군대에 우수한 인재들을 끌어모으기 위해 노력했고, 북양군은 위안스카이가 정치적 영향력을 키우는 데 자산이 되었다.

산업의 개혁은 유교의 전통적인 가치를 무너뜨리는 일이었다. 왜냐하면 국가가 나서서 농업이 아닌 상업이나 공업을 장려하기 위해 상부를 설치하고 상법·회사법 등을 제정하는 것은 농업을 중시하는 유교의 가치에 어긋나는 일이었기 때문이다. 하지만 열강이 청나라의 각종 산업을 잠식하는 상황에서 유교의 가치만을 계속 내세울 수는 없었다. 그리하여 상부를 중심으로 상공업을 장려하는 정책을 시행했고, 제조업과 광산에 대한 일반인의 투자를 늘렸다. 1902년부터 1911년까지 개설된 공장과 광산은 330여 개였는데, 이는 그 이전 20여 년 동안 개설된 개수의 두 배가량 되는 수치였다. 1905년에는 새로운 화폐를 사용하고 일반인의 투자를 돕기 위하여 호부은행戶部銀行이 설립되었다. 호부은행은 1908년에 대청은행大淸銀行으로 바뀌어 국책 은행의 역할을 맡았다.

교육 개혁은 과거제의 변화와 떼려야 뗄 수 없는 관계를 갖고 있었다. 당나라 이후 유가 경전을 공부하는 사람들의 최종 목표는 자신이 책에서 배운 내용을 현실에서 실천하는 것이었다. 그리고 실천을 위해서는 관료 사회에서 자신의 자리를 갖고 있어야만 했으며, 그 자리를 갖는 유일한 방법은 과거 시험의 최종 단계에 합격하는 것이었다. 하지만 서양과의 교류가 빈번해지면서 유가 경전에서 배운 지식만으로는 현실의 문제를 처리하는 데 어려움이 생겼다. 그래서 청나라 조정은 과거 시험에 유가 경전 이외에도 경제나 정치 과목을 포함하는 방식을 시도해보기도 했다. 하지만 과거 시험 자체의 효용성에 대한 의문이 사라지지 않았다. 결국 1901년에 청나라 조정은 과거제 대신에 주州·현縣의 소학당小學堂, 부府의 중학당中學堂, 성省의 대학당大學堂이라는 체계를 갖추었고, 각 학당의 졸업자들에게 생원生員·거인·진사進士의 자격을 수여하는 방식의 학교 제도를 통해 나라에 필요한 인재를 충원하는 정책을 시행하기로 결정했다. 하지만 과거제와 학당을 결합하는 방식으로 교육을 변화시켜보려 했던 시도는 성공하지 못했다. 그 결과 1905년에 과거제가 폐지되었고 학부學部가 설치되어 교육 업무를 총괄하기 시작했다.

사회 전반에 걸친 개혁을 추진하는 과정에서 청나라 조정이 직면한 가장 큰 난관은 바로 재정 문제였다. 어느 분야 한 곳도 돈이 필요하지 않은 곳은 없었다. 새로운 부서의 설치, 새로운 군대의 양성, 새로운 학교의 설립 등은 재정 지원이 없다면 진행되기 어려웠다. 그런데 청일전쟁과 의화단 사건을 거치면서 해관의 수입은 배상금과 분할 상환에 따른 이자로 담보가 잡혀 있었기 때문에 남은 것이 별로 없었다. 그 결과, 태평천국을 진압할 때 징수했던 일종의 통행세인 이금釐金을 이용하거나 열강으로부터 차관을 도입하기도 했다. 하지만 그것은 임시방편이었을 뿐, 안정적으로 개혁에 필요한 재원을 확보하는 방법은 지방의 성들로부터 부가세를 징수하는 것이었다. 그러나 지방의 성들도 사정이 어렵기는 마찬가지였기 때문에 개혁에 필요한 자금이 제대로 조달되기가 어려웠다. 신정 실시 이전에 8000만 냥 정도였던 청나라의 예산은 1억 냥을 훨씬 넘어서게 되었고, 수입의 증가 없는 예산 확대는 적자 폭을 매년 증가시켰다.

신정을 추진하는 과정에서 부딪힌 재정 문제는 중앙을 신뢰하지 못하는 지방과도 관련이 있었다. 청나라 조정의 권위가 살아 있을 때, 지방의 각 성은 중앙의 재정 분담 요구에 대해 일정한 선까지만 수용하고 노력하는 시늉을 냈다. 각 성에서 중앙의 요구를 모두 수용하지 않더라도 중앙에서 지방의 사정을 이해하고 묵인했기 때문이다. 그런데 이제 청나라 조정은 막대한 의화단 배상금도 지불해야 하고, 신정도 실시해야 하는 상황에 직면하면서 강경한 태도를 취하기 시작하여 지방에 엄격하게 재정 분담을 요구했다. 지방에서는 총독과 순무가 부담을 경감해 달라고 요청했다. 하지만 청조는 재정 수요가 많은 상황에서 지방의 요구를 들어줄 수 없었다. 결국 중앙과 지방의 현격한 입장 차이는 둘 사이의 대립을 심화시키기에 이르렀다. 이렇듯 청나라는 청일전쟁 이후에 닥친 위기를 벗어나기 위해 신정을 실시했지만, 중앙이 권위를 상실한 상황에서 오히려 위기를 더 가속화하고 말았다.

2장
혁명의 여정

자희태후를 중심으로 한 청나라 조정은 열강에 대한 반감 때문에 의화단의 과격한 행위를 묵인했고, 상황을 오판했으며, 왕조의 위기를 자초했다. 신축조약 이후에는 신정을 통해 왕조의 위기를 극복하려 했다. 하지만 신정은 지방의 중앙에 대한 신뢰와 지지보다는 불신과 이반을 더욱 부추겼다. 지방의 총독과 순무는 중앙의 무리한 요구에 불만을 가졌고, 향신들은 중앙 조정의 힘이 약해진 틈을 타 정치적 목소리를 높이기 시작했다. 그들은 청나라 자체를 부정하지 않았고 다소 점진적인 변화를 추구했다. 한편 이미 청일전쟁 패배 이후부터 청나라에 대한 기대를 버리고 새로운 혁명을 시도했던 세력들은 더 적극적으로 활동하기 시작했다.

입헌운동

청나라의 정규군은 백련교도의 봉기와 태평천국운동을 진압하는
데 제 역할을 하지 못했고, 지역 사회의 향신들이 조직한 단련이 진
압을 주도했다. 특히 태평천국을 진압하는 과정에서 쩡궈판·쭤쭝탕·
류쿤이·리훙장 등 지방 관료들은 지역 사회에서 군사권을 장악하
게 되었다. 하지만 그들에게 청나라는 여전히 자신들이 지키고 받들
어야 하는 권위의 대상이었다. 하지만 한 세대가 지난 뒤에는 상황이
바뀌었다. 청일전쟁, 의화단 사건을 거치면서 청나라는 막대한 배상
금을 떠안았고, 그 부담은 지방에 전가되었다. 지방 관료들은 이미 의
화단 사건에서 열강을 공격하라는 조정의 명령을 거부했다. 그때부터
지방 관료들이 중앙을 향해 자신들의 목소리를 내기 시작했고, 조정
이 위기를 타개하기 위해 신정을 실시하면서 재정 분담을 더 강력하
게 요구하자, 그들의 불만 섞인 목소리는 한층 커졌다.

지방 관료들의 불만이 본격적으로 정치색을 띠기 시작한 것은 러
일전쟁에서 일본이 승리한 이후부터다. 그들은 러일전쟁을 전제주의
국가와 입헌군주 국가 사이의 전쟁에서 입헌군주국이 승리한 사건으
로 여겼고, 청나라도 국체를 변경해야만 강대국이 될 수 있다고 믿게
되었다. 청나라의 왕조 체제를 입헌군주제로 바꿔야 한다는 주장은
이미 무술변법 시기에 제기되었다. 변법이 실패한 뒤에는 일본에서

캉유웨이와 량치차오가 광서제를 지키자는 보황운동保皇運動을 전개했고, 《청의보清議報》와 《신민총보新民叢報》를 발행하여 혁명을 반대하고 입헌군주제를 지지했다. 러일전쟁 후 장즈둥과 위안스카이 같은 지방 관료들은 조정에 적극적으로 입헌이 필요하다는 상주문을 올리기 시작했고, 그것이 여론을 주도하면서 운동의 성격을 띠었다.

청나라 조정은 날로 확산되는 입헌운동의 기세가 심상치 않다고 판단했다. 그래서 황제와 황실의 지위를 헌법으로 보장받으려는 속셈에서 입헌을 추진하기로 결정했다. 1905년 12월, 조정은 입헌을 추진한다는 의지를 보여주기 위해 헌정시찰단을 영국·프랑스·독일·러시아·일본 등으로 파견했다. 헌정시찰단은 여러 나라의 제도 운용 사례를 살핀 뒤에 일본처럼 의회가 구성되었는데도 군주의 권한이 보장되는 형식으로 입헌을 추진하자는 의견을 제시했다. 1906년 9월, 청나라 조정은 입헌을 실시하겠다고 약속했다. 이를 준비하는 예비 입헌은 중앙 부서를 외무부, 이부, 탁지부, 예부, 육군부, 법부, 우전부, 이번부, 민정부, 학부, 농공상부 등 열한 개 부로 개편하는 것부터 시작되었다. 각 부의 상서는 한 명만 임명했는데, 열한 명 중 여섯 명이 만주인이었다.

그 무렵, 입헌이 신속히 추진되기를 바라는 인사들은 단체를 만들었다. 1906년 12월, 장젠張謇 등은 예비 입헌 공회를 설립했고, 이듬해부터 《예비입헌공회보》를 발행하여 조정에 입헌을 압박하기 시작했다. 헌정주비회, 헌정공회, 자치회 같은 단체도 등장하여 조정에 입헌을 촉구하는 목소리들이 커졌다. 이 단체들에 가입한 회원들은 관료, 향신, 지주 사업가 등 사회적 명망이 있는 사람들이었다. 일본에 있던 량치차오도 유학생들을 모아 정문사政聞社를 조직했다. 정문사는《정론잡지政論雜誌》를 발행했고, 입헌의 기본 방향으로 네 가지를 제시했다. 첫째, 의회를 갖춘 책임 정부. 둘째, 사법권의 독립. 셋째, 지방 자치의 확립. 넷째, 신중한 외교 정책과 평등한 국제 지위 확보. 1908년, 정문사의 유학생들은 활동의 중심을 일본에서 상하이로 옮겼다. 그 뒤 상하이의 예비입헌공회와 함께 입헌운동을 전개했다.

1908년 6월, 장젠은 예비입헌공회의 명의로 헌정주비회, 헌정공회, 자치회 등의 단체에 서신을 보냈다. 그는 단체의 대표자들과 함께 베이징에서 청나라 조정에 의회를 개원해달라고 청원했다. 량치차오도 정문사의 명의로 3년 안에 국회를 개원해달라고 청원했다. 8월이 되자, 각 성에서 입헌을 촉구하는 대표단이 베이징으로 모여들기 시작했다. 입헌운동의 열기가 고조되자, 청나라 조정은 사람들을 선동한다는 이유로 량치차오에게 체포령을 내렸고, 대표들에게 각자의 지역으로 내려갈 것을 지시했다. 하지만 입헌 요구를 거부할 수는 없었다. 결국 1908년 9월에 흠정헌법대강欽定憲法大綱을 공포했고, 9년의 준비기간을 거친 후 의회를 개원하여 헌정을 실시하겠다고 약속했다.

그런데 흠정헌법대강의 내용을 살펴보면, 의회에 황제를 견제할 수 있는 권한을 주는 것보다 황제의 권한을 명확하게 규정하는 데 더 초점이 맞춰져 있었다. 23개 조항 가운데 14개가 황제의 권한을 보장하는 내용이었다. 황제는 입법, 사법, 행정에 대한 신성불가침의 권한을 갖고 그 권한은 영원히 유지할 수 있었다. 또한 의회가 만든 법률은 황제가 비준해야만 효력을 가질 수 있다고 규정했다. 청나라 조정은 입헌을 실시하는 것보다 만주인의 나라를 지속시키는 데 더 관심이 많았다. 준비 기간을 9년으로 한 것도 입헌에 대한 요구를 무마시키면서 시간을 벌려는 의도를 담고 있었다.

자희태후가 이끌던 조정은 입헌에 대한 목소리를 잘 마무리하고 정국의 주도권을 되찾은 듯이 보였다. 당시 73세였던 자희태후는 9년 뒤에 헌법으로 보장받는 황제의 권력과 그 권력을 여전히 좌지우지하고 있을 자신의 모습을 그렸을 것이다. 하지만 그녀는 입헌을 약속한 지 3개월도 되기 전에 세상을 떠났는데, 그 전날 세상을 떠난 광서제 대신 순친왕 짜이펑載灃의 아들 푸이溥儀를 새로운 황제로 앉혔다. 순친왕은 어린 황제를 대신하여 섭정을 시작하면서 가장 강력한 군대였던 북양군을 지휘하고 있던 북양대신 위안스카이를 압박하여 관직을 그만두고 고향으로 내려가게 했다. 하지만 순친왕이 할 수 있는 일은 거기까지였다. 자희태후라는 강력한 권위를 지닌 존재가 사라지자, 지방에서는 입헌운동을 전개했던 단체뿐만 아니라 총독과 순무까지 나서서 가능한 빨리 의회를 개설해달라고 목소리를 높이기 시작했다.

1909년 3월, 짜이펑은 거세지는 지방의 압박 속에서 연말까지 지방 의회에 해당하는 자의국諮議局을 개설하도록 지시했다. 그런데 그

—
낚시 중인 위안스카이

는 지방을 통제하는 수단으로 자의국을 이용하려 했다. 자의국 의원은 각 성의 인구 수가 아니라 각 성에서 배출한 진사 출신자 수에 비례하여 배정되었고, 중앙에서 임명된 총독과 순무의 엄격한 통제 아래 있었다. 따라서 자의국은 지방의 민의를 대변하는 의회가 아니라 어용 자문 기구의 성격을 띠고 있었다. 1910년 3월에는 중앙 의회에 해당하는 자정원資政院이 개설되었다. 자정원의 의원은 황제가 추천한 100명, 자의국에서 복수 추천을 받은 사람들 중에서 총독이 지명한 100명, 이렇게 해서 모두 200명으로 구성되었고, 황족과 전직 관료들로 채워졌다. 그 결과, 자의국과 자정원은 여러 계층의 여론을 대변하고 조정을 견제하는 의회로서 기능할 수 없었다.

혁명운동

청나라가 신정을 추진하면서 전국의 학당에서 교육받은 학생들이 늘어났다. 신정에서 교육 개혁의 목표는 새로운 형식의 교육을 통해 청나라에 도움이 되는 인재를 양성하는 것이었다. 하지만 학당에서는 유교 경전뿐만 아니라 정치나 경제 관련 과목들도 가르쳤고, 이런 교육을 통해 청나라에 비판적인 생각을 품게 된 학생들도 나타났다. 일본 유학생들도 국외에서 모국을 객관적으로 바라보게 되면서 청나라가 가진 문제들에 눈을 뜨게 되었다.

1903년에 일어난 《소보》 사건은 청나라에 대한 비판을 넘어서 새로운 국가의 건설을 갈구하는 혁명의 흐름을 만들어내는 데 결정적 역할을 했다. 유학생이었던 쩌우룽鄒容은 청나라를 반대하는 혁명운동을 벌이다가 일본 정부에 의해 강제로 추방되었다. 청나라로 귀국한 쩌우룽은 상하이에서 《혁명군》이라는 책을 저술하여 전제군주를 몰아내고 중화공화국을 세워야 한다고 주장했다. 그의 책은 선풍적인 인기를 끌었고, 베스트셀러가 되었다. 당시 장빙린章炳麟은 《소보》의 중요한 집필진이었는데, 《소보》에 쩌우룽의 《혁명군》을 소개했다. 그러자 청나라 조정은 《소보》를 폐간시켰고, 장빙린과 쩌우룽을 체포했다. 장빙린과 쩌우룽은 각각 재판에서 3년형과 2년형을 선고받았다. 쩌우룽은 1905년에 옥사했고, 장빙린은 만기 출소하여 일본으로 건너갔다.

쩌우룽의 《혁명군》은 《소보》 사건 이후에 나라의 미래를 걱정하는 사람들 사이에서 더 많이 읽혔고 혁명 사상을 고취하는 역할을 했다. 이 무렵 혁명 단체들도 활발하게 활동하기 시작했다. 주요한 혁명 단체로 흥중회興中會, 화흥회華興會, 광복회光復會 등이 있었다. 흥중회는 가장 먼저 조직된 단체였다. 쑨원孫文은 1894년에 하와이에서 흥중회를 조직했고, 이듬해 홍콩을 거점으로 해외에도 지부를 설립했으며, 1900년에는 후이저우惠州에서 봉기를 일으켰다. 봉기가 실패하자, 쑨원은 체포를 피해 일본, 미국, 유럽 등지에서 유학생과 화교들에게 혁명에 동참해달라고 호소했다. 그리고 1905년에는 미국과 유럽의 활동을 정리하고 일본으로 가서 혁명의 열기가 확산되도록 노력했다.

화흥회는 1903년에 황싱黃興의 주도로 쑹자오런宋敎仁 등에 의해 조직되었다. 황싱은 국비 유학생으로 일본에 유학을 갔다가 혁명 사상을 받아들였고, 후난성 창사의 고향으로 돌아가서 교사 생활을 하며 동지를 끌어모았다. 화흥회는 혁명 단체에 대한 관청의 감시를 피하기 위해 형식적으로 화흥공사華興公司라는 회사를 만들고 주식을 발행했으며, 주식 증권을 화흥회의 회원증으로 사용했다.

광복회는 1904년에 차이위안페이의 주도로 조직되었고, 《소보》 사건으로 수감 중이던 장빙린도 참여했다. 광복회는 만주인들로부터 한인의 광복을 쟁취하려는 단체를 의미했다. 회원들은 주로 장쑤성,

저장성 출신들이었고, 청나라의 요인들을 제거하려는 암살단을 조직하거나 비밀 결사 조직인 회당會黨에 가담한 경력을 지닌 인물들도 있었다.

흥중회, 화흥회, 광복회 등은 독자적인 조직망을 가졌고, 각각 광둥, 후난, 저장 등을 주요 활동 무대로 삼았다. 지역색은 동향 출신의 회원들 사이에서 유대감과 결속력을 높이는 데 도움을 주었다. 하지만 혁명 단체들이 분산되어 지하에서 활동했기 때문에 세력을 확대하는 데 한계에 부딪혔고, 힘 있는 통합 단체의 필요성이 높아지고 있었다. 쑨원은 미국과 유럽 활동을 접고 일본으로 돌아와서 화흥회와 광복회의 주요 인물들과 접촉했고, 혁명 단체들의 통합에 힘을 기울였다. 1905년 8월, 세 단체는 서로 통합하여 중국동맹회를 출범시켰다. 중국동맹회는 민족, 민권, 민생 삼민주의를 완성하는 것을 혁명의 목표로 삼았고,《민보民報》를 기관지로 발행했다. 삼민주의는 민족의 독립을 추구하는 민족주의, 왕조를 타파하고 백성들의 주권을 확립하려는 민권주의, 균등한 토지권과 자본 독점의 제한을 통해 안정된 생업을 보장하려는 민생주의를 내용으로 했다.

한편 중국동맹회가 출범하기 전에 량치차오는 이미《청의보淸議報》(나중에《신민총보》로 이름이 바뀌었다)를 통해 입헌군주제를 선전하고 있었다. 량치차오는 청나라가 강해지기 위해서는 군주가 아니라 국가를 중시해야 하고, 독재와 폭정을 막아낼 수 있는 제도가 필요한데, 민주공화정을 실현할 정도로 백성들의 수준이 높지 않기 때문에 입헌군주제가 현실성이 있다고 생각했다. 그는 과격한 혁명보다는 점진적 변화를 추구했고, 그의 글은 청년들로부터 크게 지지를 받았다. 그러나 혁명파는 량치차오의 주장을 반박했다. 혁명파는 청나라의 문제는 자희태후를 비롯한 한두 사람의 잘못으로 생긴 것이 아니라 제도적 문제이고, 백성들은 민주공화정을 실현할 능력을 갖추고 있다고 보았다. 혁명파와 입헌파 사이의 논쟁은 《신민총보》와 《민보》를 중심으로 전개되었다.

동맹회는 사상 논쟁과 함께 청나라를 무너뜨리고 민주공화정을 실현하기 위한 혁명 봉기도 병행했다. 봉기는 무력을 동원하고 자금을 필요로 하는 일이었다. 동맹회는 비밀 결사 조직인 회당과 연계하여 무력과 자금을 확보했고, 군대에서 회원들을 포섭함으로써 봉기에 도움을 받았다. 1905년부터 1910년까지 동맹회는 청나라 중남부 지역에서 황화강黃花崗 봉기(1910년)를 비롯하여 여섯 차례에 걸쳐 크고 작은 봉기를 일으켰지만 모두 실패했다. 혁명 단체가 통합되어 동맹회가 결성되었지만 여전히 효율적인 지휘 체계를 갖추지 못했고, 회당은 혁명에 대한 절박함이 없었으며, 자금도 부족했기 때문이다.

청나라 조정은 동맹회가 주도하던 봉기들을 모두 힘으로 진압할 수 있었다. 하지만 힘으로 눌러서 해결될 수 없는 일도 있었는데 철도의 부설을 둘러싼 조정과 지역 향신 사이의 갈등이었다. 청일전쟁 이후 청나라는 철도 부설권과 광산 채굴권을 열강에게 넘겨주었다. 그런데 열강들은 철도 부설권을 서로 거래하여 이득을 챙겼을 뿐, 실

중국동맹회 회원

《민보》

제로 철도를 놓는 공사를 거의 진행하지 않았다. 지역 향신들은 나라의 발전을 위해 철도와 광산을 스스로 개발하겠다는 계획을 세웠고, 각 지역에서 회사를 세우고 주식을 발행하여 자금을 모아 이권을 회수하는 운동을 벌였다. 특히 철도 부설권 회수 운동은 보로운동保路運動으로 불렸는데, 전국적으로 진행된 데다 경제적 이익을 확보할 수 있는 잠재력이 있었기에 많은 사람들이 참여했다.

보로운동의 목적은 청나라를 부강하게 만드는 것으로, 원래 입헌을 주장하는 향신들이 참여했다. 그런데 섣부른 철도 국유화 정책이 입헌파를 청나라로부터 등을 돌리게 만들었다. 1911년 5월, 청나라 조정은 지역 향신들이 중심이 되어 설립한 민간 회사가 부실하여 철도 건설이 늦어진다고 판단했고, 이금과 염세鹽稅를 담보로 차관을 도입하여 철도를 부설하겠다는 철도 국유화의 상유를 내렸다. 보로운동을 이끌고 있던 향신들은 조정이 주권을 외국에 팔아넘기고 있다며 강력하게 항의했다. 항의 집회에는 향신을 비롯하여 상인들과 학생들도 참여했다. 지방의 순무들은 사태가 심각하다고 여겨 조정에 국유화를 철회해달라고 요청했지만 받아들여지지 않았다. 오히려 군대를 동원하여 집회를 진압하는 강경한 태도를 취했다. 청나라 조정의 이러한 강경책은 여론을 더욱 악화시켰다.

철도 국유화 정책으로 가장 크게 손해를 본 쓰촨성에서는 격렬한 반대 시위가 일어났다. 조정은 쓰촨성에 군대를 보내 집회를 강력하게 진압했다 시위대에 발포했으며 계엄령까지 내렸다. 쓰촨성으로 군대가 집결하면서 남쪽의 성들은 상대적으로 중앙의 통제가 느슨해지는 공권력의 공백 상태가 나타났다.

신해혁명

입헌운동은 지방의 독무와 향신이 청나라를 그대로 두고 의회를 개설함으로써 정치적 지분을 확보하려던 움직임이었고, 혁명운동은 청나라를 무너뜨리고 민주공화정을 건설하려던 시도였다. 이 두 운동에 참여한 사람들이 한마음으로 청나라를 부정하는 원인을 제공한 세력은 자희태후 사후에 조정을 이끌고 있던 순친왕 중심의 만주 황족들이었다. 그들은 민주적 절차를 따를 의회를 구성하는 일보다 황실의 이익을 유지하는 데 더 관심이 많았고, 자희태후보다 정국을 장악할 힘이 부족하면서도 강압적인 방법으로 위안스카이를 낙향하게 만들었으며, 보로운동이 지닌 파괴력을 제대로 분석하지 못하여 군대를 동원하여 무리한 진압을 시도했다. 그런데 보로운동이 격렬했던 쓰촨성으로 군대의 병력이 집중되어 남쪽에 대한 통제가 느슨해지자 남쪽의 혁명파들이 움직였다.

1911년 10월 10일, 혁명파는 우창에서 봉기를 일으켰다. 그날 오전에 호광총독湖廣總督 루이청瑞澂은 반란을 일으킨 10여 명의 혁명당원을 체포했지만, 밤 여덟 시경 혁명파들이 총독아문總督衙門으로 들이닥치자 성을 버리고 달아났다. 혁명파는 리위안훙黎元洪을 호북군 정부의 도독으로 추대했고, 곧이어 열일곱 군데 성들이 차례로 독립을 선언하면서 혁명의 열기는 중남부 지역을 휩쓸었다. 순친왕은 중앙과 동북의 군대를 움직여야만 사태를 진정시킬 수 있었다. 문제는, 위안스카이 대신에 군사권을 쥔 순친왕의 동생들이 군대를 실질적으로 장악하지 못한 데다, 동북 지역 군대를 위안스카이의 심복인 쉬스창徐世昌이 통제하고 있다는 사실이었다. 이러한 상황에서 순친왕이 선택할 수 있는 방법은 하나밖에 없었다. 그것은 위안스카이를 복귀시키는 것이었다.

위안스카이는 순친왕으로부터 흠차대신으로서 육해군을 비롯한 모든 군대의 통제권을 보장받은 뒤에야 복귀했다. 원래 순친왕은 어쩔 수 없이 위안스카이에게 군사권을 넘겨주었지만 나름의 계책을 갖고 있었다. 위안스카이가 반란을 진압하는 데 실패하면 그 책임을 묻고, 성공하면 또 다른 이유를 찾아서 다시 군사권을 빼앗을 생각이었다. 하지만 그런 기회는 오지 않았다.

11월 1일, 내각이 총사퇴하고 위안스카이가 내각 총리대신에 임명되었다. 위안스카이는 열흘 뒤에 자신이 주도하는 새로운 내각을 구성했다. 당시 위안스카이 내각은 대신 열 명으로 구성되었는데, 그중에 이번원의 대신만이 만주인이었다. 이제 만주인은 상징적인 존재로서 황제만을 남겨두고 실질적인 권력을 모두 내놓은 것이나 마찬가지였다. 순친왕이 자신의 동생들을 통해 장악하려 했던 군사권은 위안스카이에게 다시 넘어갔고, 관료 기구에는 만주인이 사실상 배제된 것이나 다름없는 상태가 되었다.

우창 봉기 후 한 달 만에 청나라 중앙에서 황제를 제외한 만주인들이 배제되는 상황은 혁명의 전개에도 영향을 미치지 않을 수 없었다. 남부 성들이 독립을 선언하고 군정부를 수립하는 과정에서 혁명파는 세력이 약했기 때문에 입헌파를 비롯한 지역 유지들(청나라 관료·신사층·군인)과 협력하지 않을 수 없었다. 다양한 세력이 혁명에 가담하고 특정 세력이 전체적인 주도권을 좌우할 수 없는 상태가 되면서 여러 세력들 사이에 '정치적 거래', 즉 타협의 가능성이 열렸다. 혁명파의 입장에서 보면 자신들이 불을 댕긴 혁명이 공화제로 돌아선 입헌파에게 넘어갈 것을 우려해야만 했다. 한편 입헌파는 청나라가 황족 내각을 구성한 뒤로는 청나라에 큰 기대를 걸지 않았다. 그런데 사실상 만주인이 배제되고 장젠張謇·량치차오·양두楊度 등 입헌파가 포함된 내각이 등장하자, 입헌파는 원래 주장했던 방식으로 정치제도가 재편될 수 있다는 희망을 갖게 되었다. 결국 한인이 주도하는 새로운 내각의 등장은 혁명파나 입헌파 모두에게 적절한 타협의 가능성을 열어준 셈이다.

11월 27일, 청군의 한양 탈환은 청나라 조정과 혁명군 사이의 협상을 진전시키는 데 결정적 계기가 되었다. 총리대신이 된 뒤에 물밑 협상을 시도한 것을 보면, 위안스카이가 처음부터 남부의 '반란'을 진압할 생각이었다고 보기는 어렵다. 오히려 그의 행동은 3년여 만에 복귀한 자신의 정치적 지위를 최대한 안전하게 유지하려는 생각으로 가득했음을 보여주었다. 따라서 한양 탈환은 위안스카이에게 혁명군을 몰아붙일 수 있는 전기가 아니라, 협상을 위한 실마리가 마련된 계기를 의미했다. 위안스카이가 혁명군과 협상을 원만하게 진행시키기 위한 전제 조건은 청나라 조정 내부에 그의 결정을 반박할 인물이 존재하지 않아야 한다는 것이었다. 11월 18일에 위안스카이는 황제의 명의로 내려지는 유지를 최종적으로 검토하는 권한을 갖게 되었지만, 순친왕의 존재는 여전히 위안스카이의 '독점적' 권력의 행사를 가로막는 요소였다. 이 문제는 청나라와 혁명군이 정식으로 협상을 시작하기 전에 해결되었다.

12월 6일, 순친왕은 섭정에서 물러났고, 위안스카이는 명실상부한 청나라의 최고 권력자가 되었다. 또한 위안스카이 내각에는 번부 문제 이외에 만주인의 목소리를 낼 수 있는 사람이 존재하지 않았다. 이것은 만주인이 위안스카이의 배려를 받는 입장에 놓이게 되었고, 만주인의 목소리가 배제된 협상이 시작될 것임을 의미했다. 12월 18일, 남쪽 혁명군과 위안스카이 쪽에서 각각 우팅팡伍廷芳과 탕사오이唐紹儀를 협상 대표로 하여 정식으로 남북 화의를 시작했다.

혁명군이 군사적으로 열세인 상황에서 진행된 화의의 주도권은 위안스카이가 쥐고 있었다. 그는 혁명군과 청나라 조정 사이에서 자신의 이익을 극대화하는 전략을 구사했다. 혁명군에게는 자신이 지닌 군사적 우위를 과시했고, 조정에는 황실이 목숨을 구하고자 한다면 공화정을 수용하는 것 이외에 다른 방법이 없다고 압박했다. 12월 31일, 위안스카이와 혁명군은 청나라 황실의 퇴위, 전투 중지, 민주공화정 실시 등에 합의하면서 화의를 마무리했다. 그리하여 1912년 1월 1일, 열일곱 군데 성 대표자들은 투표를 통해 쑨원을 중화민국 임시 대총통으로 선출했다. 쑨원은 취임한 뒤에 위안스카이에게 전보를 보냈다. 그는 자신이 '임시' 정부의 '임시' 대총통일 뿐이고, 위안스카이가 대총통이 되어 세상을 바꾸는 것이 순리라고 자세를 낮추었다.

쑨원은 민주공화정을 지켜내기 위해 군대와 재정이 취약한 혁명파의 현실을 받아들였고, 위안스카이에게 임시 대총통의 자리를 넘겨주었다. 그는 위안스카이에게 중화민국의 수도를 난징으로 하고, 임시 참의원에서 만든 임시 약법을 준수해달라고 요청했다. 임시 약법은 의회에게 총통을 탄핵할 수 있는 권한과 외국과 맺는 조약에 대한 동의권을 부여했다. 위안스카이는 쑨원의 요청을 받아들이겠다고 약속했다. 하지만 1912년 3월 10일, 위안스카이는 베이징에서 취임함으로써 쑨원에게 한 약속을 어기기 시작했다.

3장
민국의 혼돈

중화민국은 중국인들에게 무기력하고 나약한 만주인의 왕조를 대신하여 힘 있고 활기찬 국가가 될 것이라는 기대를 품게 만들었다. 청나라의 멸망과 중화민국의 탄생은 주권자의 교체를 의미하는 듯했다. 민국民國은 글자 그대로 백성의 나라였고, 국가의 의사를 최종적으로 결정하는 권력을 의미하는 주권主權이 황제가 아니라 백성에게 있어야 하는 나라여야만 했다. 하지만 준비가 부족했던 혁명군은 갑작스럽게 성공한 혁명에서 유종의 미를 거둘 만한 힘이 부족하여 입헌파와 손을 잡았고, 결국 가장 강력한 군대의 지휘권을 갖고 있던 위안스카이에게 중화민국의 미래를 맡기게 되었다. 위안스카이는 쑨원과의 약속을 어기고 베이징에서 임시 대총통에 취임했는데, 그 일은 중화민국의 앞날에 그림자를 드리웠다.

정국 불안

우창 봉기 이후 혁명군은 승승장구했다. 하지만 위안스카이의 반격을 받고나자 군사력이 약하고 자금이 부족한 현실을 절감했다. 또한 외국 열강이 혁명 정부에 대해 가진 의구심도 부담이 되었다. 쑨원을 임시 대총통으로 선출한 것도 그의 지명도를 통해 외국 열강의 의구심을 불식시키려는 의도가 담겨 있었다. 한편 위안스카이는 왕조 체제를 무너뜨리는 혁명을 깊이 이해했던 것 같지 않다. 그는 리훙장의 뒤를 이어 북양군을 이끌면서 강력한 군사력을 바탕으로 정치적 영향력을 키웠고, 자희태후가 사망한 뒤에는 순친왕의 견제로 관직을 잃었지만 여전히 실질적으로 북양군을 이끌었다. 그에게 혁명은 왕조 체제가 무너지고 민주공화정이 수립되는 역사적 의미가 있었다기보다 자신의 정치적 영향력을 극대화할 수 있는 기회였다. 그리고 북양군은 그의 강력한 기반이었다.

혁명 세력도 위안스카이가 민주공화정을 완성하는 혁명보다 자신의 정치적 이익을 더 우선시하는 것을 걱정했다. 임시 약법은 쑹자오런, 황싱을 중심으로 하는 혁명파가 중화민국의 정치 구조를 어떻게 짤 것인가 하는 고민의 결과로 탄생했고, 쑨원도 그들과 뜻을 함께했다. 쑹자오런 등은 혁명파의 현실적인 한계를 인정하면서 임시 약법을 통해 우선 내각의 총리가 대총통을 견제할 수 있게 했다. 또한 임시 약법에 따라 국회의원 선거를 진행하고, 그 선거에서 다수 의원을 확보하여 내각을 구성한 다음, 정식으로 대총통을 선출하는 큰 그림을 그렸다.

임시 약법 제53조는 10개월 안에 국회의원 선거를 통해 국회를 소집하도록 규정했다. 국회는 참의원과 중의원이 있는 양원제였고, 선거권은 일정한 학력과 재산을 지닌 남성 4000만 명에게만 주어졌다. 쑹자오런, 쑨원, 황싱 등은 중국동맹회의 조직을 기반으로 국민당을 창당했다. 국민당 이외에도, 맨 처음 우창에서 독립을 선언한 후베이 군정부의 도독 리위안훙이 장빙린, 장젠 등과 함께 공화당을, 량치차오는 민주당을 창당했다. 그리하여 1912년 12월부터 1913년 2월까지 국회의원 선거가 실시되었다. 이 선거에서 국민당은 중의원 의석 600석 중 269석, 참의원 의석 265석 중 123석을 확보했고, 공화당은 각각 121석과 55석을 확보했으며, 나머지는 민주당과 통일당 등 소수 정당이 차지했다.

국민당은 참의원과 중의원의 의장을 차지하면서 중화민국 정식 정부의 출범을 주도했다고 믿었다. 하지만 위안스카이는 국민당의 내분을 선동하여 여러 파벌이 대립하게 만들었고, 공화당, 민주당, 통일당 등이 진보당으로 통합되는 데 자금을 지원했다. 위안스카이의 공작에도 불구하고, 당시 항간에는 리위안훙이 대총통에 오를 거라는 소문이 돌았다. 쑹자오런은 선거에서 압승한 뒤에 의회를 통해 구성된 내각이 내정을 총괄하는 내각책임제를 주창했고, 자신이 내각의 총리가 되려는 마음을 감추지 않았다.

국민당이 정국을 주도하는 분위기는 위안스카이의 마음을 불안하게 했다. 위안스카이는 이미 선거가 치러지기 전부터 임시 약법을 무시하면서 자신의 지위를 강화하고 있었다. 임시 약법은 임시 대총통 위안스카이의 전횡을 방지하기 위하여 중화민국 정부를 내각책임제로 구성한다고 규정되어 있었다. 하지만 위안스카이는 총리의 권한을 인정하지 않았고, 초대 총리였던 탕사오이의 동의도 없이 직예도독直隸都督을 임명했다. 그러자 탕사오이는 사퇴했고, 후임으로 자오빙쥔趙秉鈞이 자리를 차지했는데 그는 위안스카이의 뜻대로 움직이는 총리였다. 위안스카이는 내각의 총리와 장관들을 허수아비로 생각하고 자신의 뜻대로 정무를 처리했는데, 국회의원 선거 결과가 자신의 뜻대로 되지 않고 정국이 심상치 않게 흐르자 불안감을 느꼈던 것이다.

위안스카이의 불안감은 총통으로서 자신의 지위를 지키기 위해 수단과 방법을 가리지 않게 만들었다. 1913년 3월, 위안스카이는 자객을 시켜 국민당을 이끌고 있던 쑹자오런을 암살했다. 위안스카이는 내각의 총리가 자신의 뜻에 따르는 자오빙쥔이고, 국민당은 구심점을 잃었다고 판단했다. 그는 또 재정을 확보하여 권력을 강화하기 위해 열강으로부터 차관을 도입하는 일에 착수했다. 당시 중국 정부는 지방으로부터 올라오는 세금이 줄어들면서 재정적으로 곤란한 상황에 처해 있었다. 영국, 프랑스, 독일, 러시아, 일본 등은 중국 정부에 차관을 제공함으로써 더 많은 이권을 챙기려 했다.

자오빙쥔은 위안스카이의 뜻에 따라 열강과 차관 협상을 진행했다. 열강은 중국의 염세를 담보로 하여 2500만 파운드의 차관을 제공하기로 했다. 염세가 중국의 국세라는 점에서, 정부와 5개국 사이의 협의대로 차관이 제공된다면, 5개국은 중국의 내정에 간여할 수 있는 근거를 갖게 되는 상황이었다. 차관 협상이 진행될 때 국민당은 강력하게 반대했고, 쑨원은 영국과 프랑스 정부에 반대 의사를 표했다. 쑹자오런이 암살당한 이후, 정부가 무리하게 차관 협상까지 진행하자, 국민당과 정부 사이의 관계는 더 악화되었다. 국민당은 협상이 진행되지 못하게 하기 위해 협정이 체결되는 장소를 봉쇄했으나, 다른 장소에서 협정이 체결되었다. 이제 국민당이 협상을 막을 방법은 국회에서 협정을 부결시키는 것뿐이었다. 당시 국민당은 참의원에서 의석 다수를 점유하고 있었고, 협정이 위법하다는 논리도 타당하여 협정은 승인되지 않았다. 중의원에서는 진보당을 중심으로 국민당에 반대하는 쪽이 다수였지만, 정부의 잘못이라는 의견이 많았다. 하지만 정부의 재정이 열악하므로 어쩔 수 없이 차관 도입을 해야 한다는 의견도 만만치 않았다. 결국 차관 도입은 승인되었다.

쑹자오런 암살 사건이 일어났을 때, 국민당은 두 가지 의견으로 나뉘었다. 하나는 쑨원을 비롯한 인사들이 위안스카이를 무력으로 응징해야 한다는 주장했다. 한편 황싱과 후한민胡漢民 등은 정해진 법적 절차에 따라 위안스카이의 자리를 박탈하는 편이 더 현실적이라고 여겼다. 그런데 당시 전국에서 위안스카이를 지지하는 도독이 열두 명이었고, 그를 반대하는 도독은 아홉 명이었다. 숫자상으로도 위안스카이를 지지하는 쪽이 많았고, 군사력을 감안한다면 위안스카이를 반대하는 쪽은 열세에 있었다.

제2혁명과 제3혁명

위안스카이는 차관을 도입하여 자신의 권력 기반을 강화할 수 있었고, 전국의 세력 구도도 자신에게 유리하다고 판단하여 곧바로 행동에 들어갔다. 1913년 6월, 국민당계 도독 세 명이 파면되었다. 국민당은 이제 선택의 여지가 없었다. 남쪽 일곱 개 성에서 위안스카이를 토벌하려고 군대가 들고일어난 것이다. 이것을 신해혁명을 이은 제2혁명이라고 부른다. 제2혁명은 시작부터 결속력이 떨어졌다. 위안스카이에게 반대했던 도독 아홉 명 가운데 두 명이 토벌에 가담하지 않았고, 위안스카이의 군대는 강력했으며, 남쪽을 제외한 지역에서는 토벌에 호응하지도 않았다. 결국 제2혁명은 석 달도 안 돼서 진압되었다.

제2혁명을 진압하자, 위안스카이는 이제 자신 앞에 걸리적거릴 것이 없다는 식의 태도를 보였다. 먼저 돈으로 무뢰배들을 모아 공민단公民團을 조직했고, 국회의원들을 협박하여 선거를 통해 정식 대총통이 되었다. 정식 대총통이 되자, 위안스카이는 국민당을 내란에 가담했다는 이유로 해산시켰고, 경찰에 지시하여 중의원과 참의원 의원들의 가택을 수색하여 국민당과 조금이라도 관련된 물증이 나오면 의원 증서를 반납하게 했다. 그 결과 무려 의원 438명이 국회에서 추방되었고, 국회는 의결 정족수를 채울 수 없게 되었다. 1914년 1월, 국회는 공식적으로 해산되었고, 각 성의 성의회도 같은 절차를 거쳐 해산되었다.

1914년 5월부터 12월까지 위안스카이는 임시 약법에서 정한 절차와 기구를 완전히 무시한 채 자신의 권력을 강화했다. 임시 약법은 의회의 독재를 용인한다는 이유로 폐지되었고, 중화민국약법(신약법)이 선포되었다. 신약법에 따르면, 양원제 의회를 단원제로 바꾸고, 총통이 외교, 관리 임면, 법률 제정 등 모든 권한을 가지며, 의회의 동의도 필요없게 되었다. 의회가 해산된 자리에 설치된 입법원은 위안스카이를 위해 총통의 임기를 10년으로 늘리고 연임할 수 있는 법안을 통과시켰다.

당시 국제 정세는 처음에 위안스카이가 독재 체제를 강화하는 데 유리하게 작용했다. 1914년 8월, 유럽에서 1차 세계대전이 발발하자, 영국, 프랑스, 독일, 러시아 등은 중화민국의 내정에 간여할 겨를이 없었다. 하지만 일본이 1902년에 체결된 영일동맹을 근거로 세계대전에 참전하고 독일에 선전 포고를 하면서 상황에 변화가 생겼다. 1915년 1월, 일본은 열강이 중화민국에 소홀한 틈을 타서 위안스카이에게 21개조 요구서를 제시했다. 요구서에는 산둥·만주·내몽골 지역에 대한 일본의 이권 인정, 한예핑漢冶萍 석탄·철강 회사의 중·일

합작 경영, 영토의 타국 할양 금지, 일본인 고문의 중앙정부 배치 등의 내용을 담고 있었다. 위안스카이는 유럽 열강으로부터 경제적 도움을 받기 어려운 상태였기에 자신의 권력을 강화하기 위해서는 일본의 재정적 도움을 받아야만 했다. 결국 그는 일본인 고문과 관련된 조항을 제외한 나머지 요구를 모두 수용했다.

이렇게 위안스카이는 일본의 21개조 요구를 대부분 수용함으로써 권력을 강화하기 위한 재원은 확보할 수 있었다. 하지만 이 조치에 대해 도시의 지식인들과 학생들은 나라 팔아먹는 행위라고 비판했고, 정부의 권위는 급속히 추락했다. 위안스카이는 오히려 내부의 비판을 더 강력한 권력을 확립함으로써 억누르려 했다. 그가 구상한 강력한 권력은 바로 황제가 되는 것이었다.

1915년 8월, 입헌군주제를 실시해야 한다고 주장하는 주안회籌安會가 출범했다. 주안회는 중국에 민주공화정을 실시하기 위한 토대가 마련되지 않았고, 일본도 입헌군주제를 통해 강대국이 되었다고 선전했다. 주안회를 비롯한 여러 관변 단체들은 입법원에 황제 중심의 통치 체제를 부활시켜 달라는 청원서를 제출했고, 제제운동帝制運動을 전개했다. 그 단체들은 황제가 부활하지 않으면 백성들을 구할 수도 중국을 지킬 수도 없다고 주장하며 세 차례에 걸쳐 청원서를 제출했다. 10월이 되자, 청원 단체들을 중심으로 국민대표대회가 구성되었다. 12월에는 국민대표대회의 국민대표 1993명이 입헌군주제 실시에 찬반을 묻는 투표를 실시했다. 투표 결과, 단 한 표의 반대도 없이 만

장일치로 입헌군주제 안건이 통과되었다.

한편 베이징에서 왕조 체제를 부활시키려는 운동이 활발하게 진행되고 있을 때, 위안스카이에 반대하는 움직임도 조직되고 있었다. 국민당은 제2혁명이 실패한 뒤에 와해되었고, 쑨원이 도쿄에서 중화혁명당을 결성했다. 쑨원은 민주공화제를 강령으로 하여 위안스카이 토벌 계획을 세웠고, 중국 안에도 중화혁명당의 지부들을 조직하여 무장 투쟁을 준비했다. 중화혁명당의 위안스카이 토벌은 황제의 부활이 눈앞의 현실로 나타나면서 활기를 띠었다.

1916년 1월 1일, 위안스카이는 황제 즉위식을 성대하게 거행하고 중화제국을 선포했다. 그는 중화민국 초기의 혼란스러운 상황 때문에 많은 사람들이 강력한 황제가 다시 등장하여 질서를 잡아주기를 바란다고 여겼다. 하지만 그것은 오판이었다. 위안스카이가 황제에 즉위하기 전에 이미 전국에서 황제의 부활을 반대하며 민주공화정의 회복을 요구하는 목소리가 커졌다. 전국적인 항의에도 위안스카이가 미동도 하지 않자, 제3혁명의 불길이 거세게 타올랐다. 1915년 12월, 차이어蔡鍔는 윈난성에서 호국군護國軍을 조직하고 성의 독립을 선언했다. 그 뒤를 이어 구이저우성이 독립을 선언했고, 이듬해에도 광시성을 시작으로 독립을 선언하는 곳들이 늘어났으며, 독립을 선언하지 않은 성의 도독들도 위안스카이에게 황제 제도의 철회를 요구했다. 결국 위안스카이는 3월에 다시 중화제국을 폐지하고 중화민국을 회복했다. 그렇지만 1916년 5월까지 열 개 성이 중앙으로부터 독립했고, 위안스카이에게 대총통의 자리에서 물러나라고 요구했다. 전국에서 사퇴 요구가 계속되었고, 6월 여름 더위가 시작되자 위안스카이는 실의 속에서 요독증으로 세상을 떠났다.

제3혁명은 황제의 부활을 막고 중화민국을 지켜냈다는 점에서 성공적이었다. 하지만 위안스카이는 가장 강력한 군대였던 북양군을 통제했고, 그것을 바탕으로 권력을 손에 넣은 인물이었다. 그의 빈자리를 채울 만한 그릇을 가진 인물이 보이지 않았다. 그 결과 신약법에 따라 총통에 오른 인물은 큰 적이 없었던 리위안훙이었다. 그는 원래 입헌파였고 우창 봉기가 일어났을 때 얼떨결에 혁명군의 추대로 호북군 정부의 도독이 되었고, 1913년부터는 대총통 위안스카이의 심기를 거스르지 않으면서 부총통의 자리를 지키고 있었다. 리위안훙은 북양군의 지원을 받지 못했기에 실권이 없었다. 당시 북양군은 출신 지역을 기반으로 즈리파直隷派와 안후이파安徽派가 세력을 분점하고 있었다. 리위안훙은 자신의 자리를 보전하고자 북양군 내 실력자였던 즈리파의 펑궈장馮國璋을 부총통, 안후이파의 돤치루이段祺瑞를 국무총리에 임명했다.

리위안훙은 해산되었던 국회를 다시 소집했다. 그런데 두 가지 문제가 있었다. 첫째, 1913년에 선출된 의원들의 임기는 3년이었으므로 이미 임기가 끝난 상태였다. 따라서 의원들은 더는 의원 신분이 아니었다. 둘째, 중화민국은 이미 임시 약법이 아니라 위안스카이가 만든 신약법에서 정한 규정에 의해 움직이고 있었다. 따라서 제3혁명의 성공이 곧바로 임시 약법의 부활을 의미하는지가 명확하지 않았다. 이런 문제들 때문에 임시 약법을 지지하는 쪽과 신약법을 지지하는 쪽은 서로 대립했다.

신·구약법의 대립은 크게 보면 위안스카이가 키워놓은 군인들과 제2혁명 때부터 줄곧 위안스카이를 타도하려 했던 혁명파 사이의 갈등이었다. 다시 말해서 위안스카이가 사욕을 채우기 위해 구성한 베이징 정부를 지속하려는 쪽과 베이징 정부를 부정하는 쪽 사이의 갈등이었다. 그런데 베이징 정부 안에서도 갈등이 존재했다. 실권이 없는 총통 리위안훙은 국무총리 돤치루이에게 불만을 품고 있었다. 돤치루이는 일본에 갖가지 이권을 넘겨주는 대가로 니시하라西原 차관을 도입함으로써 군대를 강화하고 권력을 확대하려 했다. 그러자 리위안훙은 의회를 자기편으로 끌어들여 돤치루이를 파면했고, 열세 개성의 독군督軍 연합회를 이끌고 있던 안후이성의 독군 장쉰張勳이 자신을 도와줄 거라고 여겼다. 하지만 장쉰은 혼란한 정국을 틈타 기행을 저질렀다. 그는 군대를 동원하여 리위안훙을 사직하게 만들었고 국회를 해산시켰다. 그리고 느닷없이 선통제 푸이를 다시 용상에 앉히고 공화제 폐지와 청나라의 부활을 선언했다. 하지만 장쉰의 복벽復辟 사건은 13일 만에 해프닝으로 끝났다. 장쉰은 북양군과 어떤 관련도 없었고 위안스카이를 추종하지도 않았는데, 중화민국이 들어선 뒤에도 변발을 자르지 않았고 휘하 장병들도 변발을 유지하게 했다. 그래서 사람들은 그를 변발 장군, 그의 군대를 변발군이라고 불렀다. 복벽은 청나라를 향한 장쉰의 빗나간 충성심에서 비롯된 사건이었다.

남북 대립

복벽 사건이 끝나고 중국의 남북에는 각각 베이징 정부와 광둥군 정부廣東軍政府라는 두 정부가 등장했다. 베이징 정부는 펑궈장이 총통의 자리를 차지했고, 돤치루이가 국무총리로 복귀했다. 그 무렵, 안후이성 출신 인사들은 안복구락부安福俱樂部라는 정치 단체를 만들어서, 그들은 안복계安福系로 불렸다. 1918년 8월에 국회의원 선거가 실시되었을 때, 안복계가 70퍼센트 가까운 의석을 차지했고, 이후 열린 국회는 안복 국회로 불렸다. 안복 국회가 구성된 후, 펑궈장과 돤치루이는 서로 합의하여 총통과 국무총리에 도전하지 않았고, 선거를 통해 쉬스창을 총통 자리에 앉혔다. 쉬스창은 이름뿐인 총통이었고, 펑궈장과 돤치루이는 배후에서 상대방의 세력을 약화시키기 위해 힘을 기울였다. 총통은 실권이 없었고, 실권자들은 자파 세력을 확대하는 데 관심 있었기 때문에 정국은 불안정할 수밖에 없었다.

위안스카이가 죽은 뒤, 펑궈장과 돤치루이가 권력을 다투는 상황에서도 베이징 정부는 1차 세계대전에 참전했다. 세계대전이 끝나자, 베이징 정부는 다시 국회를 구성하여 민주공화정의 형식을 갖추었다. 당시 국제 사회에서도 베이징 정부를 승인하고 있었다. 하지만 남쪽에서는 베이징 정부의 정당성을 인정하지 않는 움직임이 있어 왔다.

쑨원의 중화혁명당은 제2혁명 때부터 베이징 정부가 중화민국이 세워질 때 마련되었던 임시 약법의 정해진 절차를 따르지 않았기 때문에 정부로서 인정하지 않았다. 1917년 여름이 되자, 쑨원은 임시 약법을 지키자는 의미로 호법운동護法運動을 시작했다. 쑨원은 자신의 뜻에 동조하는 국회의원, 해군 총장 등과 함께 광저우에 집결했다. 광둥성·광시성을 장악한 루룽팅陸榮廷과 윈난성을 장악한 탕지야오唐繼堯도 쑨원에게 합류했다. 사람과 군대가 모이고 지역적 기반이 마련되자, 9월에 광저우에서 쑨원을 대원수로 하는 광둥군정부가 수립되었고, 독일에 선전 포고함으로써 형식적으로 세계대전에도 참여했다.

대원수 쑨원은 군대를 동원하여 북벌을 진행하고 베이징 정부를 무너뜨려서 중국을 무력으로 통일해야 한다고 주장했다. 하지만 그의 주장이 실현되기는 불가능했다. 먼저, 루룽팅과 탕지야오는 처음부터 임시 약법을 지켜내는 호법운동에 관심이 없었고, 자신들의 세력을 확대하는 데 쑨원을 이용할 생각뿐이었다. 다음으로, 군정부는 화교들의 기부금에 의존했고 정부를 유지할 고정적인 재원이 없었다. 끝으로, 군정부는 루룽팅과 탕지야오가 거느린 군대를 지휘할 권한을 갖지 못했다.

쑨원이 광둥군 정부를 수립한 후 대원수에 취임하고 북벌을 선언했을 때, 중화민국에는 북쪽과 남쪽에 각각 정부가 존재했다. 광둥군 정부는 북벌을 주장하고 실제로 쓰촨성·후난성을 차지하는 성과도 올렸다. 하지만 군정부는 베이징 정부에 비하면 결속력이 약했고 군대도 해군을 제외하면 변변치 않았다. 또한 1차 세계대전이 끝나가면서 열강들이 다시 중국에 신경을 쓰기 시작하자, 중국 내부에서도 두 정부 사이의 갈등을 평화적으로 해결하는 편이 낫다는 여론이 형성되었다. 루룽팅은 베이징 정부와 대결하는 것이 현실적으로 어렵다고 판단했다. 그리고 무력 통일을 주장하는 쑨원을 지지하는 것이 이롭지 않다고 여겼다. 그는 국회 비상회의를 통해 대원수를 폐지했고, 쑨원을 포함한 일곱 명의 총재로 구성된 집단 지도 체제를 세웠다. 1918년 5월, 쑨원은 사실상 루룽팅의 압박에 못 이겨 상하이로 떠났다.

1918년 10월이 되자, 장젠과 차이위안페이 등은 평화기성회平和期成會를 발기하여 남북 사이의 대립이 전쟁보다는 평화적으로 해결되어야 한다고 호소했다. 평화기성회의 호소는 각계의 호응을 얻었다. 베이징의 펑궈장과 광저우의 루룽팅은 평화적 해결에 동의했다. 베이징 정부의 신임 총통 쉬스창도 광둥군 정부와 협상을 진행하겠다는 뜻을 표했다. 평화기성회는 화의를 진행하기 위해 두 정부가 우선 정전을 선포해야 한다고 요청했고, 두 정부는 그 요청을 받아들였다. 11월 16일, 베이징 정부가 먼저 정전을 선포하자, 광둥군 정부도 곧이어 정전을 선포했다.

중국에서 형성된 남북 화해 분위기는 세계정세의 흐름과도 일치했다. 1918년 11월 11일, 프랑스·영국·러시아 등 연합국들과 독일이

중국 내에 세워진 1차 세계대전 승전 축하 기념비

정전 협정에 서명함으로써 1차 세계대전이 끝났다. 중국은 협상국의
일원으로서 독일에 대해 승전국이 되었고, 전후 문제를 다루는 강화
회의에 참가할 권한을 얻었고 국제연맹을 창립하는 국가에도 이름을
올리게 되었다. 청영아편전쟁 이후 줄곧 열강들에게 굴욕적인 패배를
당했던 중국인들은 중화민국이 전승국의 일원이 되었다는 사실에 크
게 기뻐했고, 케텔러 패방牌坊(위에 망대가 있고 문짝이 없는 대문 모양의,
중국 특유의 건축물)을 파괴했다. 케텔러 패방은 신축조약 이후 청나라
조정이 독일 정부의 요청으로, 의화단원의 공격으로 죽은 독일 공사
클레멘스 폰 케텔러Clemens von Ketteler를 추념하기 위해 세운 것이었
다. 패방이 파괴된 자리에는 승전 축하 기념비가 세워졌다.
　　베이징 정부는 파리에서 열리는 강화 회의에 외교부장 루정샹陸徵
祥을 비롯하여 50명으로 구성된 대표단을 파견했다. 대표단에는 광둥군 정부의 대표도 포함시켜서 남북 화해를 위해 노력하는 모양새를 띠었다. 그런데 대표단은 구성원의 인선에서부터 잡음이 생겼다. 구성원들은 정치적 입장 차이에 따라 서로 반목했고 경계심을 늦추지 않았다. 대표단의 단장 루정샹은 친일파로 비난받는 인물이어서 구성원들을 통솔하기도 어려웠다. 복잡한 중국의 국내 상황은 자국의 이권을 챙겨야 하는 외교 무대에서도 단결된 힘을 발휘할 수 없게 만들었던 것이다.

사실 중국인들은 승전국의 일원이라고 환호했지만, 힘이 지배하는 국제 사회의 현실은 냉정했다. 파리 강화 회의에는 모두 27개국이 참가했지만, 미국·영국·프랑스·이탈리아·일본 등 다섯 나라가 실질적으로 회의를 주도했다. 중국이 파리 강화 회의에서 얻어내야 할 가장 중요한 목표는 독일이 가지고 있던 산둥 지역에 대한 이권을 회수하고 일본의 21개조 요구를 취소하게 만드는 것이었다. 하지만 두 문제와 관련된 회의에 일본 대표는 참석하여 자국의 이익을 대변했고, 중국 대표는 참석할 수 없었다.

그런데 중국의 힘이 약해서 국제회의에서 당당한 목소리를 낼 수 없었다고 보기도 어려웠다. 회의가 시작되기 전인, 1918년 9월에 베이징 정부는 산둥 문제와 관련하여 일본 정부의 요구에 흔쾌히 동의한다는 답신을 보냈다. 더욱이 외교부장 루정샹은 파리로 떠나기 전에 도쿄로 가서 일본 정부의 의견을 물어봤을 정도였다.

결국 1919년 4월 21일, 파리 강화 회의에서 일본 대표는 독일이

산둥 지역에 대해 가졌던 이권을 자국이 차지하겠다는 주장을 당당하게 말했고, 그 주장을 관철시켰다. 하지만 중국 대표는 국제사회에서 자국의 지위를 확인했을 뿐, 어떠한 외교적 성과도 얻을 수 없었고, 빈손으로 귀국했다.

4장
시민과 군벌

영국과의 전쟁에서 패배한 뒤, 청나라는 개방된 항구들에서 서양 열강과 교류하기 시작했다. 신유정변으로 권력 구조가 바뀌고 서양의 무기를 빌려 태평천국을 진압한 뒤에는 주로 군사 기술을 도입하는 양무운동이 추진되었다. 하지만 청일전쟁의 패배는 양무운동의 한계를 드러냈고, 제도를 개혁하는 변법이 필요하다는 목소리가 커졌다. 의화단 사건이 끝나고 신정이 추진되면서, 과거 시험의 합격을 목표로 했던 교육은 학교에서 다양한 과목을 배우는 형식으로 바뀌었다. 1901년 신정 실시 이후에 태어나서 새로운 형식의 교육을 받은 세대들은 1919년에 성인이 되었다. 그들과 그들을 가르친 세대는 새로운 중국을 바랐다.

5·4운동

청나라 때, 중앙에서 일어나는 정치적 내막을 파악하고 비판할 능력을 가진 집단은 소수였다. 그들은 전·현직 관료로 중앙이나 지역에서 영향력을 행사할 수 있는 향신들이었다. 청나라에서 정치적 목소리가 광범위한 집단행동으로 옮겨진다는 것은 반란을 의미했기에 위험했다. 따라서 공개적인 정치 행동은 관료가 될 희망이 없거나 포기한 사람들이 하는 일이었다. 1901년 이후, 교육 제도가 바뀌면서 과거 향신들을 대신하여 정치적 목소리를 내는 집단이 성장했다. 새로운 학교 제도였던 학당에서 배우고 성장한 세대들은 과거 시험을 통해 관리가 될 수 있다는 희망이 없었다. 하지만 과거 시험이 주는 중압감도 없었다. 정해진 미래가 불투명한 학당의 학생들은 자신들의 생각을 자유롭게 표현하는 데 익숙해졌다. 신세대 학생들은 신해혁명을 경험했고, 5·4운동을 거치면서 극적으로 자신들의 존재감을 과시했는데, 그들이 등장할 수 있었던 토양은 신문화운동을 거치면서 만들어졌다.

우리는 신문화운동을 살펴보기 전에 신해혁명의 특징을 이해할 필요가 있다. 신해혁명은 두 가지 성격을 지녔다. 만주인 왕조를 붕괴시켰다는 점에서 중국의 전통적인 왕조 교체 혁명革命이었고, 새로운 왕조가 아니라 민주공화정을 등장시켰다는 점에서 국민국가를 지향하는 서구적 혁명revolution이었다. 신해혁명은 소수의 혁명파와 군인들이 주도했고, 전통적인 혁명에서 늘 등장했던 농민이나 서구의 혁명에서 등장했던 시민도 보이지 않았다. 중화민국 초기 위안스카이가 황제의 나라를 만들려 했을 때, 쑨원을 비롯한 반대 세력은 선각자들이 이끄는 군사 작전이나 전위 정당을 통해 저항했고, 시민(국민·백성·인민)이 주도하는 대중적인 반대 활동은 생각하지 못했다.

신해혁명을 주도했던 세력들이 깨닫지 못하는 사이, 중국 사회에서는 시민이 성장하고 있었다. 1915년부터 시작된 신문화운동은 시민의 성장에 중요한 역할을 했다. 신문화운동은 사상 혁명, 유교 타파, 문학 혁명을 그 내용으로 했고, 대표적인 인물로는 천두슈陳獨秀·후스胡適·루쉰魯迅 등이 있었다.

사상 혁명은 천두슈에 의해 기초가 마련되었다. 천두슈는 1904년에 쓴 〈망국론亡國論〉에서 국민들이 나라의 중심이라고 말했다. 그는 나라의 흥망이 황제나 관리의 좋고 나쁨이 아니라, 국민들의 좋고 나쁨에서 비롯된다고 보았다. 중화민국 초기는 위안스카이의 사심과 전횡으로 정국이 혼란에 빠지고, 그의 사후에는 북양군 출신들이 정치를 농단하는 상황이었다. 천두슈는 신해혁명의 성과가 부정되는 암울한 상황을 벗어나려면 정치가 아니라 사상의 혁명이 필요하다고 여겼다.

1915년, 천두슈는 《청년잡지靑年雜志》(이듬해에 《신청년新靑年》으로 개명)를 발행하여 청년들의 가슴을 뛰게 했다. 주권이 국민에게 있다는

'민주'와 봉건 미신에서 벗어나야 한다는 '과학'의 정신은 중국인들의 생각을 바꾸려 했던 사상 혁명의 핵심 구호였고, 신문화운동의 견인차가 되었다.

유교 타파는 중국인이 민주와 과학의 정신을 갖게 되는 출발점이었다. 유교는 성별·나이·신분·혈연에 따른 차별을 용인했고, 변화를 두려워하는 마음은 미신에 집착하게 만들었다. 따라서 왕조 시대의 그늘에서 벗어나 민주적인 사회를 만들고 과학적으로 사고하기 위해서는 유교와 그 중심에 있는 공자를 부정해야만 했다. 공자는 이제 성인으로 숭배되는 대상이 아니라 물건을 팔아 생활하는 상인처럼, 잘못된 사상을 팔아 생계를 유지했던 공씨 가게(공가점孔家店)의 주인이었고, 타도의 대상이었다.

문학 혁명은 민주, 과학, 유교 타파 등이 필요한 이유를 설명하고 더 많은 중국인들을 계몽하기 위하여 필요했다. 후스는 어려운 문어 대신에 구어체인 백화白話로 글을 씀으로써 지식을 일반인들과 함께 공유하는 것을 문학 혁명의 출발점으로 여겼다. 루쉰은 구어체 단편소설 〈광인일기狂人日記〉, 〈공을기孔乙己〉, 〈약藥〉 등의 작품을 통해 유교, 과거 시험, 미신 등이 어떻게 사람들을 옭아매는지를 폭로했다.

천두슈 등의 주장이 중국 사회에 반향을 일으키면서 신문화운동으로 확대된 데에는 베이징대학北京大學의 개혁이 중요한 역할을 했다. 베이징대학은 출세를 꿈꾸는 관료 양성소 같은 곳이었는데, 차이위안페이가 교장이 되면서 천두슈·후스 등을 초빙하여 동서양의 사상이 자유롭게 논의되는 학풍을 만들었다. 학생들은 신문화운동이 진행되는 과정에서 중국이 새로워지기 위해서는 자신들부터 노예적이고 보수적인 태도를 버리고 자주적이고 진보적으로 생각하고 행동해야 한다는 진실을 깨달았다. 1919년 4월, 그들이 머리로 깨달은 진실을 행동으로 옮기는 계기가 마련되었다.

1919년 4월 21일, 파리 강화 회의에서 일본은 산둥 지역에 대한 이권을 관철시켰다. 이 회의 소식이 5월 1일에 베이징에 전해졌다. 이 소식이 전해지기 전 중국인들은 전승국의 일원이라면서 기뻐했고, 산둥 지역의 이권을 되찾을 수 있다는 희망을 품었었다. 하지만 그 기쁨과 희망은 중국이 여전히 무력한 나라라는 좌절감으로 바뀌었고, 일본의 침략이 거세질 수 있다는 위기의식을 갖게 했다. 이런 분위기 속에서 베이징대학을 비롯한 여러 대학과 전문학교의 학생들이 들고일어났다. 5월 4일, 톈안먼天安門 광장에 모인 학생들은 칭다오靑島 반환을 포함한 산둥 지역 이권 회수, 21개조 요구 취소, 매국노 처벌 등을 요구하며 시위를 벌였다. 학생들은 파리 강화 회의에서 21개조 요구가 유효하다고 보증한 차오루린曹汝霖의 집에 불을 질렀고, 그곳에 있던 주일 공사 장쭝샹章宗祥을 구타했다. 경찰은 현장에서 학생 34명을 체포했다.

베이징에서 시작된 학생들의 반정부 시위는 시민들에게도 자극이 되었다. 시위는 톈진과 상하이를 비롯한 도시로 확산되었고, 학생뿐만 아니라 각종 단체의 시민들도 시위에 동참했다. 그 과정에서 시위는 국산품 애용과 일본 제품 불매를 외치는 등 반제민족주의 성격도 띠었다. 6월 3일, 시위를 금지하는 대총통의 명령이 내려지고 무차별적인 체포가 진행되었다. 하지만 시위의 열기는 오히려 더 확산되었다. 6월 10일, 베이징 정부는 마침내 학생과 시민의 요구에 굴복했다. 매국노로 지목된 외교부장 루정샹, 교통부장 차오루린, 주일 공사 장쭝샹 등은 파면되었다. 6월 28일, 베이징 정부는 중국의 이익에 어긋나는 베르사유 조약의 조인을 거부했다. 두 달 동안 벌어진 반정부 시위는 학생을 비롯한 시민의 승리로 끝났다.

5월 4일의 시위는 파리 강화 회의에서 보여준 정부의 무능함에 대한 항의에서 시작되었는데, 전국으로 확산되면서 반제민족주의 성격을 띠는 운동으로 발전했다. 그리고 5·4운동은 처음에 학생들에 의해 주도되었는데, 차츰 여러 계층에서 참여하는 대중운동으로 바뀌었다. 청나라 말기부터 민국 초기까지 정치운동은 소수의 혁명가가 주도하는 무장 봉기나 군사 세력 사이의 다툼이었다. 그런데 5·4운동은 이제 학생을 비롯한 시민들이 자발적으로 시위에 참여하고 자신들의 정치적 주장을 펼치기 시작하는 전환점이 되었다.

중국공산당

신문화운동과 5·4운동을 거치면서 중국에서 일어난 가장 역사적인 사건 가운데 하나가 중국공산당의 창당이다. 물론 당시 중국공산당의 창당에 주목하는 사람은 많지 않았고, 정당으로서 존재 의미도 크지 않았다. 미미한 존재였던 중국공산당이 거대한 중국을 통치하는 정치 체제의 핵심 요소가 되면서 과거의 발자취가 다시 정리되고 그 역사적 의미가 부여되었다. 다시 말해 중국에서 사회주의 혁명이 성공하고 중화인민공화국이 건국되면서 그 이전 중국공산당의 역사를 다시 보게 되었고 그 기원을 추적하게 되었다.

중국에 사회주의가 전파되는 토양을 마련한 것은 신문화운동이었다. 신문화운동의 선두 주자는 천두슈였는데, 그가 발행한 《신청년》은 원래 정치적 색채를 띠지 않으려 했다. 위안스카이가 이끌던 베이징 정부의 혼란을 목격하면서 정치 혁명보다 더 중요한 것이 사람들의 생각을 바꾸는 사상 혁명이라고 여겼기 때문이다. 하지만 발행 부수가 초판 1000부에서 1만 5000부로 늘어나고, 지식인들 사이에서 널리 읽히면서 상황이 달라졌다. 훗날 공산당을 조직한 마오쩌둥毛澤東과 장궈타오張國燾는 《신청년》의 애독자였다. 마오쩌둥은 멀리 남쪽 후난성에서 《신청년》을 읽으면서 천두슈와 후스를 존경하게 되었고, 장시성 출신으로 베이징대학에 다니던 장궈타오는 《신청년》이 내세운 민주와 과학의 정신이 베이징대학의 학생들을 사로잡았다고 회상했다.

1917년에 베이징대학의 총장이 된 차이위안페이는 천두슈를 인문대 학장으로, 리다자오李大釗를 도서관장으로 초빙했다. 당시 그는 《신청년》에 글을 기고하면서 편집자로 참여하고 있었다. 리다자오는 1918년 11월에, 《신청년》에 〈볼셰비즘의 승리〉라는 글을 실음으로써 러시아의 10월혁명을 소개했고, 세계 곳곳에 사회주의의 붉은 깃발이 휘날리게 될 것이라고 예측했다. 《신청년》을 읽으면서 학생들은 시민이 정치의 주체가 되는 민주와, 유교나 미신의 속박으로부터 벗어난 과학에 매료되었다. 그리고 《신청년》에 소개된 10월혁명은 독자들에게 사회주의에 대해 호기심을 갖게 만들었다.

5·4운동은 천두슈에게 강렬한 자극이 되었고, 《신청년》에 실리는 글들의 성격도 바뀌었다. 《신청년》의 주요한 독자층이었던 대학생을 비롯한 시민들이 거리에서 제국주의를 반대하는 시위를 벌이고 자신들의 정치적 의사를 관철시켰기 때문이다. 처음에는 《신청년》이 시민들을 변화시켰는데, 이제 시민들이 《신청년》을 변화시켰고, 정치색 짙은 글들이 실리기 시작했다. 더 나아가, 천두슈는 매국 관료의 추방, 집회와 언론의 자유 보장 등을 요구하는 〈베이징 시민 선언〉이라는 전단을 만들어 거리에서 배포했다. 이 일로 그는 경찰에 체포되어 3개월간 감옥에 갇혔고, 석방된 뒤에는 베이징대학에서 해임되었다. 해임된 뒤에 그는 상하이에서 《신청년》을 발간했고, 마르크스주의자가 되었다.

1919년 7월, 소련의 외무장관 레프 카라한Lev Karakhan이 내놓은 선언은 중국에서 사회주의가 확산되는 계기로 작용했다. 카라한은 과거 러시아가 청나라와 맺은 불평등조약을 통해 얻은 모든 권리와 의화단의 난과 관련된 배상금, 러시아 조계 등을 모두 포기한다고 선언했다. 카라하 선언은 청영아편전쟁 이래 열강들로부터 굴욕과 침탈을 당해온 중국인들에게 커다란 감동을 주었다. 중국인들은 소련이 러시아와는 전혀 다른 성격의 국가이고, 제국주의 열강들과도 달리 약소 민족과 국가의 편이라고 여기게 되었다.

1920년 9월, 제2차 카라한 선언에서 소련은 자국이 가지고 있던 이권의 포기를 말한 것이 아니라 중·소 국교 정상화가 필요하다는 의미였다고 말을 바꾸었다. 사실 소련이 내세운 제국주의 반대나 민족 자결의 원칙은 볼셰비키 혁명 이후 국제 사회에서 고립을 탈피하기 위한 전술이었다. 열강을 비난하면서 혁명을 약소국에 전파함으로써 고립을 탈피하려 했던 것이다. 소련도 본질적으로 제국주의 국가였으며 대외 정책도 철저하게 자국의 이해관계를 위해 약소국의 이익을 무시했다.

당시 베이징 정부는 정상적인 외교 능력을 갖지 못했고, 진보적인 중국인들에게는 중국을 제국주의의 침략으로부터 막아내는 것이 더 시급한 문제였다. 그래서 소련의 말 바꾸기와 이중적 태도를 규탄하는 강력한 문제의식이 나타나기는 어려웠다. 중국인들에게 사회주의는 자본주의 국가였던 제국주의 열강이 만든 세계 질서에 대항하는 사상의 무기로 보였다. 천두슈를 비롯한 마르크스주의자들은 소련이 주도하고 있던 국제공산당 조직 코민테른에서 보낸 사람들의 접근을 받아들였다. 코민테른은 그리고리 보이틴스키Grigori Voitinsky와 헨드리퀴스 마링Hendricus Maring을 상하이로 보내 천두슈와 접촉했다. 당시 천두슈는 이미 상하이에서 민족과 계급의 해방을 주장한 상황이었고, 리다자오와 함께 마르크스주의 연구회를 조직하여 활동하고 있었다. 이 두 사람은 또 1920년 8월에 상하이에서 중국 최초의 공산주의 모임인 소조小組를 만들었다. 1921년 3월에는 파리에서 저우언라이周恩來가 공산주의 모임을 조직했다. 그 뒤를 이어, 1921년 5월까지 베이징, 우한武漢, 창사, 지난濟南, 광저우 등지에서도 공산주의 모임이 잇달아 등장했다. 6월, 코민테른 중국 대표 마링이 상하이를 방문했고, 하루 빨리 공산당 대표대회를 개최하자고 건의했다.

1921년 7월, 마침내 상하이에서 당원 57명을 대표하여 중국공산당 제1차 대표대회가 개최되었고, 마오쩌둥, 장궈타오 등을 비롯한 대표 열두 명이 참석했다. 1년여 동안 각지에서 공산주의 모임을 만드는 준비 작업을 거친 결과였는데, 공교롭게도 천두슈와 리다자오는 대회에 참석하지 못했다. 대표들은 중국공산당을 이끌게 될 중앙국의 총서기에 천두슈, 조직 주임에 장궈타오를 선출했다.

중국공산당의 중앙국은 상하이에 설치되었는데, 리다자오는 베이징에서 사실상 독립적인 지위를 갖고 있었다. 그래서 당시에 공산당 내에서는 남쪽의 천두슈, 북쪽의 리다자오(남진북이南陳北李)라는 말도 있었다. 사실 두 사람은 공산당의 활동과 혁명에 대해 다른 생각을 가지고 있었다. 천두슈는 혁명에 성공한 소련과 유럽 사회주의자들의 노동자를 중시하고 농민의 힘을 과소평가해야 한다는 생각에 동의했다. 그는 농민들이 소박하고 무지하며 보수적이어서 힘을 모으기 쉽지 않기 때문에 혁명으로 이끌기 어렵다고 여겼다. 리다자오는 천두슈와 생각이 달랐다. 그는 경제적으로 낙후한 중국에서 농민이 전체 인구의 90퍼센트 이상을 차지하고, 농업은 여전히 중국 경제의 기초이므로, 혁명에서 농민은 중요한 요소라고 여겼다. 도서관장 리다자오 밑에서 보조사서로 일했던 마오쩌둥은 농민이 중요하다는 생각에 동조했고, 훗날 그런 생각을 실천에 옮겼다.

군벌 전쟁

1919년 학생을 비롯한 시민들은 파리 강화 회의를 계기로 베이징 정부를 비판하면서 정부에 당당한 외교를 요구했다. 1921년, 천두슈와 리다자오 등은 제국주의 열강에 대항하기 위한 새로운 사상적 무기로 사회주의를 받아들이고 코민테른의 도움으로 중국공산당을 창당했다. 학생, 시민, 진보적 지식인들이 중국에 변화가 필요하다는 절박감을 느끼고 있었지만, 국제 질서의 변화에도 불구하고 베이징 정부의 태도는 크게 달라지지 않아 오히려 중국인들에게 절망감을 느끼게 했다.

1921년 11월부터 이듬해 2월까지 미국의 주도 아래 1차 세계대전 후 동아시아의 세계 질서를 재편하기 위한 워싱턴 회의가 열렸다. 워싱턴 회의 결과, 미국·영국·일본 등은 주력함의 비율을 5:5:3으로 하는 해군 군축 조약, 중국에서 5퍼센트의 관세 이외에 2.5퍼센트의 부가세를 인정하는 중국 관세 조약, 미국 등은 문호 개방 원칙에 따라 중국의 주권을 존중하고 영토를 보전한다는 9개국 조약 등이 체결되었다. 1차 세계대전 이전에는 열강이 무력을 배경으로 중국을 분할하는 경쟁을 벌였다면, 워싱턴 회의 이후에는 열강이 경제력을 바탕으로 서로 권익을 인정하면서 협조했다. 이를 워싱턴 체제라고 부르는데, 1931년 만주사변이 일어날 때까지 약 10여 년 동안 유지되었다.

워싱턴 체제는 중국을 향한 열강들의 경제적 침략을 가속화했고, 베이징 정부를 차지하려는 군벌 사이의 전쟁을 격화시켰다. 군벌 전쟁은 무력을 직접 행사할 수 없던 열강들이 베이징 정부나 지역 군벌들을 도구로 삼아 진행한 대리전의 성격이 담겨 있었다. 사실 군사집단 사이의 대립은 군대를 장악하고 있던 위안스카이가 세상을 떠나면서 시작되었다.

1916년 6월, 위안스카이가 죽은 뒤에 계파 색이 옅었던 리위안훙이 총통 잔여 임기를 수행했다. 하지만 리위안훙은 실권이 없었고, 베이징 정부는 펑궈장과 돤치루이가 주도하고 있었다. 결국 장쉰의 복벽 사건을 거치면서 리위안훙은 총통 자리에서 물러났고, 펑궈장과 돤치루이는 각각 총통과 국무총리의 자리를 차지했다. 두 사람은 남북 대립의 해결을 놓고 각각 무력과 협상을 주장하면서 대립(총통부와 국무원의 갈등. 부원지쟁府院之爭)하다가, 둘 다 정치 일선에서 물러나기로 합의했고, 1918년 제2대 총통으로 쉬스창이 선출되었다. 하지만 두 사람은 여전히 막후에서 영향력을 발휘하며 경쟁했고, 1919년 12월 펑궈장이 세상을 떠나면서 돤치루이의 세상이 된 것처럼 보였다. 정부의 요직을 돤치루이의 사람들이 장악했다.

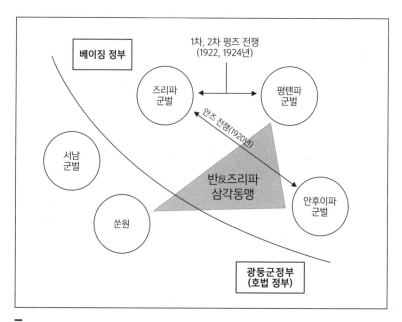

군벌 전쟁의 형세

돤치루이 세력의 독주는 오래 지속되지 않았고, 군벌 사이의 대립이 본격적으로 시작되었다. 펑궈장의 뒤를 이은 차오쿤曹锟은 우페이푸吳佩孚의 군사적 지원을 받으면서 즈리파를 이끌었고, 영국과 미국을 배경으로 세력을 확대했다. 얼마 뒤, 동북3성에서 일본의 지원을 받던 펑톈파奉天派의 수장 장쮀린張作霖이 즈리파에 합류했다. 즈리파와 펑톈파는 여섯 개 성을 더 끌어들였고, 안후이파에 반대하는 여덟 성이 동맹을 맺었다. 그들은 남북의 평화를 내세우며 안후이파를 압박했다. 1920년 7월, 즈리파와 안후이파의 대립은 전쟁으로 비화했

도표 내 텍스트:

1차, 2차 펑즈 전쟁
(1922, 1924년)

베이징 정부

즈리파
군벌

펑톈파
군벌

안즈 전쟁(1920년)

서남
군벌

반反즈리파
삼각동맹

안후이파
군벌

쑨원

광둥군정부
(호법 정부)

다. 든든한 후원 세력이 있던 즈리파는 안후이파를 제압했다(안즈전쟁安直戰爭). 그리고 전쟁에서 패한 돤치루이는 은퇴하여 톈진으로 떠났다.

베이징 정부는 즈리파의 차오쿤·우페이푸, 펑톈파의 장쭤린 그리고 안후이파였다가 즈리파로 전향한 펑위샹馮玉祥 등에 의해 움직이게 되었다. 돤치루이가 정치 일선에서 물러나자, 이번에는 즈리파와 펑톈파 사이에 대립이 표면화되었다. 즈리파는 베이징 정부를 완전히 장악하려 했고, 대외적인 상황도 그들에게 유리하게 작용했다. 워싱턴 회의의 결과는 국제무대에서 미국과 영국이 일본보다 확실히 힘의 우위를 갖고 있음을 확인시켜주었다. 일본이 중국에서 완전히 자국의 이익을 포기하거나 영향력을 잃은 것은 아니었지만, 1차 세계대전 이전과 비교했을 때 현저하게 입지가 줄었다. 이런 상황에서 즈리파는 영국을 배경 삼아 펑톈파를 누르고 정부를 장악하려 했다.

이 무렵, 남쪽 광둥의 정치 상황에도 변화가 있었다. 쑨원은 루룽팅에게 쫓겨 상하이로 떠났는데, 5·4운동을 겪으면서 조직된 시민의 힘이 중요하다는 사실을 깨달았다. 그래서 중화혁명당을 중국국민당으로 개명하고, 당수 중심이 아니라 당원 중심의 정당으로 탈바꿈시키려 했다. 1920년 11월, 쑨원은 천중밍陳炯明에 의해 루룽팅이 제거된 광둥으로 돌아왔다. 이듬해 4월, 쑨원은 광둥 정부의 대총통이 되었다.

한편 펑톈파는 즈리파의 공세적인 세력 확대에 불만을 품었다. 1922년 4월, 펑톈파는 구舊안후이파, 쑨원 등과 반反즈리 삼각동맹을 맺고 즈리파와 전투를 벌였다. 하지만 제1차 펑즈奉直전쟁은 즈리파의 승리로 끝났다. 장쭤린은 펑위샹의 군대에 패배하여 만리장성 밖으로 철수하여 동북3성에서 외부와 단절하고 독자적으로 통치한다는 폐관자치閉關自治를 선언했다. 친일 성향의 국무총리 량스이梁士詒는 일본으로 망명했다. 전쟁에서 승리하여 기세가 오른 우페이푸는 베이징 정부와 광둥 정부의 두 총통 쉬스창과 쑨원 모두 동시에 사임하라고 요구했다. 그가 리위안훙을 다시 베이징으로 불러들이자 쉬스창은 별 수 없이 총통 자리를 리위안훙에게 넘겨주었다. 광둥에서는 천중밍이 쑨원에게 반기를 들었다. 원래 천중밍은 북벌을 통해 중국을 통일하려던 쑨원의 생각에 반대했다. 그는 각 성들이 자치하는 형태로 연합하는 방식을 선호했던 터라 광둥 정부에도 참여하기를 거부했다. 쑨원은 광둥의 군대를 장악하고 있던 천중밍을 막아낼 힘이 없었고, 결국 다시 쫓겨나서 상하이로 떠났다.

즈리파는 펑톈파를 중심으로 하는 반대파들과의 전쟁에서 승리하고 베이징 정부를 장악했다. 하지만 승리의 전리품을 놓고 이번에는 즈리파 내부에서 분란이 생겼다. 차오쿤을 군사적으로 지원하던 우페이푸는 베이징으로부터 멀리 떨어진 뤄양洛陽에 있어서 차츰 영향력을 잃고 있었는데, 그 틈에 차오쿤은 베이징에 머무르던 펑위샹과 함께 정치적 야심을 드러냈다. 1923년에 들어서면서 정부의 재정이 바닥을 보였고, 공무원의 급여를 지불하지 못하게 되었다. 또한 각지에서 배후가 의심스러운 시위가 일어났고, 대총통의 사퇴를 요구했다. 그러자 리위안훙은 대총통의 자리에 물러났고, 차오쿤은 국회의원들에게 뇌물을 주고 선거를 실시하여 대총통으로 선출되었다.

한편 장쭤린은 폐관자치를 선언하고 동북3성에 머물면서도 베이징의 동향에서 눈을 떼지 않았다. 그리고 1924년 9월에 다시 반즈리 삼각동맹을 결성했고, 베이징으로 군대를 움직였다. 제2차 펑즈 전쟁에 동원된 병사는 25만 명으로 군벌 전쟁에서 최대 규모였다. 전쟁은 예상치 못한 변수 때문에 즈리파의 패배로 끝났다. 펑위샹이 베이징 정변을 일으켜 차오쿤을 가택에 연금하고 대총통의 자리에서 끌어내렸다. 그는 자신의 군대를 국민군이라고 했고, 쑨원의 국민당에 협력했다. 1924년 11월, 돤치루이는 정국이 혼미한 상황에서 베이징으로 복귀하여 임시 집정부臨時執政府를 구성했고, 자신은 임시 집정이 되었다. 하지만 이미 정치적 영향력이 약해진 돤치루이가 할 수 있는 일은 많지 않았고, 1925년 4월에 임시 집정의 자리를 내려놓고 다시 톈진으로 떠났다. 그가 떠난 뒤, 우페이푸와 장쭤린이 연합하여 다시 내각을 꾸렸지만, 베이징 정부는 정상적으로 기능하기가 어려웠다.

군벌 전쟁이 야기한 중국 사회의 불안은 중국 자본주의의 황금기라고 불리는 1차 세계대전 시기의 성과를 급속하게 물거품으로 만들었다. 물론 워싱턴 체제가 가져온 열강의 공세적인 무역 전략과 자본 투자도 중국의 경제에 타격을 주었다. 당시 열강의 기업들은 세계적인 규모에서 원료를 공급받고 제품을 판매하는 영업망을 구축하고 있었다. 따라서 중국의 기업들은 경쟁에서 밀릴 수밖에 없었고, 폐업을 하거나 외국 기업에 흡수되는 상황에 처하고 말았다.

5장
민국과 세계

청말민초에 중국인들은 과거에 경험하지 못했던 변화를 경험했다. 수천 년 동안 하늘 아래 가장 높은 지위를 가졌던 황제와 그 황제가 주인이었던 왕조는 부정되어 사라졌다. 그리고 불완전한 공화 체제가 등장했고 정착하는 데 진통이 거듭되었다. 천하의 중심이었던 중국은 세계 여러 나라 가운데 하나, 그것도 무기력한 나라이자 약탈의 목표물로 전락했다. 중국인들 사이에는 새로운 국가와 사회를 만들기 위한 치열한 논쟁이 있었고, 새로운 질서가 정착하지 못한 상황에서 잇속을 챙기는 집단들도 존재했다.

신구 갈등

수천 년 동안 경험하지 못했던 변화 속에서 청나라 사회는 질서의 변화를 꿈꾸는 사람들과 질서를 유지하려는 사람들 사이의 갈등과 대립을 피할 수 없었다. 갈등과 대립은 정치, 교육, 문화, 사회 등 각 분야에서 목격할 수 있었다.

먼저 정치 구조의 측면을 살펴보면 두 세력이 존재했다. 어떻게든 황제 중심의 왕조를 유지하는 선에서 변화를 추구하려는 세력과, 더는 청나라에 기대를 걸지 않고 공화정을 수립하는 길에 올라선 세력이 있었다. 이 같은 신구 갈등 혹은 보혁 대립은 국내뿐만 아니라 국외에서도 일어났다. 무술변법이 좌절된 이후에 변법파였던 캉유웨이와 량치차오는 일본에서 《신민총보》를 발행하여 황제를 지키자는 보황운동을 전개했다.

보황운동은 원래 입헌군주제를 반대하는 자희태후 중심의 보수파로부터 광서제를 지키기 위해 시작되었다. 보황파는 왕조를 아예 부정하는 혁명파와도 대립할 수밖에 없었고, 1905년 혁명 세력들이 연합하여 조직한 중국동맹회도 당연히 공격의 대상이었다. 보황파와 혁명파는 각각 《신민총보》(이하 《총보》)와 《민보》를 통해 자신들의 목소리를 높이고 상대방의 문제를 공격했다. 사실 영향력이라는 측면에서 본다면, 《민보》는 량치차오라는 거물이 이끌던 《총보》와 비교할 수 없을 정도로 약했다. 혁명파들은 전략적으로 강한 상대였던 《총보》를 공격함으로써 자신들의 존재감을 높이려 했다.

1905년 톈진에서 신건육군을 시찰하는 위안스카이와 동료들.
사진 속 인물들 중 다섯 명이 중화민국의 총통이 되었다.

1908년, 보황파가 상하이로 활동의 거점을 옮긴 뒤로는 조정의 탄압이 더 심해졌고, 그 결과 이전에 비해 세력이 급격히 약화되었다. 결국 조정에 입헌군주제를 요구하는 입헌운동의 중심은 관료와 향신을 중심으로 하는 입헌파에게 넘어갔다. 입헌파는 혁명파의 과격한 주장에 비판적인 입장을 견지하면서 조속히 의회를 개설해달라고 조정에 지속적으로 청원했다. 입헌파와 혁명파는 다소 우발적인 과정을 거치면서 진행된 신해혁명 과정에서 힘을 합치게 되었다. 혁명파는 청나라 사회의 주류였던 입헌파와 협조함으로써 공화정 사수라는 혁명의 대의를 지키려 했고, 입헌파는 혁명파가 만들어놓은 힘의 공백을 이용하여 자신들의 영향력을 극대화하려 했다.

중화민국이 수립된 후, 혁명파는 입헌파와 위안스카이를 중심으로 하는 군사 세력에 의해 정치의 중심에서 멀어졌다. 입헌파는 혁명에 지분을 가지고 있다고 믿었고, 그 지분은 쉽게 빼앗길 수 없는 것이라고 여겼다. 하지만 위안스카이도, 그의 뒤를 이은 군벌들도 혁명의

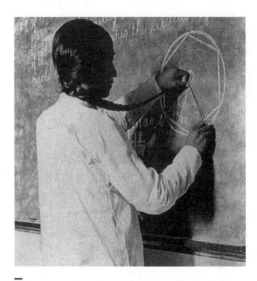
변발로 원을 그리는 학생

순수한 대의보다는 권력의 달콤한 이익에 더 집착했다. 중화민국 초
기의 정치적 혼란은 준비가 부족했던 혁명이 갑작스레 성공하고, 그
틈을 파고든 군사 세력이 혁명의 지분을 점유하면서 나타난 결과였
다.

　교육 분야의 신구 갈등은 주류 학문의 변화와 관련이 있었다. 왕
조 시대에 황제를 중심으로 하는 황실을 제외하면, 사회적으로 가장
깊이 존경받고 가장 큰 영향력을 지닌 사람은 관료였다. 관료가 되는
사다리는 과거제였고, 유교 경전에 대한 이해는 과거제 준비의 필수
조건이었다. 송나라 이후부터 계산하더라도, 유학은 이미 천 년 넘게
중국 사회에서 주류 집단의 사고방식을 지배해왔다. 무술변법으로 탄

생한 경사대학당, 청일전쟁에 패배한 이후 상하이에 건립된 난양대학 南洋大學은 각각 베이징대학과 자오퉁대학交通大學으로 발전했다.

유학과 과거제 중심의 학술 체계에 거대한 변화가 밀려들었다. 1901년, 신정이 실시되고 교육 제도가 개편되면서 전국의 성들마다 대학이 등장했다. 1905년에는 과거제가 폐지되었고, 과거 제도 아래 유학 경전을 공부하던 과거제 수험생들 가운데 일부는 국내의 중학이나 대학에 진학했고, 일부는 청일전쟁과 러일전쟁을 거치면서 떠오르는 강대국이었던 일본으로 유학을 떠났다. 대학에서는 경전 이외에 수학, 과학, 사회 등을 가르쳤고, 유교 경전은 과거의 독점적 지위를 상실했다. 또한 전국에 걸쳐 실시되는 관리 선발 시험이 없어지면서, 국가가 운영하는 대학의 졸업장이 관직으로 진출하는 데 중요한 보증 수표가 되었다. 신문화운동 시기에 베이징대학을 개혁해야 한다는 목소리가 나오게 된 이유 중 하나는 바로 관직을 얻기 위해 대학에 진학해서 오직 입신양명에만 관심을 두는 학풍 때문이었다.

새로운 교육 제도 아래에서 학생들은 과거 자신의 부모 세대와는 전혀 다른 환경에 놓였다. 그들은 이제 중국이 세계의 중심이 아니고 수많은 나라, 그것도 힘없는 나라라는 사실을 받아들였다. 또한 남성 중심적이고 시대에 뒤떨어진 가부장적인 가족 제도의 틀을 깨뜨려야만 했다. 하지만 사회에 뿌리 깊은 생각과 행태를 변화시키기 위해서는 더 많은 시간이 필요했다.

무너진 왕조와 새로 등장한 민국 사이에서 갈등이 때로는 폭력적인 방식으로 표출되기도 했다. 만주인 반대 정서는 소수인 만주인이 다수의 한인을 지배했던 청나라의 권력 구조 속에 잠복해 있었고, 언제든 소수가 힘이 약해져서 다수가 목소리를 높일 수 있는 계기만 주어진다면 표면화될 수 있었다. 더구나 한인은 끔찍한 과거의 일들을 잊지 않고 있었다. 만주족은 중국을 정복하는 과정에서 일부 지역 주민들을 잔혹하게 학살하고 각지에 주방을 설치하여 일종의 감시망을 확립했다.

혁명 공간에서 만주인 반대 정서는 극단적인 형태로 나타났다. 당시 청나라 조정은 혁명 인사들이 만주족을 하나도 남김없이 죽이려는 '위험한' 생각을 가지고 있다고 과장했고, 팔기 병사들과 한인 사이의 갈등을 부추김으로써 만주인 테러를 불러일으켰다. 중화민국 초기 만주인들은 먹고살기 위해 만주인이라는 사실을 숨겨야 할 정도로 편견에 시달렸고 차별을 받았으며, 이러한 편견과 차별은 혁명이 진행되는 동안, 한정된 지역에서 발생한 만주인 테러보다 더 큰 상처를 남겼다.

비밀 결사

19세기와 20세기의 전환기에 서양 열강은 군대를 앞세워 자신의 의지를 관철시키고, 선교사들은 열강의 지원으로 지역 사회에 영향력을 확대하고 있었다. 청나라의 구성원들에게는 자신의 안전을 책임질 믿음직한 보호자가 없었고, 중화민국에 들어서서도 상황이 크게 달라지지 않았다. 청나라 조정과 중화민국 정부 모두 못 미더워하던 백성과 시민들은 자신들에게 위안을 줄 대상을 찾으려 했다. 청말민초의 불안정한 정국 상황은 비밀 결사가 활동하기에 좋은 환경을 만들어주었다.

비밀 결사는 일반인들이 힘든 삶에서 정신적 위안을 얻거나 상호 부조를 위해 만든 각종 사회 조직으로 비밀 사회라고도 한다. 비밀 결사는 두 종류로 나뉜다. 백련교처럼 교주가 포교를 통해 교도를 모으는 방식으로 조직된 교문敎門 결사가 있고, 천지회처럼 형제 관계를 맺고 상호 부조를 진행하는 회당會黨 결사가 있다. 문향교聞香敎, 팔괘교八卦敎, 신권교神拳敎 등은 모두 사실상 백련교의 분파다. 삼합회三合會, 삼점회三點會, 가로회哥老會 등은 모두 천지회의 지파다. 교문계 결사는 주로 중국 북부에서 결성되어 활동했고, 회당계 결사는 주로 중국 중남부에서 결성되어 활동했다. 이 때문에 중국 역사에서 북교남회北敎南會라는 말이 습관적으로 사용되었다.

하지만 두 계열의 종교적 성격과 상호 부조의 성격은 서로 섞이기도 했다. 배상제회와 권회拳會를 예로 들 수 있다. 홍슈취안은 자신이 예수의 동생이라면서 배상제회의 교주로서 친인척을 비롯하여 일반인들에게 포교를 시작했다. 그는 종교 단체 명칭에 '회'자를 붙였다. 중국 남부 지역에서 회당계 결사가 성행했고, 일부 구성원들이 천지회에서 활동했던 경험이 있었기에 지역에서 익숙한 명칭을 사용한 것이다. 한편 의화단 사건을 주도했던 조직은 권회였고, 중국 북부의 산둥성 지역에서 시작되었다. 명칭 자체는 종교적 색채보다 상호 부조의 세속적 결사인 것처럼 보이지만, 백련교와 밀접한 관련이 있는 종교적 결사의 성격도 갖고 있었다.

비밀 결사는 낡은 사회의 전형으로 여겨졌다. 따라서 왕조 체제를 부정하고 공화정을 설립하려던 혁명 세력, 사회주의를 꿈꾸던 세력들과는 어울리지 않아 보인다. 하지만 사실 혁명 세력과 비밀 결사는 밀접한 관련이 있었다. 가로회와 홍창회紅槍會가 대표적인 경우다.

가로회는 쩡궈판이 태평천국을 진압하는 과정에서 조직된 상군과 함께 발전했다. 태평천국이 청나라 중남부를 휩쓸던 시기에 팔기와 녹영은 백성들의 안전을 지켜줄 수 없었다. 쩡궈판은 관료로서 지역 사회의 단련과 향용을 기반으로 상군을 조직했다. 상군의 구성원들은 혈연과 지연을 바탕으로 끈끈한 관계를 맺고 있었는데, 쩡궈판은 전투력을 키우기 위해 병사들이 상군 안에서 가로회와 같은 조직을 만드는 것을 허용했다. 가로회는 상군의 우산 아래에서 세력을 지속적으로 확대할 수 있었고, 태평천국이 진압된 후에는 집으로 돌아온 병사들을 중심으로 민간에서 가로회가 확산되었다.

반청 혁명을 이끌고 있던 혁명가들은 비밀 결사의 활동에 관심을 가졌다. 혁명가들은 비밀 결사의 수령들과 접촉했다. 그들은 비밀 결사 조직을 이용하여 혁명 조직을 발전시키고 반청 혁명에 도움을 받으려 했다. 신해혁명이 일어나기 전에 가로회와 천지회를 비롯한 회당계 비밀 결사들은 중남부 지역에서 반청 활동을 전개했고 혁명가들과 접촉했다. 가로회는 청나라의 정규군에도 흘러들었다. 1901년, 청나라가 신정을 실시하면서 신군을 건설했는데, 신군에 지원한 사람들은 대부분 파산 농민과 수공업자였다. 그 속에는 다수의 가로회 회원이 포함되었다.

중국동맹회 회원들 가운데 교육받은 사람들은 가로회에 직접 가입했고 지역의 가로회 두목들을 동맹회에 가입시켰다. 이 방식을 통해 비밀 결사 가로회와 혁명 단체 중국동맹회가 서로 도움을 주고받았다. 가로회는 교육받은 사람들과 연합함으로써 조직의 위상을 높일 수 있었고, 중국동맹회는 비밀 결사의 은밀하고 탄탄한 조직망의 도움을 받아서 혁명 활동을 전개했다. 쑨원은 해외에서 비밀 결사 치공당致公黨에 가입한 적이 있었고, 1918년에는 가로회와 같은 비밀 결사가 변함없이 혁명을 지원했다는 사실도 인정했다. 하지만 그는 비밀 결사 구성원들이 무지하고 응집력이 부족하기 때문에 혁명운동에서 주도적 역할을 하는 것을 반대했다. 중국동맹회가 만들어지기 전에 비밀 결사 가로회, 청방靑幫, 삼합회 등은 각각 화흥회, 광복회, 흥중회 등과 친밀한 관계를 맺고 있었다.

중국공산당도 조직을 확대하고 혁명운동을 전개하는 과정에서 비밀 결사의 도움을 받았다. 공산당 창당 초기 상하이에서 진행된 활동이 좋은 사례다. 상하이 노동자들은 대체로 외지 출신이었다. 그들은 대부분 동향 출신의 모임에 참여하여 외지에서 생활하는 데 도움을 받고 있었다. 그 동향 모임에는 안후이방安徽幫, 푸젠방福建幫, 산둥

방山東帮 등과 같은 지역 방회帮會가 있었다. 동향 모임보다 더 큰 방회로는 다양한 지역과 업종에 종사하는 노동자들을 회원으로 둔 청방青帮과 홍방紅帮이 있었다. 공산당원들은 방회에 가입하여 두목과 닭의 피를 나눠 마시고 의형제가 되는 의식을 치렀다. 그들은 방회의 회원들을 포섭하여 사상 교육을 통해 동조 세력으로 만들고, 혁명 활동에 도움을 받으려 했다.

마오쩌둥은 어렸을 때 고향 후난성의 가로회가 지주들을 공격하고 저항하는 장면을 직접 목격한 뒤로, 그 회원들을 영웅으로 여겼다. 또 신해혁명을 전후하여 후난성에서 가로회 회원들이 혁명에 참여하는 것을 높게 평가했다. 1926년, 마오쩌둥은 〈후난성 농민운동 시찰 보고서〉에서 후난성의 농민협회를 이끄는 지도부가 비밀 결사와 관련이 있다고 기록했다. 마오쩌둥과 혁명운동을 이끌었던 주더朱德는 신해혁명 직전에 가로회에 가입했고, 가로회의 형제애와 평등, 상부상조 정신을 충실하게 지켰다고 회고했다.

비밀 결사와 함께 민국 초기의 불안정한 사회 상황을 잘 보여주는 것이 토비(비적匪賊)였다. 왕조 말기에 각지에서 살인과 약탈을 자행하는 도적 떼가 극성을 부리는 것은 특별한 현상이 아니다. 그런데 중화민국은 건국 이후에도 왕조와 공화정 체제의 안정적인 전환을 이뤄내지 못했고, 정치적 혼란이 지속되면서 토비들이 활개를 치게 되었다.

민국 초기는 비밀 결사나 토비가 활동하기 좋은 환경을 갖추고 있

—
1920년대, 비적이 비만에 걸린
중국인의 배 속에 자리 잡고 있
다고 풍자한 일본 만평

었다. 비밀 결사나 토비의 성쇠는 국가 권력의 상황과 밀접하게 관련
되어 있는데, 민국 초기는 정치가 불안했고 사회적으로도 격변하고
있었기 때문이다. 따라서 국민정부라는 비교적 안정된 권력이 등장하
자, 비밀 결사의 활동은 지역에 따른 편차가 있기는 했지만 차츰 위
축되었다.

국제 관계

베이징 조약이 체결된 지 15년이 지난 뒤, 청나라는 비로소 정식
으로 영국에 외교관을 파견하고 대사관을 개설했다. 청일전쟁 이전
까지 국제 관계는 열강이 청나라에 무언가를 요구하면 청나라가 난
색을 표하다가 결국 압력에 굴복하여 들어주는 과정을 반복했다. 청
일전쟁이 끝난 뒤에도 장제스蔣介石가 주도하는 국민정부가 수립될 때
까지, 중국의 대외 관계는 여전히 서양 열강의 우위 속에서 전개되었

다. 하지만 청일전쟁, 조선의 식민지화, 중화민국 건국, 러시아혁명 등과 같은 사건들이 중국의 대외 관계를 과거보다 더 다채롭고 복잡하게 만들었다.

청일전쟁은 일본을 중국의 대외 관계에서 중요한 요소로 만들었다. 한낱 섬나라로 무시당하던 일본이 청나라의 해군과 육군에 압도적인 전투력으로 승리했고, 그 승리는 아시아뿐만 아니라 세계에서 일본의 위상을 달라지게 했다. 일본은 이제 열강의 일원으로서 아시아에서 과거 청나라의 지위를 대신하는 나라로서 행동했고, 그것은 러일전쟁 이후 조선을 차례로 보호국, 식민지로 만들면서 현실이 되었다.

청나라가 떠오르는 일본을 대하는 방식은 자국의 힘을 키우는 것이 아니었다. 삼국 간섭을 통해 영향력을 보여준 러시아를 통해 일본을 견제하려 했다. 시모노세키 조약이 체결된 후, 리훙장은 청일전쟁의 패배로 비판을 받고 있었다. 그는 몸이 아프다는 핑계로 즈리 총독 겸 북양대신에서 물러나 톈진에 머물렀다. 1896년 1월, 리훙장은 석 달 만에 러시아 니콜라이 2세의 대관식에 참석하면서 관직에 복귀했다.

당시 리훙장은 72세의 고령이었는데, 190일 동안 러시아, 독일, 프랑스, 네덜란드, 벨기에, 영국, 미국 등 일곱 나라를 방문했다. 1896년 1월, 리훙장은 일본을 견제하기 위하여 러시아에 동북철도 부설권을 제공하는 비밀 협약을 체결했다. 러시아는 비밀 협정을 체결한

리훙장의 영국 방문 기념사진. 왼쪽부터 수상 솔즈베리, 리훙장, 외교차관 커즌

뒤 1년 만에 뤼순旅順과 다롄大連을 강점했다. 독일에서는 비스마르크와 환담했고, 독일 교관을 초빙하여 청나라 군대의 훈련을 맡기는 일을 논의했다. 곧이어 네덜란드, 벨기에를 거쳐 영국으로 건너가서 빅토리아 여왕을 만나고 수상을 접견했다. 그 뒤, 대서양을 건너 미국 대통령을 만난 뒤에 캐나다 오타와에서 증기선을 타고 귀국했다. 리홍장은 노구를 이끌고 반년이 넘는 순방 외교를 통해 청나라의 외교적 성과를 거뒀다고 생각했을지도 모른다. 하지만 그것은 개인적 차원의 세계 여행에 지나지 않았다. 냉정한 시각에서 청나라는 서양 열강과 일본이라는 동업자의 탐욕 앞에 무방비 상태로 놓여 있는 먹잇감에 불과했을 뿐이다.

19세기가 저물고 20세기가 시작되던 시기에 청나라의 국제 관계는 비이성이 지배하게 되었다. 자희태후는 무술변법을 좌초시킨 뒤, 광서제와 열강이 결탁되었다고 여겼다. 그녀는 비밀 결사와 결합된 종교 집단이었던 의화단이 자신을 대신하여 열강에 복수해줄 거라고 믿었지만 그 결과는 처참했다. 열강은 청나라 조정을 더는 신뢰하지 않았고, 청나라는 정상적인 외교 관계를 지속할 수 없게 되었다. 자희태후는 비이성적이었으나, 그녀를 견제할 장치가 없었다. 그런데 자희태후가 없는 청나라는 더 혼란스러웠고, 중앙 조정은 존재감이 없었다. 1911년 혁명이 일어나자, 열강은 무력을 지휘하던 군사 실력자 위안스카이를 더 신뢰했다. 그 이유는 위안스카이가 중국에서 자신들의 경제적 이익을 계속 지켜줄 것이라고 믿었기 때문이다.

1912년 3월, 임시 대총통에 취임한 위안스카이와 외국 공사들의 기념사진

　　베이징 정부 시기 중화민국의 국제 관계는 위안스카이가 통치하던 때와 그가 죽은 뒤에 군벌이 할거하던 때로 나눠서 살펴볼 수 있다. 위안스카이는 열강의 지지를 바탕으로 혁명파와의 협상에서 우위를 차지했고, 임시 대총통이 될 수 있었다. 위안스카이는 국가의 재정이 어려운 상황에서 영국, 프랑스, 독일, 러시아, 일본 등 열강으로부터 차관을 들여와 권력을 유지했다. 또한 외교, 법률, 군사 등의 분야에서 외국인 고문들의 자문을 받았다. 중화민국 초기에 외국인 고문의 대다수는 일본인이었다. 아리가 나가오_{有賀長雄}는 위안스카이에게

중국의 주권을 보호하기 위해 중앙 집권을 강화해야 한다고 조언했고, 21개조 요구가 부당하다고 일본 정부에 탄원하기도 했다. 해관에는 로버트 하트를 이어 외국인들이 총세무사를 맡았는데, 레스터 녹스 리틀Lester Knox Little은 1909년부터 40년이나 근무했다.

위안스카이는 청나라 때와는 다른 형태의 국제 관계를 만들어 중화민국이 열강과 평등한 외교를 지향할 수 있도록 노력하지 않았다. 그에게 국제 관계는 자신의 권력을 유지하고 더 나아가 중화제국의 황제가 되기 위한 수단으로 이용되었다. 특히 열강에게 이권을 넘겨주는 대신 차관을 도입하는 나라를 팔아먹는 일도 전혀 거리낌이 없었다. 그 결과 위안스카이의 가장 큰 지지 기반이었던 군사 세력도 그에게 반기를 들게 되었다.

중화제국을 부활시키려는 시도가 실패하고, 1916년 위안스카이가 죽은 뒤에 그의 후계자들이 노골적으로 무력을 동원하여 권력 투쟁에 몰두하면서 국제 사회에서 중화민국의 위상은 더욱 추락했다. 열강의 입장에서 중화민국의 혼란은 정치적 이득을 챙길 수 있는 더할 나위 없이 좋은 기회였다. 중앙정부의 힘이 미치는 범위가 줄어들자, 열강과 지역 군사 세력이었던 군벌이 열강과 개별적으로 결탁하는 틈새가 만들어졌기 때문이다.

이제 중화민국과 열강 사이의 국제 관계는 베이징 정부가 아닌 지역 군벌과 열강 사이의 개별적인 관계로 변질되었다. 대표적인 군벌이었던 안후이파와 펑톈파는 일본, 즈리파는 미국과 돈독한 관계를 유지했다. 그리고 중남부의 군벌들은 베이징 정부의 통제에서 벗어나 독자적으로 헌법과 군대를 거느리고 열강과 관계를 맺으면서 연성자치聯省自治를 추진했다. 한편 1917년에 광둥에서는 군벌에 의해 광둥 군 정부가 수립되었고, 쑨원이 초빙되었다. 광저우군 정부의 구성원과 주도 세력은 차이가 있지만, 크게 보면 1920년과 1924년의 광둥군 정부를 거쳐 1928년의 국민정부로 이어진 것으로 볼 수 있다.

요컨대 1910년대 후반부터 국민정부 수립 이전까지 중국에는 크게 베이징 정부, 광둥 정부, 그리고 연성자치 추진 군벌 등 세 가지 세력이 존재했다. 이 세 가지 세력은 개별적으로 열강과 관계를 맺었고, 국제 관계를 자신의 정치적 영향력을 확대시키는 기회로 활용했다. 이러한 국내 정치의 불안은 1차 세계대전 승전국의 일원으로서 지분을 얻지 못하게 만들었고, 오히려 중화민국의 국제적 지위는 자국의 이익을 확보하기 위해 경쟁하던 열강들 사이에서 갈수록 낮아졌다.

4부

국민당의 중국 통치

1910년대 중반 중국에서 서양 열강의 경쟁이 줄어들면서 한동 안 중국 경제는 호황을 누렸고, 민족자본가도 급속하게 성장할 수 있었다. 하지만 중국 자본주의의 황금기가 지나가자, 중국의 경제에는 어두운 그림자가 드리워지기 시작했고, 군벌들 사이의 전쟁도 격화되었다. 5·4운동을 거치면서 대중의 정치적 힘을 경험한 학생과 시민들은 정치 불안과 경기 침체를 해결하기 위 한 방법으로 정치에 관심을 갖게 되었다. 그러면서 중국 사회의 변화를 바라는 열망을 담아낼 수 있는 정치 조직의 필요성이 대 두되었는데, 그 열망을 담아낸 정당이 국민당이었다.

1장
국민당의 승리

1916년에 위안스카이가 죽자, 그가 단련시킨 군인들은 베이징 정부를 둘러싸고 권력 다툼을 벌였다. 펑궈장·차오쿤의 즈리파, 돤치루이의 안후이파, 장쭤린의 펑톈파 등 군벌들에게 가장 중요한 것은 중앙의 권력이나 자신의 지역에서 이권을 차지하는 것이었다. 사적인 이익을 우선시하는 태도는 군벌들 사이의 전쟁으로 이어졌고, 열강들에게 이용당하여 대리전을 수행하기도 했다. 중앙의 정치가 혼란한 상황에서 학생들과 시민들은 중국의 앞날을 걱정했고, 진보적인 지식인들은 열강에 대항하는 사상적 무기로 사회주의를 받아들였다.

국민당 개조

쑨원은 광둥에서 군벌 루룽팅과 천중밍에게 쫓겨나는 굴욕을 당했다. 1918년, 루룽팅에게 쫓겨나서 상하이에 머무는 동안 5·4운동을 겪으면서 대중운동의 힘을 목격했고, 중화혁명당을 중국국민당으로 개명했다. 1920년, 안즈 전쟁으로 베이징 정부가 혼란에 빠지자 광둥에서 천중밍이 쑨원을 불러들였고 광둥 정부가 수립되었다. 천중밍은 광둥 지역을 군림하는 데 만족했고, 다른 성들도 자치를 유지하면서 서로 필요할 때 돕는 연성자치를 선호했다. 반면 쑨원은 북벌을 통해 군벌들을 제거하고 전국을 통일하는 것이 민주공화제를 다시 회복하는 길이라고 여겼다. 당시 천중밍은 강력한 군대를 보유했고, 쑨원은 그렇지 못했다. 결국 쑨원은 1922년 6월에 두번째로 광저우에서 쫓겨나 상하이에 머무르게 되었다.

상하이에서 절치부심하던 쑨원은 반전의 기회를 모색했고, 소련과 코민테른의 도움으로 그 기회를 마련하려 했다. 쑨원은 이미 1921년 12월에 구이린에서 코민테른의 대표였던 마링을 만났었다. 당시 마링은 쑨원과 두 차례 만남을 가졌고, 국민당이 중국공산당과 협력하고 소련과 우호적인 관계를 맺었으면 한다는 의사를 밝혔다. 소련과 코민테른이 국민당과의 협력에 적극적이었던 이유가 있었다. 당시 소련은 사회주의 혁명에는 성공했지만 유럽에서 다른 나라들로부터 고립되고 있었다. 레닌의 예상과 달리 다른 나라에서 사회주의에 동조하는 혁명이 일어나지 않았기 때문이다. 그래서 소련은 전략을 수정했고, 코민테른은 제국주의에 반대하는 민족주의자들과 연합하는 것이 사회주의의 영향력을 확대하는 데 도움이 된다고 판단했다. 하지만 쑨원은 마링의 제안을 거부했다. 그는 중국에서는 사회주의를 실현할 수 없다고 여겼다. 또한 중국공산당 세력이 너무 미약해서 협력 대상이 아니라고 생각했으며, 펑톈 군벌과 안후이 군벌의 협력을 통해 즈리파를 공격하려는 구상을 갖고 있었다.

1922년 8월, 마링은 상하이에서 다시 쑨원을 만났고 소련 및 중국공산당과 협력하라고 권유했다. 그들은 당시 중국공산당 총서기였던 천두슈와도 만나서 국민당과 협력하도록 제안했다. 쑨원은 북벌의 발판으로 삼았던 광둥을 잃었고, 그 광둥을 되찾아서 다시 북벌을 진행하기 위해서는 누군가의 도움이 절실했다. 그는 원래 일본의 인사들과 친분이 두터웠지만, 이제 일본의 도움을 기대할 상황이 아니었다. 따라서 중국공산당과의 협력을 전제로 재정과 군사적 도움을 주겠다는 소련의 제안에 적극적으로 반응했고, 1923년 1월에 쑨원-이오페 선언으로 소련과 연합하고 공산당을 용인하는 연소용공聯蘇容共 노선이 공식화되었다.

한편 천두슈는 기본적으로 쑨원의 노선에 부정적이었다. 그는 소수의 인물을 중심으로 군대를 동원하여 진행하는 쑨원의 혁명 방식이 진부하다고 여겼다. 그는 새로운 사회 혁명에서는 노동자와 농민을 비롯한 대중이 중심에 서야 한다고 생각했다. 더구나 마링은 당대 당의 협력이 아니라 공산당원들이 국민당에 개인 자격으로 가입하는 형식을 제안했다. 공산당원들은 대등하지 않은, 굴욕적인 방식의 협력에 부정적이었고, 코민테른에 당 대 당의 협력을 요청했다. 하지만 코민테른은 그들의 뜻을 받아들이지 않았다.

공산당원들은 코민테른의 결정을 두고 격렬하게 논쟁을 벌였다. 중국공산당과 국민당은 둘 다 제국주의와 군벌을 타도한다는 대의에는 공감했다. 하지만 조직 내부의 상황을 자세히 들여다보면 차이가 났다. 중국공산당을 이끌고 있던 천두슈나 장궈타오는 노동자와 농민이 주도하는 계급 혁명을 통해 중국 사회를 변화시켜야 한다고 생각했다. 그런데 국민당은 중화혁명당 때와 달리 대중운동에 전향적인 태도를 보였을 뿐이고, 사회주의 혁명에 부정적인 생각을 지닌 당원들이 여전히 존재했다. 두 당의 차이에도 불구하고 협력이 성사될수 있었던 것은 쑨원과 코민테른의 힘 덕분이었다. 쑨원은 당에 대한 장악력을 바탕으로 내부의 반대를 물리치고 소련의 지원을 받는 대가로 협력을 밀어붙였고, 공산당에서는 코민테른의 방침에 찬성하는 쪽이 다수를 차지하면서 표결을 통해 협력이 관철되었다.

형식적으로 국민당과 중국공산당 사이의 협력에는 세 축이 있었다. 쑨원, 코민테른(소련), 중국공산당원들이 그것이다. 쑨원은 국민당에서 여전히 강력한 영향력을 가지고 있었지만 광둥에서 쫓겨난 뒤에 정치에서 완전히 잊힐 수도 있다는 위기감을 느끼고 있었다. 코민테른은 세계의 프롤레타리아가 단결하는 혁명이 어렵다는 판단을 내렸고, 사회주의 국가 건설을 위해 제국주의의 포위로부터 자국을 지켜내야 한다는 절박함이 있었다. 중국공산당원은 1922년 현재 195명에 불과한 상태였고 당을 지켜내고 당세를 확장하기 위해서는 코민테른의 지원이 필수적인 상황이었다. 이런 상황에서 국민당과 중국공산당의 협력은 쑨원과 코민테른이 주도했고, 공산당원들의 생각은 크게 중요하지 않았다. 양당의 협력에 대한 국민당 내부의 반대는 쑨원의 권위에 의해, 공산당 내부의 반대는 코민테른의 압박에 의해 무마되었기 때문이다.

이렇듯 양당의 협력에서 쑨원이 가진 역할과 영향력은 절대적이었는데, 이 점은 역설적으로 양당의 협력에서 취약한 고리가 될 수도 있었다. 중국공산당은 코민테른의 지원으로 창당했고 공산당원들은 세력이 약한 상황에서 코민테른의 지시를 따랐지만, 내부의 반발이 잠복된 상태였다. 한편 코민테른(소련)은 카라한 선언을 통해 중국의 진보적 지식인들의 마음을 얻었고, 나중에는 말을 바꿔서 제국 러시아의 이권을 계속 보유했으며, 제국주의에 반대하는 세력과 연대하여 중국에서 정치적 영향력을 유지했다. 양당의 협력에 대해 국민당은 개조라고 여겼고, 중국공산당은 합작(제1차 국공합작)이라고 여겼다. 공산당원이 개인 자격으로 국민당에 입당하는 형식을 띠고 있었다는 점을 고려한다면, 당시 국민당이 공산당을 흡수한 것이니 개조라고 보는 편이 더 적절할 듯하다.

국민혁명

1923년 1월, 쑨원은 아돌프 이오페Adolf Ioffe와 공동 선언을 한 이후에 소련의 지원을 바탕으로 군대를 이끌고 자신이 쫓겨났던 광저우를 공략했다. 천중밍은 쑨원이 이끄는 토벌군에게 쫓겨 후이저우로 달아났다. 그해 3월, 쑨원은 광저우에서 다시 광둥 정부를 수립하고 대원수로 취임했다. 8월에는 장제스를 단장으로 하는 시찰단이 모스크바를 방문하여 4개월 동안 산업 시설과 군대를 살펴보았다. 귀국 후, 장제스는 연소聯蘇·용공容共은 삼민주의에 어긋나므로 반대한다는 보고서를 쑨원에게 보냈지만 받아들여지지 않았다. 같은 해 10월, 국민당은 개조특별위원회를 설치했고, 중국공산당 측의 리다자오를 후보 위원에 임명하여 당 개조 작업에 참여시켰다.

1924년 1월, 공산당원들을 받아들인 국민당이 제1차 전국대표대회를 개최했다. 여기에는 새로이 선출된 중앙위원 스물네 명 가운데 리다자오를 비롯한 세 명, 중앙위원 후보 열일곱 명 가운데 마오쩌둥과 장궈타오를 비롯한 일곱 명의 공산당 출신이 포함되었다. 이 대회에서 제국주의의 침략에 반대하는 민족주의, 군벌의 전제에 반대하는 민권주의, 토지와 자본 독점을 반대하는 민생주의 등 신삼민주의가 선언되었다. 신삼민주의는 연소·용공·노농부조勞農扶助 등 삼대 정책과 함께 국민당의 강령이 되었다. 일반적으로 이때부터 중국혁명이 국민혁명의 시기로 접어들었다고 본다. 국민혁명은 공산당을 흡수한 국민당이 제국주의와 결탁한 군벌에 대항하여 진행한 반제국주의·반군벌 전쟁을 의미했다.

　새롭게 몸집을 불린 국민당은 국민혁명을 진행하기 위한 발걸음을 재촉했다. 1924년 6월, 황푸군관학교를 창설하여 교장에 장제스, 정치부 주임에 저우언라이를 임명했고, 혁명군을 이끌 장교들을 육성했다. 이 학교에는 의열단을 이끌던 김원봉을 비롯한 조선인도 서른네 명이 입학하여 교육을 받았다. 1924년 7월, 국민당은 농민운동의 간부를 양성하는 농민운동 강습소를 설립했는데, 1926년에는 마오쩌둥이 소장, 저우언라이가 교사로 활동하기도 했다.

　1924년 9월, 제2차 펑즈 전쟁이 일어났을 때, 광둥 정부는 즈리파에 반대하는 반즈리 삼각동맹의 일원으로 전쟁에 참가했다. 펑톈파는 안후이파와 국민군의 도움으로 전쟁에서 승리했고, 장쭤린과 펑위샹은 돤치루이를 임시 집정으로 앉힌 뒤에 쑨원에게 베이징으로 올라와달라고 요청했다. 당시 중국에서는 차오쿤의 뇌물 선거로 신뢰를 잃은 베이징 정부를 대신하여 모든 조직·단체를 망라한 국민회의를 열라는 여론이 형성되었다. 1924년 11월, 쑨원은 여론에 호응하여 민족의 독립과 민중의 평등이라는 국민혁명의 목적을 실현하기 위하여 베이징으로 가겠다는 북상 선언을 발표했다. 그는 베이징으로 가기 전에 일본 고베神戶에 들렀고 대아시아주의라는 제목으로 강연을 했다. 대아시아주의는 서양의 패도霸道에 맞서 아시아인들이 힘을 합치고 일본의 발전을 본받아서 동양의 왕도王道를 실현하자는 것이었다. 쑨원이 보기에 일본이 조선을 식민지로 지배하는 현실은 아시아인의 단결에 걸림돌이 될 수 없었다.

베이징에서의 협의는 순조롭게 진행되지 못했다. 장쭤린 등은 군벌과 관료 모두가 참여하는 선후회의先後會議를 열고 중앙정부의 형식을 정비하자고 제안했고, 쑨원은 백성들의 뜻을 제대로 반영할 수 있는 국민회의를 개최하려는 구상을 갖고 있었다. 양측의 의견은 접점을 찾지 못했다. 더욱이 쑨원은 간암으로 건강이 악화되었고, 수술 경과도 좋지 않았다. 1925년 3월, 쑨원은 병석에서 일어나지 못하고 세상을 떠났다.

쑨원의 죽음은 국민혁명과 국민당에게 위기였다. 쑨원이 국민당에서 절대적 권위를 지니고 있었기 때문이다. 그가 중국공산당이나 장쭤린과 같은 군벌과 협력을 추진했을 때, 당내 반대를 무마시키고 협력함으로써 일거에 정국의 주도권을 쥘 수 있게 되었다. 국민당 내에서 절대적 권위를 지닌 인물이 사라진 것은 당을 일사불란하게 이끌 구심점이 사라졌음을 의미했다. 또한 장쭤린을 비롯한 군벌은 쑨원이 죽자 더는 국민당과 손을 잡아야 할 필요성을 느끼지 않았다. 그 결과, 국민당은 자칫 군벌들 사이에서 고립될 수도 있는 위기 상황에 빠졌다.

국민당은 위기 상황을 돌파하기 위해 우선 소련·코민테른과의 협력을 강화했고, 농민과 노동자를 조직화하는 대중운동에 박차를 가했다. 즉, 국민당은 기득권 세력이 군벌과 결별하고 혁명성을 강화하는 방식으로 위기를 돌파하려 했다. 1925년 7월, 국민당은 대원수가 이끌던 광둥 정부를 당의 중앙집행위원회가 이끄는 국민정부로 개편했다. 중앙집행위원회 위원 16인의 합의를 통해 국민정부의 주석에 왕징웨이汪精衛가 선출되었다. 정부의 최고 고문에는 코민테른이 파견한 미하일 보로딘Mikhail Borodin이 임명되어 연소·용공 정책을 지원했다.

1925년 8월, 국민정부는 황푸군관학교의 군인을 중심으로 국민혁명군을 조직했다. 국민혁명군은 다섯 개 군단으로 구성되었는데, 당에서 각 군단에 대표를 파견하여 정치 교육을 진행했다. 장제스는 국민혁명군 제1군단의 군장軍長에 임명되었고, 10월에는 천지웅밍陳炯明 군대를 완전히 섬멸하는 전공을 세웠으며, 1926년 2월에는 국민혁명군 총사령관이 되었다.

국민당 내부에는 처음부터 공산당과의 협력에 부정적이었던 집단이 존재했다. 그들은 공산당에 반감을 가지고 있었지만, 쑨원이 살아 있을 때는 노골적으로 불만을 드러내지 않았다. 하지만 쑨원이 세상을 떠나자 상황이 바뀌었다. 다이지타오戴季陶 등 우파는 베이징 교외의 시산西山에 모여 공개적으로 당 중앙을 비판했다.

그러던 중 1925년 8월, 좌파 지도자 랴오중카이廖仲愷가 광저우에서 암살당했다. 1926년 3월 20일에는 해군의 공산당원이 반란을 계획한다는 구실로 장제스가 계엄령을 내려 중산함中山艦에 있던 공산당원을 체포하고 소련인 고문단의 주거지를 포위하라는 명령을 내린 중산함 사건이 일어났다. 중산함 사건을 계기로 장제스는 공산당에 대한 반감을 노골적으로 드러냈다. 그해 5월, 그는 당무정리안黨務整理案을 통과시켜 공산당원들을 국민당의 중앙부장직에서 배제했고, 왕징웨이를 신병 치료차 프랑스로 출국하게 만들었다. 장제스가 용공정책에 반대하여 공산당을 배제했지만, 현실적으로 소련의 도움은 필요했기 때문에 연소 정책은 유지했다. 그는 소련의 지원을 얻어내기 위해서라도 국민혁명을 추진하고 북벌을 진행해야만 했다.

1926년 7월 1일, 국민혁명군 총사령관 장제스는 전군에 동원령을 내렸고, 제국주의와 군벌을 타도하고 인민의 통일정부를 건설하기 위하여 북벌 전쟁을 시작했다. 10월 10일, 국민혁명군은 신해혁명의 성지 우창과 한양·한커우가 합쳐진 도시 우한을 점령했다. 1927년 1월, 국민정부는 수도를 광저우에서 우한으로 옮겼다. 우한의 국민정부 내에서는 소련 고문 보로딘을 비롯하여 좌파의 영향력이 강했고, 프랑스에 있던 왕징웨이를 다시 불러들여 좌파 세력을 강화하려는 움직임이 있었다. 이런 사정 때문에 장제스는 우한 정부에 합류하지 않았고, 장시성 난창南昌에서 군대를 지휘했다. 1927년 3월, 상하이에서 노동자들의 무장 봉기가 일어났는데, 그들은 군벌 쑨촨팡孫傳芳의 군대를 쫓아냄으로써 국민혁명군의 중국 중남부 통일에 힘을 보태주었다. 4월에는 왕징웨이가 귀국하여 국민정부에 복귀했다.

장제스는 국민당 안에서 공산당 중심의 좌파들이 세력을 확대하는 것을 경계했다. 그는 자신을 쑨원의 후계자라고 말했고, 국민정부는 국민당이 국가를 다스리는 이당치국以黨治國의 원칙을 따라야 한다고 믿었다. 1927년 4월 12일, 장제스는 좌파의 세력 확장에 위기감을 느꼈고 노동자 조직이었던 총공회總工會에 군대를 보내 공산당을 탄압했다(4·12 쿠데타). 공산당은 속수무책으로 상하이에서 쫓겨났다. 4월 18일, 장제스는 난징에 국민정부를 수립했다. 이로써 우한과 난징에서 두 국민정부가 대립하게 되었다. 이것은 국민당 좌파와 우파, 왕징웨이와 장제스, 국공 협력 정부와 반공 정부 사이의 대립이라는 성격을 갖고 있었다. 두 정부의 대립은 3개월 만에 싱겁게 끝났다. 압도적인 무력을 지닌 장제스의 군대 앞에서 우한의 국민당 좌파는 7월에 공산당과 결별하고 난징의 국민정부에 합류했다. 이로써 국민정부는 다시 하나로 통합되었다.

국민정부

국민당이 공산당과 결별하고 장제스의 입지가 강화되자, 즈리 군벌 펑위샹과 산시 군벌 옌시산閻錫山이 국민혁명군의 북벌에 참여하겠다고 선언했다. 군벌들의 참여로 국민혁명군의 북벌은 한층 더 추진력을 얻을 수 있게 되었다. 그런데 원래 국민혁명의 목표가 제국주의와 군벌에 반대하는 것이었다는 점에서, 이들의 가세는 국민혁명군의 성격을 복잡하게 만들었고, 공산당과의 협력 때와 같은 내부 갈등의 요소를 안게 되었다.

1928년 4월부터 전력이 강화된 북벌군은 베이징을 점령하던 장쭤린을 공격하기 위해 북상했다. 그런데 이때 일본군이 자국민을 보호한다는 명분으로 지난에서 북벌군을 공격하고 교전을 벌이는 지난 사건을 일으켰다. 일본은 중국에 나타난 통일의 분위기에 자국의 이권을 잃을 수 있다고 우려했다. 그래서 지난 사건을 일으켜 북벌군의 북상을 막고, 펑톈파 군벌 장쭤린을 지원함으로써 북벌을 저지하려 했다.

하지만 두 계획은 모두 실패했다. 국민혁명군은 지난에서 일본군을 물리쳤고, 장쭤린의 군대도 격파하여 베이징에서 쫓아냈다. 사실 장쭤린은 북벌을 저지하는 것보다 자신의 군대를 유지하는 데 더 관심을 갖고 있었고, 상황이 불리해지자 곧바로 군대를 이끌고 동북 지역으로 퇴각하기 시작했다. 일본의 관동군은 장쭤린이 군대를 이끌고 동북 지역으로 돌아오면 자신들의 영향력이 축소될까 우려했다. 그런데 장쭤린이 타고 있던 열차가 관동군에 의해 폭파되었고, 장쭤린은 세상을 떠났다. 그가 죽은 뒤, 그의 아들 장쉐량張學良은 일본군에 반기를 들었고, 일본국기 대신에 국민정부의 청천백일기를 내걸고 장제스를 지지하는 동북역치東北易幟를 선언하며 국민혁명군에 합류했다. 이로써 위안스카이와 군벌들이 중국을 지배했던 베이징 정부 시대가 끝나고, 국민정부(난징 국민정부/난징 정부)시대가 막을 올리게 되었다.

1928년 10월, 국민당은 중앙상무위원회를 개최했고, 국민정부조직법과 훈정대강訓政大綱을 통과시켜 행정원·입법원·사법원에 관리의 임면 및 감사를 진행하는 고시원·감찰원을 더하여 다섯 원을 두는 정부를 출범시켰다. 국민정부는 국민혁명을 통해 탄생했고 중화민국의 정통성을 계승한다고 표방했다. 하지만 신해혁명의 정신은 변형되었고, 군정軍政에서 헌정憲政으로 넘어가는 과도기에 해당하는 훈정이 선포되었다. 장제스는 국민당 중앙상무위원회와 군사위원회 주석으로서 국민정부의 주석 및 육해공 총사령관이 되어 당·정·군을 지휘하는 최고 권력자가 되었다. 이제 중화민국은 수도를 난징에 두고, 국민당이 이당치국의 방식으로 국가를 이끌었고, 장제스는 당과 국가의 최고 정점에 있었다.

훈정 체제에서 행정원은 입법원과 사법원을 거느렸고 고시원과 감찰원도 지휘했다. 각 원의 원장은 국민당 중앙집행위원회에서 임명했다. 원들 사이에서 의견이 대립하여 결론이 나지 않으면, 국민정부 위원으로 구성된 국무회의에서 결정했다. 결국 행정원이 네 원을 통솔했고, 행정원은 다시 국민당의 통제 아래 있었으며, 국민당은 장제스의 명령을 따랐다. 훈정 체제는 신생 정부가 신속하게 안정되는 데 도움을 주었지만, 시간이 지남에 따라 당 독재를 넘어 개인 독재의 성격을 강하게 만들 수도 있었다.

국민당은 중국의 독립과 통일을 지향하는 민족주의 성향을 가진 정당이었고, 중국인들은 제국주의와 군벌의 횡포로부터 벗어날 수 있다는 희망으로 국민당과 국민혁명군을 지지했다. 국민정부는 정부 수립의 정통성을 강화하기 위해 대외적으로 관세자주권의 회복을 비롯한 불평등 조약의 철폐를 추진했다. 관세자주권의 상실은 중국의 발전을 가로막는 가장 큰 장애물이었다. 중국은 세율을 스스로 결정할 수 없었고, 각국과 협정을 통해 결정했다. 그래서 외국 수입품은 일률적으로 5퍼센트의 최저 관세가 매겨졌다. 낮은 관세는 산업이 뒤처진 중국을 발전하지 못하게 발목을 잡았을 뿐 아니라 중국을 외국 기업의 판매지로 전락하게 만들었다.

관세자주권의 회복은 바로 국권을 회복하고 경제 발전을 위하여 가장 시급히 해결해야 할 과제였다. 국민정부는 열강과 관세자주권 교섭에 착수했다. 1928년 7월에 미국이 중국의 관세자주권을 승인한 것을 시작으로, 연말까지 거의 대부분의 나라와 벌인 교섭이 마무리되어 관세자주권을 회복했다. 일본은 지난 사건으로 교섭이 지체되어 1930년에야 비로소 승인했다. 이로써 국민정부의 재정적 기초가 튼튼해질 수 있었다.

국민정부는 조계와 조차지를 회수하기 위한 교섭도 시작했는데, 열강이 소극적이었고 만주사변과 중일전쟁이 이어지면서 교섭이 중단되었다. 이 교섭은 2차 세계대전 이후에 다시 진행되었고, 1943년에 홍콩을 제외한 모든 지역을 되찾았다.

국민혁명의 반제국주의는 불평등 조약을 철폐하려는 노력으로 실천되었고, 반군벌은 군대를 정리하는 일에서 출발했다. 국민정부가 이끄는 중화민국은 중앙을 중심으로 통일되어 있는 것처럼 보였다. 하지만 북벌 전쟁에서 군벌들이 합류했고, 통일 뒤에는 그들이 정부의 위원이나 각 성의 주석을 맡았다. 따라서 국민정부는 실질적으로 저장과 장쑤 두 성에서 나오는 세수税收로 유지되었고, 다른 대부분의 성들에서는 여전히 군벌들이 세수로 사병을 양성하는 등 사적으로 사용하면서 중앙으로 올려 보내지 않았다. 저장과 장쑤 출신들로 구성되어 상하이를 중심으로 활동하던 금융업자와 산업 자본가를 저장(혹은 장저) 재벌이라고 했는데, 이들은 국민정부의 돈줄이었다. 저장 재벌은 양무운동 이래 산업화 과정에서 성장했고, 제국주의 국가와도 우호적인 관계를 맺고 있었다. 그들은 긍정적으로 보면 중국의 토착 기업을 지키고 성장시킨 민족 자본가였고, 부정적으로 보면 제국주의 열강과 결탁하여 부를 축적한 매판 자본가였다.

장제스는 외형적으로 통일된 중화민국을 완전하게 자신의 통제 아래 두는 일에 착수했다. 1929년 1월, 군사편견회의를 열어, 북벌 전쟁 과정에서 200만 명으로 팽창한 군대를 80만 명으로 삭감하여 지휘권을 모두 중앙에 집중시키려 했다. 군벌들은 강력하게 반발했고, 전국에서 장제스에 반대하는 반장反蔣의 깃발을 들었다. 1929년 3월부터 1931년 9월까지 군벌들이 전국에서 군대를 동원하여 저항했다. 특히 펑위샹과 옌시산이 연합한 군대와 정부군 사이의 중원 대전이 가장 격렬했는데, 이 전투는 1930년 3월부터 6개월이나 지속되었다. 하지만 통일된 지휘부가 부재했던 연합군은 정부군의 강력한 무력 앞에 무릎을 꿇었고, 남부에서 일어난 다른 군벌들의 저항도 진압되었다.

1930년대에 접어들면서 세계적으로 개인의 자유보다 집단의 이익을 우선시하는 전체주의가 대두되었다. 전체주의는 쉽게 말해서 독재정부를 용인하는데, 세계 경제가 불황에 빠진 것과 관련이 있었다. 1929년 대공황이 시작되면서 세계 경제는 침체의 늪에 빠져들었다. 선진 자본주의 국가들은 보호 무역을 강화했고, 후발 자본주의 국가들은 보호 무역에 맞서 경제 위기를 해결하기 위하여 정부의 개입을 확대했다. 이탈리아의 파시즘과 독일의 나치즘은 일당 독재와 전제적 통치라는 전체주의의 전형적인 모습을 보여주었다. 후발 자본주의 국가였던 두 나라와 동일선상에서 비교하기는 어렵지만, 반식민지 상태의 중국에서도 장제스가 이끄는 국민당의 일당 독재가 강화되었다.

2장
안내와 양외

　국민정부는 당이 중심이 되어 국가를 이끄는 이당치국의 방식으로 유지되었고, 다시 그 중심에는 장제스라는 인물이 있었다. 장제스는 자신에게 반대하는 모든 세력을 제거하고 당과 국가의 훈정 지배를 확립하려 했다. 그는 제국주의의 압박에 맞서 관세자주권을 회복했고, 군대의 개편을 반대하는 군벌들의 저항을 진압했다. 이제 남은 과제는 북벌 과정에서 결별한 공산당을 정리하는 일이었다. 장제스는 국내에 분열된 세력들을 강력한 힘으로 통합하여 내부를 안정시키는 안내安內 정책을 펼치는 것이 우선이고, 그래야만 외부의 적을 소탕하는 양외攘外를 통해 중국을 다시 일으켜 세워서 강대국이 될 수 있을 것이라고 여겼다.

위초 작전

공산당은 국민당으로부터 내침을 당한 뒤에 두 방향의 노선을 걸었다. 코민테른과 밀접한 관련이 있었던 당원들은 중앙정치국을 이끌며 상하이에서 지하 활동을 했다. 마오쩌둥은 후난성과 장시성의 농촌에서 농민들을 조직하여 해방구를 건설했다. 1927년 8월, 당 중앙은 난창에서 코민테른의 지시에 따라 도시 폭동을 일으켰으나 실패했다. 봉기가 실패하면서 공산당의 권력 구조에도 변화가 생겼다.

천두슈는 도시 봉기가 실패하자 당의 노선을 바꾸어야 한다는 의견을 제시했다. 당시 소련에서 트로츠키는 신중하고 평화적인 노선으로 세력을 확대해야 한다고 주장했고, 스탈린은 중국의 혁명 열기가 고조되고 있으니 무장 봉기를 활발하게 일으켜야 한다고 맞섰다. 스탈린은 트로츠키와의 논쟁에서 승리했고, 노선 변경을 주장한 천두슈는 스탈린을 추종하던 취추바이瞿秋白에게 중앙정치국 총서기의 자리를 넘겨주었다. 리리싼李立三은 취추바이의 옆에서 당의 선전 활동을 총괄했다.

1927년 9월, 마오쩌둥은 후난에서 농민들과 함께 추수 봉기를 일으켰지만 실패했고, 정치국 위원에서 해임되었다. 1928년 1월부터 마오쩌둥은 주더, 천이陳毅와 함께 장시성의 징강산井岡山을 근거지로 삼아 조직을 정비하고 세력을 확대했고, 7월에는 소비에트 정부를 수립했다. 같은 달, 중국공산당 제6차 전국대표대회가 모스크바에서 열렸고, 당 중앙은 이후에도 코민테른과 밀접한 관계를 맺으면서 도시 중심의 혁명운동을 전개했다. 12월에 당 중앙은 다시 광저우에서 도시 봉기를 일으켰는데, 정부군과 노동자들의 공격으로 진압되었다. 하지만 코민테른이 지지하고 리리싼이 주도하는 당의 무장 봉기 노선은 지속되었다. 1930년 7월, 창사에서 공산당이 일으킨 봉기는 사흘 만에 진압되었다. 봉기의 실패는 당내 갈등을 증폭시켰다. 왕밍王明을 비롯한 소련 유학파들은 리리싼의 노선을 혁명의 고조와 혁명의 실천을 이해하지 못하는 극좌 모험주의라고 공격했다. 결국 리리싼과 취추바이는 당내 지위를 더는 유지할 수 없었고, 1931년부터 왕밍 등이 당 중앙의 주도권을 쥐었다.

　도시를 중심으로 활동하던 당 중앙은 봉기가 잇따라 실패하면서 거세지는 국민당의 탄압과 소련으로부터의 지원 축소, 그리고 심화되는 당내 갈등으로 어려움을 겪었다. 반면 마오쩌둥은 정치국 위원에서 해임된 이후에 중앙의 지휘가 미치지 않는 외곽에서 활동하고 있었기 때문에 당내 갈등으로부터 벗어나 있었다. 그와 주더는 코민테른의 지원을 받던 당 중앙과 달리 스스로 근거지를 확대했다. 소비에트 정부가 있던 공산당 근거지의 병사들은 자신감으로 충만했다. 1930년 12월부터 정부군은 홍군을 포위하여 섬멸하겠다며 위초圍剿 작전을 개시했는데, 홍군은 적들의 공격을 세 차례나 이겨냄으로써 당 중앙에 자신들의 능력을 보여주었다. 그 자신감을 바탕으로 1931

년 11월 7일 러시아혁명 기념일에 장시성 루이진瑞金을 수도로 하는 중화소비에트공화국 임시 중앙정부를 수립했고, 마오쩌둥은 정부 주석으로 선출되었다.

국민정부의 장제스는 도시 지역에서 활동하는 공산당 세력도 눈엣가시처럼 여겼지만, 공화국이라면서 정부까지 수립한 루이진의 공산당 세력을 무엇보다 먼저 제거해야 할 집단으로 여겼다. 1930년 12월부터 시작된 위초 작전은 1934년까지 다섯 차례에 걸쳐 진행되었다. 그 중에 네 차례는 정부군이 공산당을 상대로 대대적인 토벌을 전개했다. 마오쩌둥과 주더는 4만 명의 홍군을 이끌고, 적을 깊숙이 유인하여 기습한 뒤에 달아나는 전술을 사용했다. 정부군의 강력한 화력은 험한 산악 지대에서 제대로 위력을 발휘할 수 없었다. 홍군은 적이 진격하면 물러나고, 정지하면 교란하고, 피로해지면 습격하고, 물러나면 추격하는 전술을 구사했다. 세번째 위초 작전 때는 만주사변이 발생하여 정부군의 주력 부대와 전투를 피하는 행운도 있었다. 행운의 여신은 네번째 위초 작전 때까지 공산당의 편이었다. 만주에서 일본군의 공세가 거세지면서 정부군은 위초 작전에 주력할 수 없었고, 작전이 중지되었다.

홍군이 지니고 있던 불굴의 의지와 일본이 일으킨 만주사변은 공산당을 포위하여 섬멸하려는 정부군의 작전을 좌절하게 만들었다. 하지만 다섯번째 작전 때는 상황이 달라졌다. 루이진으로 내려온 당 중앙은 네번째 위초 작전을 막아냈고, 소련 유학파가 주도권을 쥐게 되었다. 주도권을 쥔 소련 유학파는 정부군의 다섯번째 위초 작전이 시작되자 정면 승부를 택했다. 신식 무기로 무장한 정부군의 대대적인 공세에 홍군의 거점들은 차례로 무너졌다. 결국 당 중앙은 루이진을 포기했고, 서쪽으로 달아났다.

홍군이 정부군을 피해 쫓기면서 벌인 행군은 1934년 10월부터 1935년 11월까지 1년여 동안 진행되었다. 홍군은 열여덟 개 산맥을 넘고 열일곱 개 큰 강을 건너 1만 2000킬로미터를 이동하여 옌안 延安에 도착했다. 일반적으로 이 과정은 대장정大長程이라고 불린다. 1935년 1월, 구이저우성의 쭌이遵義에서 중국공산당 중앙정치국 확대회의가 개최되었는데, 여기서 마오쩌둥은 코민테른의 지원으로 당 중앙에서 권력을 쥐고 있던 소련 유학파를 공격했다. 회의 결과, 마오쩌둥은 중국공산당 중앙정치국 상무위원으로 복귀하고, 공식적으로 군대를 지휘하게 되었다. 대장정을 거치면서 마오쩌둥은 군사뿐만 아니라 당내에서 확고한 지위를 갖게 되었다. 대장정이 끝났을 때, 홍군은 약 3만 명으로 줄어들었다. 중화소비에트공화국 때의 10분의 1밖에 안 되는 규모였다. 하지만 사선을 넘어 새로운 근거지를 마련한 당원들은 서로 강한 유대감과 응집력을 갖게 되었다.

만주사변

장제스는 국민혁명군을 이끌고 북벌에 성공하여 국민정부를 수립했다. 국민정부는 전국을 통일했지만 중앙의 통제에 군벌이 저항했

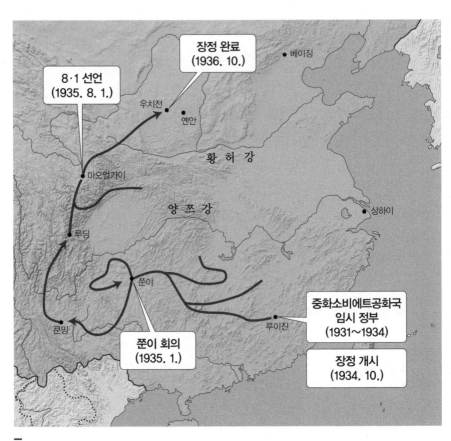

장정 완료
(1936. 10.)

베이징

8·1 선언
(1935. 8. 1.)

우치전

옌안

마오얼가이

황 허 강

양 쯔 강

상하이

루딩

쭌이

중화소비에트공화국
임시 정부
(1931~1934)

쿤밍

루이진

쭌이 회의
(1935. 1.)

장정 개시
(1934. 10.)

—
대장정

고, 공산당은 남부에서 근거지를 만들어 세력을 유지했다. 대외적으로 국민정부는 관세자주권의 회수를 비롯하여 불평등 조약을 폐기하는 외교 정책을 추진했고, 이것은 청나라 말부터 중국에서 경제적 이익을 취하던 열강들과의 마찰을 피할 수 없게 만들었다. 특히 일본은 중국에서 영국을 대신하여 가장 큰 이권을 쥐고 있었고, 중국의 통일을 마뜩찮은 시선으로 바라보았다.

일본이 중국에서 가장 큰 경제적 이권을 갖고 있던 지역은 동북3성의 만주 지역이었다. 러일전쟁 이후, 일본은 러시아가 차지하고 있던 뤼순과 다롄을 손에 넣어 랴오둥 반도를 자국의 세력 범위로 삼았다. 뤼순과 다롄을 발판으로 남만주철도회사가 설립되었고, 관동군을 주둔시킴으로써 만주에 대한 지배권을 강화했다. 군벌 장쭤린은 일본과 결탁하여 만주를 자신의 근거지로 삼았고, 일본은 장쭤린을 이용하여 그 배후에서 만주를 장악했다.

국민혁명군의 북벌은 만주의 실질적인 지배자였던 일본의 장기적 계획에 차질이 생기게 만들었다. 장쭤린은 베이징에서 북벌군의 북상을 저지하라는 일본의 요구를 거부하고 만주행 열차에 몸을 실었다. 그러자 관동군은 열차를 폭발시켜 장쭤린을 저세상 사람으로 만들고, 그의 아들 장쉐량을 회유했다. 하지만 1928년 12월, 장쉐량은 도리어 국민정부에 합류했고, 남만주철도와 경쟁하는 노선의 철도를 건설하여 일본의 세력 확대에 맞섰다. 국민정부가 출범하고 동북 군벌이 등을 돌리자 일본은 다급해졌고 돌파구를 찾으려 했다. 더욱이

1929년 10월에 시작된 세계 공황은 일본 경제에도 큰 타격을 주었다. 300만 명이 넘는 실업자가 발생했고, 노동자들의 항의도 거세게 일어났으며, 농민들은 각지에서 소작 조건의 개선을 요구했다.

경기 침체가 가져온 사회 불안 속에서 일본의 군부는 발언권을 높이기 시작했다. 일본의 군부는 청일전쟁과 러일전쟁을 수행하고 대한제국을 강제로 병합하는 과정에서 핵심적인 역할을 했지만, 정치에는 개입하지 않고 있었다. 그런데 워싱턴 회의(1922년)와 런던 군축 조약(1930년)의 결정이 알려지자, 군부는 미·영·일의 해군 함대 비율을 5:5:3으로 한 결정에 모욕적이라고 목소리를 높였다. 군부는 정부 관료들이 나약하다고 비난했고, 자신들이 중국을 점령하고 세계까지 손에 넣을 것이라고 호언장담했다. 만주에 주둔하고 있던 관동군은 본국의 군인들보다 한층 더 공격적인 태도를 보였고, 하루빨리 행동에 들어가려 했다.

1931년 7월, 지린성吉林省 창춘현長春縣 완바오산萬寶山에서 관동군은 중국인을 사주하여 토지를 구매하고 조선인을 고용하여 수로를 개발하게 했다. 새로 개발하는 수로는 중국인이 경작하는 토지에 피해를 줄 수 있었다. 중국인 지주와 주민 400여 명은 수로를 매몰했고, 조선인들에게 집단으로 항의하면서 거친 몸싸움과 폭행이 벌어졌다. 이에 중·일 양국의 경찰이 출동했고, 중국인들이 귀가하면서 사건은 마무리되었다. 이를 완바오산 사건이라 부른다. 이 사건이 일어나자, 관동군은 만주에서 일본의 이익을 지키기 위해 행동에 나서야 한다고 더욱더 목소리를 높였다.

1931년 9월 18일 밤 열 시, 펑톈에서 북쪽으로 18킬로미터 떨어진 류타오후柳條湖 근처의 만주철도가 폭발하는 사건이 일어났다. 기차가 정상적으로 운행할 수 있을 만큼 그 피해는 미미했다. 하지만 관동군은 중국 병사들이 발포했으므로 자위권 차원에서 반격하지 않을 수 없다고 주장했다. 이튿날 관동군은 펑톈·창춘·잉커우營口 등을 점령했고, 21일에는 지린성을 점령했다. 이 사건은 만주사변 혹은 9·18사변으로 불린다.

일본 정부는 만주에서 일어난 사건을 9월 19일 새벽 두 시에 전달받았다. 정부 내에서 관료들은 만주를 무력으로 점령해서는 안 된다고 했고, 군부는 관동군의 사기를 꺾어서는 안 된다고 맞섰다. 본국에서 논쟁을 벌이고 있을 때, 관동군은 이미 자신들이 계획한 대로 움직이고 있었다. 정부의 공식 입장은 전쟁을 확대해서는 안 된다는 것이었지만, 군부와 중국 현지의 관동군의 행동을 저지할 수 없었다.

일본의 경제적 이익이라는 관점에서 관동군의 군사 행동은 절묘한 때에 일어났다. 베이징에서 지병을 치료하고 있던 장쉐량은 자신이 지휘하는 군대에게 저항하지 말고 후퇴하라고 명령했다. 장제스는 루이진의 공산당에 대한 위초 작전이 무엇보다도 중요하다고 여겼기 때문에 만주로 군대를 보낼 계획이 없었다. 대신에 국제연맹에 일본의 행위를 제소하여 국제법으로 문제를 처리한다는 방침을 세웠다. 소련은 제1차 5개년계획을 집행하고 있었기 때문에 일본이 만주에서 일으킨 도발에 개입할 여력이 없었다. 한편 12월 10일에 국제연맹은 리튼 조사단Lytton Commission을 파견하여 만주사변의 진상을 파악하기 시작했고, 세계인들의 이목이 만주로 집중되었다.

그러던 차에 1932년 1월, 상하이에서 일본인 승려들이 중국인 폭력배들에게 공격을 당하여 한 명이 죽고 세 명이 중상을 입는 사건이 일어났다. 일본 정부는 상하이 시정부에 사과와 배상, 범인의 체포와 처벌, 항일 단체들의 해산 등을 요구했다. 시정부가 요구를 수용했는데도 일본군은 중국군이 주둔하고 있는 곳까지 와서 무력으로 충돌했다. 이 사건을 상하이 사변(1·28사변)이라고 한다. 중·일 양군의 교전은 3월 1일까지 지속되었는데, 상하이 사변은 일본이 세계의 이목을 상하이로 돌리기 위하여 벌인 일이었다.

1932년 3월 1일에는 청나라 마지막 황제 푸이를 집정으로 하는 만주국이 수립되었다. 일본은 곧바로 만주국을 독립국으로 승인했다. 하지만 푸이는 만주국에서 어떠한 실권도 가지지 못한 허수아비 황제였고, 일본이 군사와 재정을 비롯한 모든 권력을 장악하고 있었다. 만주국은 생존을 위해 조선, 중국, 일본으로부터 흘러든 사람들이 함께 건설한 나라라는 주장도 있다. 하지만 만주국에서 생산된 철강·석탄·농산물 등은 일본으로 흘러가서 경제 불황을 해소하는 데 도움을 주었고, 일본인이 정치권력을 장악하고 있었다. 따라서 만주국은 일본이 자국의 이익을 위하여 세운 괴뢰국이었다는 사실을 부정하기 어렵다.

앞서 말했듯이, 만주사변이 일어났을 때 국민정부는 저항하지 않고 국제연맹에 제소하여 외교적으로 문제를 해결한다는 방침을 세웠다. 외적이 국토를 유린하고 있는데 정부의 대응이 미온적이라는 여론의 비난이 강했는데도 그 방침은 바뀌지 않았다. 당시 군대는 군벌을 정리하고 공산당을 제거하기 위한 목적으로 편제되어 있었다. 장제스는 외적을 막기 위한 군대로 재편하기 위해서는 내부의 안정이 선행되어야 한다고 여겨서 공산당을 대상으로 한 위초 작전에 전념했고, 다른 한편으로 외교전도 계속했다. 4개월 동안의 조사를 마친 리튼 조사단은 일본이 워싱턴 회의에서 9개국이 맺은 조약(중국의 문호 개방, 영토 보전, 기회 균등, 주권 존중)을 위반했다고 지적했고, 만주에 자치정부를 만들어 비무장 지대로 바꾸라는 제안을 담은 보고서를 작성했다. 1932년 3월 24일에 이 보고서는 국제연맹 총회에서 통과되었다. 사흘 뒤, 일본은 국제연맹에서 탈퇴함으로써 다른 나라와의 외교 관계보다 자국의 이익을 선택하겠다는 의지를 분명히 보여주었다. 국제연맹을 탈퇴한 뒤, 일본군의 공세는 더욱 거세졌다. 1933년 2월, 일본군은 러허성을 점령했고, 5월에는 만리장성을 넘어 베이징을 위협했다. 국민정부는 일본군이 만리장성 북쪽으로 철수하고 그 남쪽에 광대한 비무장 지대를 두는 것을 내용으로 하는 탕구塘沽 협정을 일본과 체결했다. 이 협정은 일본의 만주 지배를 사실상 인정하고 받아들이는 것이었다. 중국 내에서 협정에 반대하고 비난하는 여론이 들끓었지만, 정부의 안내양외 정책은 바뀌지 않았다.

공산당에 대한 정부군의 위초 작전은 시간이 지나면서 효과를 보이기 시작했고, 공산당은 내부에서 갈등이 일어나면서 정부군의 공세를 더는 버티지 못했다. 공산당은 1년여 동안 정부군을 피해 다니는 대장정을 진행했고, 8·1선언을 통해 내전 중지와 일치항전을 주장함으로써 여론을 자신의 편으로 끌어들였다. 옌안에 근거지를 마련한 공산당을 공격하는 임무는 장쉐량이 맡았다. 1935년 가을, 장쉐량은 동북의 군대를 이끌고 공산당의 근거지로 향했고, 9월부터 11월까지 양후청楊虎城의 군대와 함께 근거지를 공격했다. 전투는 홍군의 일방적인 승리로 끝났다. 그러자 홍군을 두려워하는 동북군인들이 나타났고, 젊은 장교들은 일본에게 빼앗긴 동북 지역을 되찾는 것이 더 중요하다며 불만을 품기 시작했다.

중일전쟁

국민정부가 공산당의 근거지 옌안에 대한 위초 작전을 준비하고 있을 때, 일본은 중국 북부의 허베이河北·차하르察哈爾·쑤이위안綏遠·산시山西·산둥 다섯 성을 점령하여 지배하려는 화북분리를 국책으로 결정했다. 일본이 중국 침략의 범위를 갈수록 확대하자, 국민정부의 대일본 정책을 비난하는 여론이 들끓었다. 안내양외를 목표로 하던 국민정부는 화북분리에 호응하는 듯한 태도를 취했다. 더 나아가 돈목방교령敦睦邦交令을 내려 국내의 반일 시위를 엄격하게 단속하자, 국내 여론은 더욱 악화되었다. 1935년 12월 9일 베이징에서는, 일본의 화북분리 공작에 편승하여 화북5성 자치를 추진하는 것에 반대하는 대규모 반일 시위가 일어났다.

국내 여론이 악화되자, 국민정부는 공산당에 대한 위초 작전을 진행하면서도 압박을 통한 평화적 해결을 도모했다. 공산당도 장제스에 반대하고 일본에 저항하는 반장항일反蔣抗日의 노선을 바꿔서 장제스를 압박하여 일본에 저항하는 핍장항일逼蔣抗日을 추진했다. 1936년 가을부터 양측은 정식으로 교섭을 진행했는데, 합의점을 찾기가 쉽지 않았다. 국민정부는 공산당원의 탄압을 중지하고 홍군을 지원하는 대신에 소비에트 정부를 해산하고 홍군을 정부군의 명령에 따르게 하라고 요구했다. 공산당은 사실상 백기를 들고 투항하라는 요구라고 여겼기 때문에 받아들일 수 없었다. 결국 12월 초에 열린 교섭은 사실상 결렬되었고, 양측의 무력 대결은 불가피해 보였다.

1936년 12월 12일, 장제스는 공산당이 근거지로 삼고 있던 옌안에 대한 마지막 공격을 독려하기 위하여 시안으로 날아갔다. 그곳에서 장쉐량과 양후청은 장제스를 감금한 채 내전을 중지하고 일본에 항전하라고 압박했다. 장제스는 처음에 그들의 요구를 거부했다. 장제스가 구금되었다는 소식에 옌안과 난징의 강경파들은 즉각 처형과 시안 폭격을 주장했다. 하지만 중국이 일본의 침략으로 위태로운 상황에서 장제스의 부재는 상상할 수 없는 혼란을 야기할 것이라는 의견이 더 많았다. 장쉐량은 옌안의 공산당에게 협조를 요청했고, 저우언라이가 시안에 도착하여 장제스를 설득했다. 난징에서도 영부인 쑹메이링宋美齡을 보내 사건의 원만한 해결을 시도했다. 결국 장제스는 내전 중지와 일치항전을 약속했다. 그는 협상 내용을 글로 남기는 것이 굴욕적이라고 여겨서 "약속한 이상 반드시 성실하게 지킨다"라는 말을 남기고 떠났다. 장쉐량은 장제스와 함께 난징으로 갔고, 1991년까지 가택 연금 생활에서 풀려날 때까지 생사 여부를 알 수 없었다.

1937년 2월부터 국민정부는 공산당과 합작 방식에 대해 구체적인 협의를 진행했다. 국민정부는 공산당에게 다시 소비에트 정부를 포기하라고 요구했다. 협의는 난항에 빠졌고 5개월이 넘게 별다른 소득이 없었는데, 돌파구는 일본군에 의해 마련되었다. 7월 7일, 일본군이 루거우차오蘆溝橋 사건을 일으킨 것이다. 당시 일본군은 루거우차오 근처에서 훈련을 하고 있었다. 그날 야간 훈련 때, 몇 발의 총성이 울리고 병사 한 명이 실종되었다. 일본군은 중국군의 소행이라고 하면서 중국을 향해 전면 공격을 벌였다.

국민정부와 공산당은 일본의 침략에 맞서 함께 시급히 항전 체제를 마련하지 않을 수 없었다. 양측은 기존의 논의를 진전시켰고, 9월부터 정식으로 합작을 개시했다. 중국 북부의 홍군은 국민혁명군 제팔로군(팔로군)으로, 중남부에서 게릴라전을 펴고 있던 홍군은 신사군으로 개편되었다. 1924년에는 공산당원이 개인 자격으로 국민당에 입당했는데, 이번에는 당 대 당의 합작 형식을 띠었다. 마오쩌둥은 과거 공산당원이 개인 자격으로 국민당에 입당했다가 양당의 협력이 깨지면서 조직을 재건하는 데 어려움을 겪었던 일을 교훈으로 삼았다. 그래서 그는 소비에트 정부를 해산하고 국민정부 지휘를 받는 것과 홍군이 정부군의 명령을 따르는 것을 받아들일 수 있었지만, 공산당의 활동은 반드시 독립성이 보장되어야 한다고 여겼다. 그 결과, 형식적으로 소비에트정부는 해산되고 홍군은 정부군의 명령을 따랐다. 하지만 여전히 공산당은 실질적으로 소비에트정부를 유지하고 홍군을 지휘하고 있었기 때문에 자신들의 세력을 유지할 수 있었다. 일본의 침략에 맞선 항전 체제에는 공산당뿐만 아니라 다양한 정치 세력이 참여를 선언했고, 그 중심에 국민정부와 국민당이 있었다.

국공합작이 이루어졌는데도 일본군의 공세는 예상보다 훨씬 강력했기에 막아내기가 쉽지 않았다. 1937년 11월, 일본군은 2개월에 걸친 치열한 전투 끝에 상하이를 점령했다. 그해 12월에는 허베이·차하르·쑤이위안·산시·산둥 등 광대한 지역에서 철도가 지나가는 주요 도시를 점령했다. 분명히 전쟁은 일본에 유리한 양상으로 전개되는 듯이 보였다. 하지만 원래 일본이 계획했던 것과는 달랐다. 일본군은 짧은 시간 안에 전쟁을 끝낼 수 있으리라 여겼다. 그런데 중국군의 저항이 만만치 않았다. 더구나 상하이를 완전히 점령할 때까지 군수품 보급이 이뤄지지 않았던 터라 필요한 물자를 점령한 지역에서 약탈했다. 약탈은 민간인의 저항을 불러왔고, 저항은 폭행과 살인으로 이어졌다.

일본 병사들은 상하이를 점령하면 고향으로 돌아가서 겨울을 보넬 수 있을 거라고 기대했다. 하지만 일본군 지휘부는 애초에 계획에 없던 난징 공격을 발표했다. 1937년 12월 13일, 추위와 굶주림으로 거칠어진 병사들은 난징으로 들어가 대대적인 약탈, 방화, 살육을 자행했다. 난징 대학살로 불리는 이 사건에서 30만 명이 넘는 중국인들이 학살되었다. 이렇게 수도를 점령한 일본은 이제 국민정부가 쉽게 항복할거라고 여겼고, 비무장 지대의 확대, 내몽골 자치정부와 화북 특수 정권의 승인, 군대 주둔권 보장, 전쟁 비용 배상 등을 평화 협상의 조건으로 내세웠다.

그러나 장제스는 우한을 임시 수도로 하여 끝까지 항전하겠다는 뜻을 굽히지 않았다. 1938년이 되면서 중일전쟁의 전선은 더욱 확대되었고, 10월에는 일본군이 우한을 점령했다. 연말까지 일본군은 북쪽의 차하르에서 남쪽의 광둥성까지 중국의 주요 지역을 대부분 점령했다. 하지만 일본군이 점령하고 있던 곳은 대도시들을 잇는 주요 철도 주변의 도시들이었다. 광활한 대륙에서 주요 도시와 주요 철도는 점과 선에 불과했고, 그 점과 선을 둘러싼 농촌에서는 게릴라 부대가 일본군을 끈질기게 괴롭혔다. 1938년에 일본군이 계획했던 대규모 작전이 끝나면서 전선은 교착 상태에 들어갔고, 국민정부는 충칭重慶을 임시 수도로 하여 항일 전쟁을 지휘했다.

일본군이 전선에서 전쟁을 수행하고 있을 때, 일본 정부는 중국의 분열을 획책함으로써 항일 전쟁의 역량을 분산시키려 했다. 1938년, 일본 정부는 베이징의 중화민국 임시 정부, 몽골의 몽강연합위원회,

난징의 중화민국 유신정부 등을 중국의 신흥 정권으로 부르면서 승인했다. 또 1940년에는 왕징웨이가 난징에 수립한 국민정부를 승인했다. 하지만 일본 정부가 승인한 정부들과 위원회는 모두 일본군의 지원을 받았고, 일본인 고문이 전권을 쥐고 있던 일본의 괴뢰 정부였다. 일본은 만주국을 비롯한 괴뢰 정부들을 통해 중국을 분열시키고, 충칭에서 장제스가 이끌고 있던 정부를 지방 정권으로 전락시키려는 음모를 꾸몄다.

게다가 국민당과 공산당 사이의 불신도 일본에 대한 일치 항전의 대오를 흩어지게 만들었다. 양측은 처음부터 원만한 합의를 통해 항일 전쟁을 수행하지 않았고, 여론에 의해 떠밀린 측면이 강했다. 공산당은 전쟁 중에도 계속해서 근거지를 확대했고, 제팔로군과 신사군은 교착 상태에 있던 일본과의 전쟁에서 큰 전과를 올렸다. 1940년 8월, 팔로군은 허베이성과 산시성에 주둔하고 있던 일본군에게 총공격을 단행하여 커다란 타격을 주었다. 이 전투를 백단대전百團大戰이라고 하는데, 국민정부는 아군의 승리를 기뻐하기보다 공산당의 세력 확장을 경계했다.

1941년 1월, 양측의 갈등은 표면화되었다. 신사군은 창장강 삼각주에 근거지를 구축하고, 항일 전쟁을 수행하고 있었다. 국민정부는 신사군이 항일 전쟁을 수행하는 과정에서 세력을 확대하는 데 의구심을 가졌고, 황허강黃河 이북으로 이동하라고 명령했다. 신사군은 명령에 따라 북쪽으로 이동하고 있었는데, 안후이성 남부에서 정부군은 9000명의 신사군을 8만 명으로 공격했다. 양측의 교전은 일주일 밤낮에 걸쳐 진행되었고, 신사군은 궤멸되었다. 그리고 국민정부는 오히려 신사군을 이끌고 있던 예팅葉挺을 반란 혐의로 체포했다. 이 사건을 환남사변皖南事變이라고 하는데, 그 이후 국공합작은 사실상 붕괴했다.

3장
종전과 내전

일본의 중국 침략은 중국과 중국인에게 커다란 시련을 안겨주었다. 국민정부 역시 전국을 통일하고 군벌의 저항을 진압할 무렵부터 시작된 일본의 침략 때문에 어려움을 겪을 수밖에 없었다. 한편 공산당은 중화소비에트공화국을 수립하여 국민정부와 대립하다가 위초 공격을 받고 정부군의 추격을 피해 대장정을 시작했다. 정부군에 쫓기던 공산당에게 일본의 중국 침략은 어떤 면에서 추격의 예봉을 피하는 수단이 되었다. 여론은 내전을 중지할 것을 강력하게 요구했고, 그리하여 정부군은 위초 작전을 중단했다. 정부군은 형식적으로 공산당의 홍군을 지휘 아래 두고 일본을 상대로 전쟁을 수행했다. 하지만 국민정부가 공산당에 대해 품은 의심은 환남사변을 야기했고, 국 공합작은 사실상 결렬되었다.

일본의 패퇴

일본은 중국과 전면전을 시작하면서 짧은 시간 안에 전쟁을 승리로 이끌 수 있다고 여겼다. 하지만 중국의 저항이 만만치 않았고, 미국을 비롯한 열강들은 중국 내에서 누리던 이권이 있었기에 일방적으로 일본을 지지하지는 않았다. 열강은 중국 내에서 무역과 여행의 제한을 받았고, 남만주철도회사를 비롯한 일본의 국책 회사들이 중국 경제를 독점적으로 지배했기 때문이다.

1939년 7월, 미국은 일본이 자국의 대 중국 무역에 피해를 준다는 이유로 미·일 통상조약의 파기를 선언했다. 한편 1939년 9월, 독일군의 폴란드 침공으로 2차 세계대전이 시작되었다. 일본은 전쟁 초기에 독일군이 승리하고 프랑스와 네덜란드가 항복하는 모습을 보면서 남진 정책을 추진했다. 당시 일본은 전쟁에 필요한 대부분의 물자를 미국으로부터 수입하고 있었는데, 미·일 통상조약이 파기되면서 미국 내 일본의 자산은 동결되었고 무역이 중단되었다. 따라서 일본은 전쟁을 수행하는 데 어려움을 겪었고, 그 어려움을 타개하는 방법으로 베트남, 인도네시아 등 동남아시아를 침략했다. 그곳에서 일본은 전략 물자를 확보했고, 중국으로 들어가는 열강의 원조 물자를 차단했다. 베트남은 프랑스, 인도네시아는 네덜란드의 식민지였기 때문에 일본과 열강 사이의 충돌은 한층 더 격화되었다.

일본은 동남아시아로 전선을 확대하면서 동아신질서를 만들겠다고 선전했다. 동아신질서는 나중에 대동아공영권으로 바뀌었는데, 표면적으로는 열강의 침략에 맞서기 위해 아시아가 단결해야 한다는 주장이었다. 일본은 동아신질서에서 단결의 중심을 자처했고, 나머지 국가들에게 이 중심을 위해 희생을 감수하라고 강요했다. 이는 자국의 침략적 속성을 숨기고 이익을 챙기면서 전쟁의 어려움을 타개하기 위하여 내세운 궤변이었다.

국민정부는 미국에서 외교적 노력을 펼침으로써 일본의 발을 묶으려 했다. 주미대사 후스와 장제스의 특사 쑹쯔원宋子文은 미국을 적극적으로 설득하여 협력을 얻어냈다. 1940년 9월, 미국은 중국에 4500만 달러를 지원하기로 결정했고, 일본과 하던 고철 수출을 금지했다. 11월, 일본이 왕징웨이의 국민정부를 승인하자, 미국이 곧바로 왕징웨이 정부를 부정하고, 국민정부에 추가로 차관을 제공했다. 이렇듯 거세진 미국의 압박에 일본이 내린 선택은 중일전쟁을 더 큰 전쟁으로 만드는 것이었다.

1941년 12월 8일, 일본군은 진주만을 기습하여 태평양전쟁을 일으켰다. 일본이 미국을 공격하면서, 중일전쟁은 세계대전의 일부가 되었고 중국은 연합국의 일원으로서 전쟁을 수행하게 되었다. 1942년 1월, 중국은 미국·영국·소련 등 25개 국가와 함께 힘을 합해 파시즘 제국을 타도하자는 연합국 공동 선언에 조인하고 연합군에 참가했다. 중국군의 연합군 참여는 미국과 영국의 호의를 이끌어냈다. 1942년 10월, 미국과 영국은 중국과 맺은 불평등 조약을 폐기한다고 선언했고, 이듬해 1월에는 치외법권도 철폐했다. 1943년 12월, 미국은 1882년부터 중국인의 미국 이민을 금지했던 '중국인 배척법'을 폐지했다.

미국과 영국은 2차 세계대전이 발발하자 중국을 적극적으로 지원했다. 소련은 자국의 안보와 이익을 가장 중요하게 여겼고 그에 따라 대 중국 정책도 바뀌었다. 소련은 독일과 일본이 자국의 동쪽과 서쪽 끝에서 군사 행동을 전개할 수도 있는 상황이 되자, 독·소 불가침조약(1939년 8월)과 일·소 중립조약(1941년 9월)을 체결했다. 일·소 중립조약을 체결할 때, 소련과 일본은 각각 만주국과 몽골인민공화국에 대한 이권을 존중한다는 성명까지 발표했다. 더 나아가 소련은 국민정부로부터 벗어나 사실상 독립 상태에 있던 신장성의 주석 성스차이盛世才를 지원했다. 독·소 전쟁이 발발하자, 성스차이는 소련과 결별하고 국민정부에 합류했다. 소련은 성스차이 대신에 위구르족의 독립운동 세력과 관계를 맺었고, 1944년 11월에 동투르키스탄공화국이 수립되는 데 도움을 주었다.

이렇듯 중국과의 관계에서 소련이 이중적인 모습을 보였지만, 당시 국민정부는 미국과 영국을 비롯한 다른 국가들의 도움으로 세계대전의 일부가 된 중일전쟁을 수행하는 데 유리한 상황을 맞았다. 그럼에도 불구하고 장제스는 일본과의 전쟁에 소극적이었다. 그는 전시라는 이유로 국민당과 정부에 비판적인 목소리를 탄압했다. 그런 탄압의 대상에는 공산당도 포함되었다. 환남사변 이전에 이미 국민당 이외의 정당을 배척하는 '이당활동제한법異黨活動制限法'(1939년)이 만들어졌고, 민주주의와 항일을 외치는 청년들을 집중영集中營이라는 강제 수용소로 보냈으며, '국가총동원법'(1942년)을 시행, 출판물에 대한 검열을 강화해 서적과 잡지 1400종의 발행을 금지했다.

장제스를 중심으로 하는 국민당의 독재 정치는 관료들의 부패를 묵인했다. 관리와 장교는 전시라는 상황을 이용하여 뇌물을 받고 공금을 횡령하여 치부에 몰두했다. 원조를 받은 물자들은 군대가 아니라 개인의 주머니로 들어갔을 뿐 아니라, 심지어 일본군에게 밀매하는 일까지 있었다. 전쟁은 생활용품의 유통을 어렵게 했고, 부패는 부족한 생활용품의 가격을 상승시켰으며, 인플레이션은 중국인들을 고통에 빠지게 했다. 밀거래는 민간 상인이 아니라 관리와 장교에 의해 자행되었다. 장제스는 밀거래, 횡령, 뇌물 등을 엄격하게 처벌하겠노라고 소리 높여 외쳤다. 하지만 그런 일들과 연루된 사람들을 공개하면 정부를 더 위태롭게 만들 수 있었기 때문에 묻히고 말았다.

1945년이 되면서 일본은 전쟁에서 궁지에 몰렸다. 그해 5월, 봄이 끝나고 여름이 시작될 무렵에 소련군이 베를린을 점령했다. 6월에는 미군이 일본의 오키나와를 무력화했다. 전쟁이 막바지로 향하고 있을 때, 공산당은 자신들이 통제하는 지역을 크게 확대했다. 이제 공산당은 대장정이라는 필사적인 탈출 후에 살아남은 3만 당원이 옌안의 황토 고원에 토굴 근거지를 형성했던 집단이 아니었다. 1945년 봄, 공산당이 통제하는 해방구는 내몽골에서 하이난다오海南島까지 이어졌다. 해방구의 인구는 1억, 군대는 220만 명에 달했다.

1945년 8월 6일, 미군은 히로시마廣島에 원자탄을 투하했다. 같은 달 8일, 소련군이 일본에 선전 포고를 하고 일본군을 무장 해제시키기 위해 만주로 군대를 보냈다. 일본이 결정을 머뭇거리자, 9일 나가사키長崎에 원자탄이 하나 더 투하되었다. 10일, 천황은 천황제를 유지하는 조건으로 포츠담 선언을 받아들인다고 연합국에 알렸다. 1937년부터 1945년까지 8년간 벌어진 전쟁에서 중국은 3500만 명이 넘는 군인과 민간인 사상자가 발생했고, 600억 달러가 넘는 경제적 손실을 입었다. 전쟁은 끝났고 중국이 승리했지만, 그 승리는 가슴 아픈 승리였다.

국공협상

일본이 물러나자, 장제스는 마오쩌둥에게 세 차례 전보를 보내 충칭에서 서로 만나 국가 대계를 논의하고 싶다는 뜻을 전했다. 마오쩌둥은 충칭으로 가서 장제스와 40여 일 동안 교섭을 벌였다. 양측은 서로 이견이 팽팽하여 접점을 찾지 못했고, 1945년 10월 10일에 내전을 막고 정치 협상 회의를 열어 새로운 중국을 건설하기 위해 노력한다는 쌍십협정을 맺었다. 쌍십협정은 구속력이 강한 협정이 아니었다. 양측이 어떤 구체적인 합의도 이끌어낼 수 없었기 때문에 추상적

쌍십협정 당시의 기념사진. 왼쪽부터 주중 미국 대사 헐리, 장제스, 마오쩌둥

인 선에서 중국인들과 외국에게 쌍방이 노력하고 있다는 것을 보여 주기 위해 내놓은 발표문에 지나지 않았다.

　장제스는 마오쩌둥과 공산당이 더는 자신과 정부의 권위에 손상을 끼치지 않기를 바랐다. 그는 공산당에 대해 의심과 우월감을 갖고 있었다. 의심은 중일전쟁 때 공산당이 지속적으로 세력을 확대하는 모습을 보면서 품게 되었고, 우월감은 국민정부가 대내적으로 지닌 현실적인 힘과 중국의 공식 정부라는 대외적 지위에서 나왔다. 장제스와 마오쩌둥은 둘 다 일본군의 침략에 대해 지구전을 주장했는데, 그 방식은 달랐다. 장제스는 전쟁을 장기화해 일본군을 지치게 만들고 열강을 중일전쟁에 끌어들인다는 계획을 세웠다. 마오쩌둥은 일본을 중국 인민이라는 바다에 몰아넣고 가라앉게 만들자는 생각이었다. 일본의 패배는 장제스와 마오쩌둥의 두 지구전론이 국외와 국내에서 먹혀들어서 나타난 결과였다고 말할 수 있다. 양측은 국제전으로 치러진 중일전쟁의 승리와 침략군을 물리친 항일 전쟁의 승리라는 말로 자신의 공적을 과시했다.

　사실 국민정부와 공산당 사이의 신경전은 이미 1944년 말부터 시작되었다. 1944년 말, 전황이 바뀌고 일본의 패배가 가시권에 들어오자, 국민정부와 공산당은 전후에 유리한 자리를 차지하기 위해 발걸음을 재촉했다. 1945년 1월 1일, 장제스는 국민당의 훈정 독재를 마무리하고 시민들에게 정치적 권리를 돌려주겠다고 약속했다. 그는 국민당 이외에도 공산당을 비롯한 정당들이 참가한 국민대회를 열어서 새로운 중화민국헌법을 제정하여 헌정을 실시하겠다고 말했다.

마오쩌둥은 장제스가 훈정에서 헌정으로 이행하는 과정에서 공산당을 비롯한 정당의 참여를 보장하여 통합의 모양새를 취하면서도 상황을 주도하면서 권력을 독점하려 한다는 것을 간파했다. 1945년 4월, 마오쩌둥은 옌안에서 국민대회를 개최하여 헌정을 확립하고 민주정치를 실현하자는 연합정부론을 발표했다. 연합정부론은 장제스의 구상과 두 가지 측면에서 달랐다. 먼저, 국민당의 독재를 용인하는 훈정을 해체하고 국민당이 아니라 국공 양당을 중심으로 국민대회를 개최하자고 주장했다. 다음으로, 국민대회에서 새로운 헌법을 제정하면 여러 정당이 선거에 참여하고 의석에 따른 지분을 가지고 연합정부에 참여해야 한다고 주장했다.

장제스는 국민당의 훈정 독재를 유지하면서 국민대회를 개최하고 새로운 정부를 구성하여 사실상 국민당의 독재를 지속하려 했다. 반면에 마오쩌둥은 국민당의 훈정 독재를 폐기하고 여러 정당이 함께 국민대회를 열어 연합정부를 구성해야 한다고 주장했다. 두 사람의 생각이 곧 국민당과 공산당의 방침이고 정책이었다는 점에서 1인 중심의 지도 체제(독재 체제)는 국공 양당의 공통점이었다.

충칭에서 회담이 시작되기 전부터 장제스와 마오쩌둥이 제시한 전후 구상에 이견이 존재했고, 결국 그 이견은 두 사람이 만나 중국의 미래를 논의하는 자리에서도 좁혀지지 않았다. 둘 사이의 불신은 뿌리가 깊었다. 시안사변으로 장제스가 떠밀려서 국공합작을 진행했지만, 환남사변으로 양측의 합작은 실제로 끝난 상태였다. 어느 쪽도 합작이 끝났음을 선언하지 않은 것은 단합이 필요한 때에 분열을 선택했다는 비난을 듣지 않으려는 정치적 이유 때문이었다. 쌍십협정도 마찬가지로 두 사람이 상대방의 입장 차이를 확인했다는 것을 보여주는 결과물이었다.

1946년 1월 10일, 쌍십협정에서 합의한 대로 정치 협상 회의가 열렸다. 국민당 여덟 명, 공산당 일곱 명, 중국청년당 다섯 명, 민주동맹 아홉 명, 무당파 아홉 명 등으로 구성되었다. 이 회의에서 장제스의 구상을 제한하는 합의가 이루어졌다. 각료에서 국민당원의 수를 2분의 1로 제한했고, 국민대표의 수를 900명에서 2000명으로 늘렸으며 삼권분립을 보장하기로 했다. 국민대표에는 각계각층을 대표할 수 있는 사람들을 임명하기로 했다. 국민당원 이외의 참석자들은 국민당의 통치가 안고 있던 문제들을 들춰내고 비판했으며, 그 문제들을 바로잡기 위해 국민당의 주도권을 제한해야 한다고 한목소리를 냈다.

이 정치 협상 회의의 결과를 놓고 국민당 내부에서 거센 비판이 쏟아졌다. 국민당원들은 회의가 마치 국민당과 정부를 재판하기 위해 마련된 것처럼 보이는데, 참석자들이 어떻게 회의 결과를 수용했느냐고 비판했다. 당원들의 비판은 말로 끝나지 않았다. 2월에는 정치 협상 회의의 성공을 축하하는 자리에 국민당 정보원들과 폭도가 난입하여 참석자들에게 부상을 입혔고, 각지에서 공산당과 민주동맹 계열의 신문사나 기관 들이 폭도의 습격을 당했다. 3월에는 국민당 제

6기 제2회 중앙위원회가 열려 정치 협상 회의에서 통과된 헌법 원칙을 부인하는 결의안을 통과시켰다. 7월에는 민주동맹의 지도자 리궁푸李公樸가 암살되었고, 그것에 항의하는 집회에 참여한 시인 원이둬聞一多도 암살되었다. 중국인들 사이에서 암살의 배후가 국민정부의 정보기관이라는 소문이 돌았고, 정부와 그 비판 세력들 사이의 불신은 더욱 커져갔다.

국민정부와 공산당을 비롯한 여러 세력들 사이의 관계에 영향을 미친 중요한 요소 가운데 하나는 미국이었다. 1차 세계대전 이후 워싱턴 체제는 미국·영국·일본이 주도하는 동아시아 질서를 규정했는데, 일본이 만주국을 수립하고 국제연맹에서 탈퇴하면서 워싱턴 체제가 붕괴했다. 그러다 2차 세계대전을 거치면서 미국의 국제적 위상은 더욱 높아졌다. 미국은 전후 동아시아에서 중국과 긴밀한 관계를 형성함으로써 주도권을 유지하려 했다. 미국의 전후 구상이 현실화하기 위해서는 두 가지 전제가 충족되어야 했다. 먼저, 내전을 피하고 국민정부 중심의 통일정부가 필요했다. 다음으로, 중국을 일본 대신 동아시아의 강대국으로 대우하는 것이었다. 1943년 11월, 루스벨트와 처칠이 카이로 회담에 장제스를 참여하게 한 것은 미국의 전후 구상과 관련이 있었다. 중국의 힘이 커진 것이 아니라, 미국의 전후 구상을 위해 계획된 일이었다는 뜻이다. 카이로에서 미국과 영국은 일본이 점령한 동북3성, 타이완, 펑후 열도 등을 중국에 돌려주겠다고 약속했다.

미국은 내전을 막고 중국에 친미 성향의 통일정부를 등장하게 하고자 했다. 하지만 그것은 미국의 희망 사항으로 끝났다. 국민정부 안에서 권력을 장악한 장제스를 비롯한 4대 가족이 부정부패를 일삼고, 일본에 저항하는 것보다 공산당의 근거지를 무력화하는 데 몰두했다. 이 때문에 대 중국 정책을 바꿔야 한다는 주장이 제기되었다. 중국·버마·인도 지역 총사령관 조지프 스틸웰Joseph Stilwell 장군과 주중 대사 클래런스 가우스Clarence Gauss는, 국민정부는 민주주의 개혁이 필요하고 공산당은 질서 있는 변화를 추구하는 세력이라면서, 미국이 연합정부의 수립을 도와야 한다는 보고서를 올렸다. 그들은 국민당에 등을 돌리지는 않았지만 공산당도 포용해야 한다고 생각한 것이다. 하지만 루스벨트 대통령은 그 두 사람을 경질했고, 국민정부 중심의 통일정부 수립을 지지했다. 미국의 전폭적인 지지와 군사적 우위에 따른 자신감, 국민정부와 공산당 사이의 뿌리 깊은 불신은 양측의 충돌을 피할 수 없게 만들었다.

국공내전

1945년 8월, 소련은 100만 대군을 동원하여 일본군의 무장을 해제했고, 국민정부와 중·소우호동맹조약을 맺어 중동철도와 남만주철도, 뤼순과 다롄 항의 이권을 확보하는 대신에 동북3성의 주권을 넘겨주려 했다. 하지만 공산당은 같은 해 9월부터 동북3성 지역을 전후의 혁명 근거지로 삼으려는 계획을 추진했다. 즉, 남쪽의 군대를 북쪽으로 이동시키고 남쪽에는 최소한의 방어 병력만 남겨두는 북진남방北進南防 정책을 추진했다. 그 결과, 1945년 말까지 국민정부가 선양·창춘 등 주요 도시를 차지했음에도 불구하고 공산당이 동북 지역의 농촌과 지방 도시를 장악하여 실질적인 주도권을 쥐게 되었다. 소련은 국민정부와 우호적인 관계를 유지하면서도 공산당의 동북 지역 장악을 묵인했다.

1946년 6월부터 정부군과 공산당의 홍군 사이에 벌어진 군사 충돌이 각지로 확대되었고, 7월부터는 전면적인 내전이 시작되었다. 당시 정부군은 미군이 지원한 최신 장비로 무장한 200만 명을 포함하여 모두 430만 명 규모를 갖춘 군대였다. 반면 홍군의 규모는 일본군에게서 빼앗은 재래식 무기를 갖춘 120만 명에 불과했다.

미국의 전폭적인 지지를 얻은 정부군은 전국에서 홍군을 압도했다. 1947년 3월, 정부군은 공산당이 10년 동안 근거지로 삼았던 옌안까지 점령했다. 하지만 정부군은 일본과 똑같은 길을 걷고 있었다. 다시 말해 겉으로 승승장구하는 듯이 보였을 뿐이고, 주요 도시와 교통로에 비유되는 점과 선만을 확보한 데 불과했다. 정부군은 점과 선을 지키기 위해 병력을 나눠야만 했고, 홍군은 그 틈을 노려 수비가 약한 곳에서 치고 빠지는 전술을 사용하여 적을 지치게 만들었다.

국민정부를 곤란에 빠지게 만든 것은 홍군의 게릴라 전술만이 아니었다. 일본군이 중국에서 패퇴하자, 중국인들은 새로운 사회에 대한 희망을 품게 되었다. 국민정부는 일본군과 일본 기업이 빠져나간 자리에서 새로운 능력을 보여줘야만 했다. 국내에서 해결해야 할 문제는 두 가지였다. 우선 일본군이 점령하고 있던 지역을 통합하는 문제가 있었다. 정부는 일본이 발행한 통화를 회수하고 대체로 1:35~1:50이던 환율을 1:200으로 규정했다. 그 결과 연해 지역에서 유통되던 일본 화폐의 가치가 크게 하락했고, 충칭을 중심으로 하는 내륙 등지에서 유통되던 화폐의 가치는 크게 상승했다. 그러자 경제적으로 앞선 연해 지역의 물건들이 싼값에 내륙으로 들어오면서 내륙의 산업이 몰락했고, 가치가 높아진 내륙의 화폐가 연해 지역으로 유입되면서 상하이 등에서 인플레이션이 일어났다.

다음으로, 일본 기업을 처리하는 문제가 있었다. 일본 기업이 남겨두고 떠난 생산 설비는 정부와 민간인 모두가 눈독을 들이는 대상이었다. 일부 민간업자들은 항일 전쟁을 위해 노력했다는 점을 들어 자신들이 주인 잃은 공장을 접수해야 한다고 주장했다. 민간업자들 사이의 경쟁이 치열해지자, 정부는 공장을 국유화하여 직접 경영하겠다고 선언했다. 하지만 부패한 관료들이 앞 다투어 먹이를 사냥하듯이 챙긴 기업들은 정상화되지 못했고, 경제는 침체에 빠지고 말았다.

새로운 질서가 만들어지기 전에 시작된 내전은 중국의 경제 상황을 더욱 악화시켰다. 국민정부는 내전에 필요한 군비를 마련하기 위해 무분별하게 화폐를 발행했고, 그러자 일본의 점령지를 접수하는 과정에서 나타난 인플레이션과는 비교할 수도 없을 정도의 인플레이션이 일어났다. 1947년 말의 물가는 내전이 시작되기 전과 비교했을 때 14만 5000배가 뛰었다. 예를 들면 과거에 소 세 마리를 살 수 있

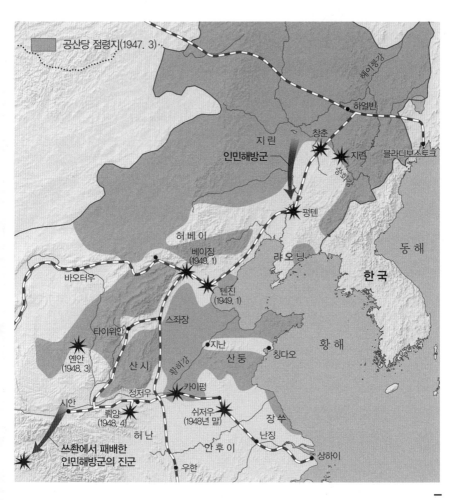

1948년 중북부 지역에서 벌어진 국공내전

돈다발을 운반하는 상하이 시민

었던 돈으로 성냥 한 갑밖에 살 수 없는 상황이 되었다. 이렇듯 살인적인 물가 상승으로 국민정부가 통치하고 있던 지역의 도시와 농촌 주민들이 크나큰 고통을 받았고, 그들은 당연히 국민정부에 곱지 않은 시선을 보냈다.

국민정부가 홍군과 전투를 벌이면서도 시급한 경제 문제를 처리하기 위해 시간을 보내고 있을 때, 공산당은 게릴라전을 통해 정부군을 지치게 하면서도 농촌 지역에서 계속해서 근거지를 확대했다. 농촌에서 공산당은 일본인들과 그 부역자들이 소유했던 토지를 몰수하여 분배하겠다고 약속함으로써 농민들의 지지를 이끌어냈다.

1948년 봄부터 공산당은 내전에서 승기를 잡기 시작했다. 전국에서 홍군이 정부군을 상대로 승리를 거두었고, 해방구도 지속적으로 늘어났다. 정부군의 병력은 패전을 거듭하면서 430만 명에서 365만 명으로 줄어들었고, 홍군은 120만 명에서 280만 명으로 늘어났다. 정부군은 도시(점)와 교통로(선)만을 차지하고 있었기 때문에 병력을 전투에 집중할 수 없었다. 그 결과 여전히 수적 우위에 있었음에도 전쟁에서 주도권을 잡지 못했다. 가을부터 홍군은 중북부 지역에

구휼 식량을 받기 위해 줄지어 늘어선 상하이 시민들

서 정부군과 내전의 승부를 결정하는 3대 전투를 치렀다. 3대 전투
란 랴오둥부터 선양에 이르는 동북 지역에서 벌어진 랴오선遼瀋 전투,
화이허淮河부터 하이저우海州에 이르는 중부에서 벌어진 화이하이淮海
전투, 베이핑北平(국민정부 당시 베이징의 지명)부터 톈진에 이르는 지역에
서 벌어진 핑진平津 전투를 가리킨다.

전세가 불리해지기 시작한 1948년 3월, 장제스는 공산당과 민주
동맹 등이 대표 기구로서 자격이 없다고 비판한 국민대회에서 압도
적 지지로 총통의 재선에 성공했다. 그는 비상시국이라는 이유로 총
통의 권한을 크게 강화했고, 쑨원의 장남 쑨커孫科를 입법원장에 취
임시켜 견제받지 않는 권력을 쥐었다. 국민정부 안에서 장제스의 권

위는 흔들림이 없었고 권력은 그의 손안에 놓여 있었다. 하지만 국민정부 밖에서 그의 권위는 흔들렸고, 인민들이 위임하는 권력으로부터 멀어지고 있었다.

마오쩌둥이 이끄는 공산당과 홍군은 장제스가 난징 정부에서 군림하고 있을 때 이미 내전(해방전쟁)의 승리를 확신한 상태였다. 1948년 9월에는 화북인민정부가 들어섰고, 1949년 1월에는 홍군이 베이징으로 입성했다. 그러자 장제스는 하야했다. 국민정부의 총통대리 리쭝런李宗仁은 공산당과 타협을 모색했지만, 홍군의 공세는 더욱 거세졌다. 1949년 3월에는 난징을 점령하고 중원인민정부를 수립했으며, 5월에는 상하이를 점령했다. 난징과 상하이를 잃게 되자, 국민정부 안에는 패배를 막을 수 없다는 분위기가 형성되었다. 8월에는 북동인민정부를 수립했다. 공산당은 이렇게 군사적·정치적으로 장악한 지역을 늘려갔다.

1949년 10월 1일, 마오쩌둥을 비롯한 공산당 지도자들은 다른 정치 세력의 대표들과 함께 톈안먼 광장을 바라보며 중화인민공화국의 성립을 선포했다. 남쪽에서 국민정부 군대가 저항하고 있었지만, 이미 승패는 결정된 상태였다. 국민정부는 비밀리에 타이완으로 정부와 주요 기관들을 옮겼다. 그해 12월 10일, 장제스는 50만 군대를 이끌고 타이완으로 달아났다. 리쭝런도 미국으로 망명했고, 수많은 국민정부의 관계자들 역시 홍콩이나 미국으로 탈출했다.

4장
독재와 혁명

위안스카이와 그 후계자들이 이끌었던 베이징 정부는 청나라의 멸망을 가져온 폐단을 바로잡을 생각이 없었다. 오히려 정부는 권위적이고 사유화되었으며 불합리하고 비이성적인 행태를 되풀이했다. 그리고 시대에 뒤떨어진 군벌들은 무력을 동원한 권력 투쟁을 벌였다. 5·4운동 이후 중화민국의 시민들은 더 나은 중국을 열망했고, 그 열망을 품은 사람들은 베이징 정부를 대신할 새로운 정부를 찾았다. 국민당은 소련의 도움으로 강력한 군대를 갖춘 광둥 정부를 출범시켰고, 1920년대 중반부터 중국에 형성되고 있던 국민혁명의 열망을 바탕으로 북벌에 성공했다. 하지만 시민들의 열망을 바탕으로 성립한 국민정부는 시민을 주권자로 여기기보다 국가를 위해 자유를 억제해야 하는 통치의 대상으로 여겼다.

독재 정치

난징에서 국민정부가 출범했을 때, 유럽의 후발 자본주의 국가에서는 전체주의가 성장하고 있었다. 전체주의는 개인이 민족이나 국가와 같은 전체의 존립과 발전을 위해서만 존재한다고 여기는 이념이다. 독일 히틀러의 나치즘이나 이탈리아 무솔리니의 파시즘이 대표적인 사례다. 자유주의와 민주주의에 반대되는 독재주의나 국가주의도 전체주의로 분류된다. 독재자들이 민족과 국가를 강조하면서 권력을 자신에게 집중시키는 것은 민주정치의 발전이 늦은 나라에서 흔히 보이는 현상이다.

장제스는 군대의 지휘권을 바탕으로 광둥 정부에서 영향력을 확대했고, 쑨원의 후광을 이용하여 국민당을 장악했으며, 북벌을 통해 전국적인 인물로 부상했다. 북벌에 성공한 뒤, 장제스 앞에 놓인 가장 큰 과제는 중앙정부에 복종하지 않는 군벌 세력을 무력화하고, 전국 도처에서 치안을 어지럽히는 토비를 소탕하는 일이었다. 군벌과 토비를 소탕하는 일은 국민정부를 위기에 몰아넣을 수도 있었다. 갓 성립한 정부가 막대한 재정이 필요한 토벌 작전을 벌이다가 내전에 빠질 수 있었기 때문이다. 하지만 소탕 작전은 대체로 성공적이었고, 국민정부는 명실상부하게 전국을 통치하는 정부로서 존립할 수 있게

1924년 6월, 황푸군관학교에서 장제스(왼쪽에서 두 번째)와 쑨원(왼쪽에서 세 번째)

되었다.

국민정부는 강한 군사력을 바탕으로 전국을 통일했다. 장제스에게 황푸군관학교의 교장은 훗날 총통의 자리에 이르는 그의 경력의 출발점이 된 자리였다. 국민정부와 장제스에게 군대와 군사력은 권력을 유지하게 만드는 믿을 수 있는 수단이었다. 군대는 상명하복의 원리에 따라 일사불란하게 움직인다. 장제스는 자신이 민족과 국가를 위해 모든 것을 바치고 있다고 여겼다. 따라서 군인과 정부 관리들뿐만 아니라 시민들도 장제스의 생각에 따라 일사불란하게 움직여야한다고 생각했다.

　장제스는 군벌을 정리하고 나자 중앙 집권을 강화하고, 국민들을 국가가 내세우는 지시에 순종하게 하려 했다. 국민정부의 권위를 강화한 원동력은 100만 명에 달하는 중앙군이었다. 군벌들은 이제 더는 중앙정부에 반대하거나 독자적인 목소리를 낼 수 없었다. 10여 년이 넘게 할거하던 군벌을 무력화하자, 자신감을 얻은 장제스는 어떤 반대도 용납하지 않았다. 국민정부에 조금이라도 다른 의견을 말하면 국민혁명에 반대한다거나 중화민국에 해가 된다는 이유로 처벌했고, 출판법을 통해 정부 정책에 대한 자유로운 의사 표현을 차단했다. 천궈푸陳果夫·천리푸陳立夫 형제의 C·C단, 황푸군관학교 졸업생으로 조직된 남의사藍衣社는 장제스의 정보 기구로서 반대 세력을 무자비하게 탄압, 암살하는 데 앞장섰다. 1933년과 1934년 사이에 C·C단은 4500명이나 체포하여 살해했다.

　장제스는 청나라 말기 이후 중국에 혼란이 지속되면서 국민들의 마음속에 국가가 존재하지 않게 되었다고 여겼다. 강력한 국가를 만들려면, 국민들이 국가에 소속감을 느끼고 국가의 구성원으로서 행동해야만 했다. 국민정부가 추진한 신생활운동의 목표는 국민들이 개인보다 국가를 우선시하게 의식을 바꿈으로써 강력한 국가를 건설하는 것이었다. 장제스는 예의염치禮義廉恥라는 유교 관념을 통해 국민들이 가진 식의주행食衣住行에 집착하는 태도를 바꾸려 했다. 신생활운동은 1934년부터 정식으로 시작되었는데, 독일과 이탈리아의 급

속한 성장을 모델로 삼고 유교
관념을 결합시키려 한 시도였다.

신생활운동이 국민을 이념적
으로 통합하려는 시도였다면,
보갑제保甲制는 행정력을 동원
하여 국민들을 조직하고 통합
하려는 시도였다. 보갑제는 1호
戶를 기본 단위로 했고, 10호를
1갑甲, 10갑을 1보保로 조직했
다. 처음에는 국민정부군이 장
시성 일부 지역에서 공산당이
지배하고 있던 지역을 점령한
뒤에 주민들을 통제할 목적으

1934년 2월, 난창에서 신생활운동을 독려하는
장제스와 쑹메이링

로 실시했다. 그 뒤, 보갑제는 전국으로 확대되었다. 명나라 때 향촌
의 조세 징수와 치안 유지를 위해 110호를 하나의 공동체로 묶는 이
갑제를 실시했는데, 이 이갑제가 명나라 중기 이후부터 청나라를 거
치면서 보갑제로 변화한 것이다. 장제스는 왕조 시대에 향촌의 질서
를 유지시켰던 제도와 이념을 복원하고, 향촌 자치와 국가 통제를 결
합한 반관반민半官半民 성격의 보갑제를 이용하려 했던 것이다.

지식인들 사이에서는 강력한 국가와 정부를 건설하려는 장제스의
시도에 대해 찬반이 엇갈렸고 논쟁이 벌어졌다. 논쟁의 무대는 1932

년에 베이징에서 창간되었고 후스가 주편을 맡고 있던《독립평론獨立評論》의 지면이었다. 1933년 말부터 저명한 역사학자 장팅푸蔣廷黻와 지질학자 딩원장丁文江은 서양에 뒤처진 중국이 국민국가로 발전하려면 강력한 통제가 필요하다고 주장했다. 후스는 국가가 강력한 통제로 국민을 지배할 수 있는 시간은 일시적일 뿐이라며, 시간이 걸리더라도 일반인의 폭넓은 참여와 지지가 강력한 국가 통합을 이뤄낼 수 있다고 반박했다.

후스가 민주주의란 원래 시끄러운 것이고 절차가 정당해야 한다는 점을 강조했다면, 장팅푸 등은 독일과 이탈리아처럼 급성장한 국가들과 중국의 낙후성을 비교하면서 중국이 발전하려면 개인의 희생이 불가피하다고 여겼다. 중국 사회의 발전을 둘러싼 건설적인 논쟁은 1935년 이후 일본이 화북 침략을 노골화하면서 더는 진전되지 못했다.

전시 체제

전쟁은 어느 국가에서든, 모든 것을 집어삼키는 우주의 블랙홀과 비슷한 역할을 한다. 전쟁은 정치, 경제, 교육, 외교 분야 등을 평상시와 다른 논리로 움직이게 만들고, 그것이 정당화된다. 1932년, 국민정부는 출범한 지 얼마 안 된 정부가 일정한 체제를 갖출 때까지 전면적인 전쟁을 피해야 한다는 논리로 일본과 탕구 협정을 체결했다. 하지만 중국을 완전히 차지하려는 일본 군부의 인내심은 오래 지속되지 않았고, 일본 정부도 군부의 대 중국 강경론에 끌려갔다. 1937년, 일본군은 전면적으로 중국을 침략하는 전쟁을 개시했다. 그러자 중국의 정치·사회·문화 부문 전부가 평화로운 시기와는 다른 방식으로 움직였다.

정치적 측면에서 전시라는 상황은 국민정부와 장제스에게 유리하게 작용할 수 있었다. 중일전쟁이 일어나기 전, 국민정부는 일본이 만주를 침략했는데도 안내양외 정책을 내세워 외적의 침략적 행동을 묵인한다는 비난에 시달렸다. 시안사변 후, 국민정부는 내전을 중지하고 모든 세력과 힘을 합해 항전을 펼치겠다고 선언했다. 그 선언만으로도 국민정부는 여론의 지지를 얻을 수 있었고, 공산당과의 합작도 내용과 형식 측면에서 국민당이 주도하고 있었다. 따라서 전시 체제는 국민정부의 기반을 넓히는 기회로 이용될 수 있었다.

국민정부가 일본과의 전투에서 가시적인 성과를 낸다면 국민들에게 좋은 선전 도구로 활용할 수 있었다. 하지만 전쟁 초기 전선의 상황은 중국에 절대적으로 불리하게 흘러갔다. 1937년 11월, 국민정부군은 전투 참가자의 60퍼센트에 달하는 27만 명의 희생자를 내고 상하이를 일본에 빼앗겼다. 12월에는 난징이 함락되었다. 일본군은 난징에서 무자비한 살인, 방화, 약탈을 자행했고, 그로 인해 민간인 3만여 명을 포함한 중국인 12만여 명이 목숨을 잃었다. 1938년 초까지 일본은 중국의 주요 도로와 도시를 점령했다. 6월, 국민정부는 임시 수도 우한을 지키기 위하여 황허강의 제방을 폭파했고, 그 결과

90여만 명이 익사했다. 그랬는데도 우한은 반년도 버티지 못했고 10월에 함락되었다. 국민정부는 수도를 다시 충칭으로 이전하여 항전을 이어갔다.

1938년 말, 중국은 국민정부가 통치하는 국통구, 공산당이 장악한 해방구, 일본군이 점령한 윤함구淪陷區 등 세 지역으로 나뉘었다. 윤함구에는 괴뢰 정권이 들어섰고, 해방구에서는 공산당이 농민들에 대한 영향력을 키워갔다. 장제스는 국민정부를 이끌고 임시 수도 충칭에서 일본군을 상대로 지구전을 펼쳤다. 전쟁 초기부터 그는 일본군을 중국의 넓은 대지 위에서 질식시키는 장기 전쟁을 염두에 두었다. 지구전은 군사력이 상대적으로 약했던 중국의 상황에서 적절한 전략이었다. 하지만 국민정부는 전시 체제를 제대로 이끌지 못했다. 국민당이 통치하고 있던 지역에서 주민들의 상황은 갈수록 악화되었다. 물가 상승과 부정부패는 심각한 수준이었다. 정부는 지불 한도를 초과하여 화폐를 찍어냈고, 화폐가 지나치게 많아지자, 달러를 쉽게 구할 수 있는 사람들은 환차익을 통해 떼돈을 벌었다.

1937년에서 1943년 사이에 도시의 물가는 138배가 올랐다. 하지만 월급 생활자의 급여는 31배 오르는 데 그쳤다. 그사이 도시 주민들은 생계를 유지하기 위해 두세 가지 직업을 가져야 했다. 그나마 물가 변동으로부터 다소 벗어나 있어서 사정이 나았던 농민들도 1943년 이후부터 어려움을 겪기 시작했다. 조세가 농민들의 어깨를 짓눌렀고, 청년들은 군대에 차출되었다. 농민들은 많게는 수확량의 절반,

적게는 수확량의 3분의 1을 세금으로 내야 했다. 군역과 조세 이외에도, 농민들은 도로나 비행장을 건설하는 부역에 시달렸다.

충칭에 있던 장제스는 사람들의 마음이 국민정부로부터 떠나는 것을 막기 위한 방법을 고민했다. 전쟁을 수행하는 정부는 재정적으로 어려울 수밖에 없었고, 장기적이고 온건한 방식을 선택할 수는 없었다. 결국 전시라는 상황을 정치적으로 이용하는 손쉬운 방식을 선택했다. 국민당에 반대하는 움직임은 반국가적이라는 딱지를 붙이고 비밀경찰을 동원하여 철저하게 탄압했고, 반공 정책도 노골화했다. 1942년, 국가총동원법이 시행되었다. 그때부터 신문과 잡지를 발행하고 책을 출간할 때 강화된 검열을 통과해야만 했다. 또한 1400종의 책과 잡지가 금서로 지정되었다. 일본에 저항해야 한다거나 더 많은 민주주의를 요구하는 신문사는 괴한의 습격을 받았다. 고등학교와 대학에서는 지도 교관 제도가 시행되었다. 학생들은 주기적으로 사상 검열을 받았고, 반정부적인 행위에 대한 감시가 강화되었다.

전시에도 정치적 견해가 다른 개인이나 집단이 충돌했지만, 학문에 대한 열정은 지속되었고 그 중심에 서남연합대학西南聯合大學이 있었다. 수도가 함락되자, 베이징대학, 칭화대학, 난카이대학南開大學의 교수와 학생 들은 창사로 피신하여 학업을 이어갔다. 창사에도 일본군이 밀어닥치자, 1938년에 칭화대학은 나머지 두 대학과 함께 윈난성 서남쪽의 쿤밍昆明에 서남연합대학을 세웠다. 당시 남학생들은 창사에서 쿤밍까지 걸어서 이동했고, 여학생들과 교수들은 기차를 타고 움직였다. 당시 칭화대학 교수였던 원이둬는 기차를 타는 대신에 남학생들과 같이 68일 동안 산을 넘고 강을 건너 1900킬로미터를 걸어서 쿤밍으로 들어갔다. 원이둬는 장거리 이동을 통해 조국의 산하가 가진 매력을 직접 보고 느꼈으며, 침략군을 피해서 오지로 들어가면서 조국이 처한 비참한 현실도 절감할 수 있었다.

중화민국의 외교 관계에는 일본의 침략을 거치면서 큰 변화가 생겼다. 1920년대 동아시아 질서는 미국과 영국이 주도하고 일본이 보조를 맞추면서 협조하는 워싱턴 체제로 요약될 수 있다. 1929년에 나타난 세계 공황은 동아시아의 경제까지 어렵게 만들었다. 그 결과 동아시아 질서에도 변화의 조짐이 나타났다. 1931년, 일본은 경제 침체에서 벗어나기 위해 만주를 침략했고, 이듬해에 만주국을 세웠다. 워싱턴 체제는 붕괴되었고, 일본은 동아시아에서 영향력을 키워 나갔으며, 1937년에는 중국을 상대로 전면전을 벌이기 시작했다. 전쟁 초기에 미국은 상황을 관망하고 있었다. 그런데 전선이 확대되고 전쟁이 장기화되면서 중국 안에서 미국이 얻을 경제적 이익이 침해되었다. 미국 정부는 미국 내 일본의 자산을 동결하고 군수 산업에 필요한 물자의 수출을 금지했다. 그러자 일본은 1942년에 진주만을 습격하여 미국에 맞섰다.

일본의 패전이 가시화되면서 미국과 소련은 전쟁이 끝난 뒤에 중국에서 경제적 이익을 확보하기 위하여 국민정부와 우호적인 관계를 모색했다. 1943년 11월, 카이로 회담에서 미국의 루스벨트와 영국

—
1943년 11월, 카이로 회담장의 장제스, 루스벨트, 처칠(왼쪽부터)

의 처칠은 장제스를 존중했다. 1945년 8월, 소련은 중국과 중·소 우호동맹조약을 체결하여 동북 지역의 영토와 주권, 신장新疆 관리권을 인정했고, 공산당을 지원하지 않겠다고 약속했다. 2차 세계대전이 끝나기 직전, 중화민국은 연합군의 일원으로서 국제회의에 참석했다. 따라서 국민정부와 장제스는 표면적으로 과거의 중국과 달리, 국제 사회에서 높은 위상을 지닌 것처럼 보였다.

농촌혁명

중일전쟁 시기 중국에서 가장 극적인 변화를 경험한 곳은 농촌 지역이었고, 중국공산당이 그 변화를 이끌었다. 마오쩌둥은 대장정을 거치면서 중국공산당의 당권을 확실하게 장악했고, 어떤 누구도 대항할 수 없을 만큼의 권위와 지도력을 얻었다. 중국공산당은 옌안에 근거지를 마련한 뒤에도 여전히 국민정부군의 군사 공격으로부터 안전하지 않았다.

1936년 12월, 장쉐량이 일으킨 시안사변은 중국공산당에게 국민정부군의 위협으로부터 벗어날 수 있는 돌파구를 마련해주었다. 내전이 중지되고 항전이 시작되면서 중국공산당은 두 방향으로 움직였다. 한 방향은 홍군이 국민정부군 제팔로군과 신편 제사군, 즉 팔로군과 신사군으로 재편되어 항일 전쟁을 수행하는 것이었다. 다른 한 방향은 중국공산당이 차지하는 지역을 차츰 늘려 나가고, 국통구와 윤함구의 틈새를 노려 농촌 지역에서 세력을 확대하는 것이었다. 옌안의 공산당정부는 국민정부 행정원의 관할 아래 놓여 있었지만, 특별행정구로서 독립성을 보장받게 되었다. 그래서 중국공산당은 옌안을 중심으로 전국에 걸친 공산당의 조직을 관리했다.

마오쩌둥은 장제스와 마찬가지로 항일 전쟁을 수행하는 데 지구전의 필요성을 강조했고, 실전에서 이를 실행했다. 그는 전략적 퇴각, 군사적 대치, 공격이라는 3단계 전략을 펼쳤다. 두번째 대치 단계에서는 인민을 동원하는 게릴라전으로 적을 괴롭힘으로써 적을 약화시키려 했다. 팔로군과 신사군은 일본군이 점령한 중국 북부와 중부 지역의 농촌에서 항일 근거지를 확보했다. 한편 공산당은 일본군이 점령한 도시와 교통로의 배후에 있던 농촌에 침투하여 근거지를 마련하는 전략을 구사했다. 농민들은 국민정부가 떠난 후 일본군에게 수탈

홍군의 농군화를 만드는 농촌 여인들

당하고 있었는데, 중국공산당은 토지 개혁과 같은 정책을 통해 농민들을 지지 세력으로 만들었다.

하지만 1940년대 중반까지도 중국공산당이 압도적 우위를 차지하고 있던 농촌 지역은 전체 중국에서 작은 부분에 지나지 않았다. 여전히 중국공산당은 폭넓은 계층의 지지를 확보하려면 공산당 외의 정파나 계급의 도움이 필요했다. 해방구에서 적용된 3·3제의 원칙은 중국공산당이 처한 현실과 당시의 위상을 잘 보여주었다. 3·3제란 노동자와 농민을 중심으로 하는 공산당, 민족주의 성향의 소자산 계급을 중심으로 하는 비非공산당 계열의 좌파, 중산층과 신사층을 중심으로 하는 중간파 등이 해방구 권력 기구에서 각각 3분의 1의 자리를 분점하는 것이었다.

중일전쟁이 진행되는 동안 중국공산당은 옌안의 지도부를 중심으로 일사불란하게 움직였고 차츰 세력을 키워 나갔다. 1941년, 옌안에서는 정풍운동이 시작되었다. 정풍운동의 목표는 1937년 이후 혁명에 참여한 당원들을 사상적으로 무장시키고, 주관주의·종파주의·형식주의(당팔고黨八股) 등을 뿌리 뽑음으로써 옌안의 기풍을 바로잡는 것이었다. 중국공산당 지도부는 1937년에서 1941년 사이에 군대 규모가 40만 명, 당원은 80만 명으로 늘어난 상황이었으므로 새로 들어온 구성원들을 교육해야 한다고 여겼다. 새로운 구성원의 대다수는 중국 북부의 성들에서 온 농민이었고, 소수는 공산당이 이끄는 항일 전쟁에 참여하겠다는 열정을 지닌 학생과 지식인이었다.

정풍운동의 목표는 새로운 구성원들을 건전한 사회주의 사상을 지닌 당원으로 교육하는 것이었다. 그런데 그들에 대한 교육은 중국화한 마르크스·레닌주의, 즉 마오주의를 신구 구성원들의 머릿속에 주입함으로써 사상을 통일시켰고, 마오쩌둥을 신격화하는 결과를 가져왔다. 바꿔 말하면 마르크스·레닌주의의 내용과 형식은 중국의 역사적 상황이 특수하다는 이유로 중국화되었고, 마오주의로 변형되었으며, 마오쩌둥은 신격화되었다. 마오쩌둥이 숭배되고 절대적 권위를 지니는 상황은 여전히 소수파였던 중국공산당 내부의 결속력을 높이고 외부의 탄압에 대항하는 전투력을 높이는 데 도움이 되었다.

중국공산당은 3·3제라는 형식의 통일전선전술을 통해 농촌 지역에서 영향력을 계속 확대했고, 마오쩌둥을 중심으로 하향식 지도 체제를 확립함으로써 강력한 집단이 되었다. 농민들은 중국공산당이 제시하는 희망에 찬 미래를 동경하게 되었다. 통일전선전술을 통한 지지층의 확대, 토지 개혁을 통한 경제 문제의 해결, 외부 침략자들로부터의 안전 보장 등이 점점 더 중국 북부와 중부 지역 농민들 사이에서 공산당의 존재감을 높여주었다. 1945년 봄에는 중국공산당의 통치 아래 있는 주민이 9500만 명이었고, 정예군이 100만 명에 달했다. 군인 수는 1937년보다 20배나 증가한 것이었고, 농민 병사까지 합치면 그 수는 더 많았다.

일본군이 물러난 뒤, 마오쩌둥은 국내 여론을 의식하여 장제스와 충칭에서 회담을 갖고 중국의 미래를 논의했으며, 쌍십협정을 체결했다. 하지만 국민정부와 중국공산당 사이에는 이미 불신의 골이 너무 깊었다. 보여주기 위한 회담에서 나온 후속 조치들이 원만하게 진척될 수 없었고, 결국 국민정부군과 홍군 사이의 내전이 폭발했다. 내전 시기에 중국공산당은 국민정부군과 전투를 진행하면서 농촌에서 공격적인 방식으로 혁명을 추진했다.

중국공산당은 친일 부역자들과 대지주의 토지를 몰수했고, 고리대금업을 근절하고 세금 징수를 정상화시켰다. 또 농촌에서 대다수를 차지하던 중농, 소농, 소작농 들로부터 더 굳건한 지지를 얻기 위해 농민대회를 개최했다. 농민대회에서 힘이 없는 사람들을 핍박하던 촌장, 높은 소작료를 받던 대지주 등은 인민재판을 받았다. 일부 농민들은 농민대회의 폭력적이고 과격한 방식에 놀랐다. 하지만 땅이 생기고 세금이 줄어드는 상황에서, 대다수 농민들은 국민정부가 통치하는 곳으로 달아나기보다는 중국공산당과 운명을 함께하는 쪽을 선택했다.

농촌혁명이 진행되는 과정에서 중국공산당은 지역의 비밀 결사와도 밀월 관계를 맺었다. 일부 지역에서 홍창회는 중국공산당이 일본과 전투를 치를 때 홍군의 일부로 편입되어 군사적으로 도움을 주었고, 농촌혁명을 추진할 때는 지역 사회에서 낯선 존재였던 공산당을 농민들과 연결시키는 가교 역할을 했다. 중국공산당과 홍창회의 관계는 신해혁명 과정에서 혁명군이 비밀 결사와 가졌던 관계와 유사한 측면이 있다. 진보적 정치 세력이 퇴행적이고 구시대적인 단체와 손을 잡았다는 점에서 그러하다.

1948년 봄, 중국공산당은 농촌혁명이 성공적으로 진행되었고, 내전에서도 승기를 잡았다고 판단했다. 이때부터 농촌에서 생겨난 혁명의 열기를 도시로 확산시키는 작업이 시작되었다. 동북 지역에서 선양과 하얼빈哈爾濱이 중국공산당의 손에 들어오자, 당의 주도로 노동조합이 만들어졌고 노동자들이 조직되었다. 노동조합은 홍군이 점령하는 도시 지역에서 노동자들을 하나로 묶어냈고, 전국적인 조직망을 갖추게 되었으며, 중국공산당의 든든한 지원군이 되었다. 다만 이때부터 중국의 노동조합은 노동자에 의해 조직되고 성장하는 독립적인 단체라기보다 당과 국가의 하위 기구로서 자리매김했다는 특징이 있었다.

중국공산당, 신중국, 인민

중국공산당은 내전에서 승리했고, 중화민국을 이끌던 중국국민당을 끌어내렸다. 중국의 국호는 중화민국에서 중화인민공화국으로 바뀌었고, 새로운 정부가 출범했다. 마오쩌둥은 중국을 1949년 이전과 이후로 나누어서 각각 구중국舊中國과 신중국新中國이라고 불렀다. 중국공산당이 이끄는 중국을 새로운 중국, 과거 왕조들과 국민당이 이끌었던 중국을 낡은 중국으로 구분했던 것이다. 일부 중국사 연구자들은 1949년 이후의 중국을 신중국이라고 부르는 데 거부감을 드러내기도 했다. 과거의 역사를 전면적으로 부정하고 중국공산당만이 옳다고 주장하는 것에 동의할 수 없었기 때문이다. 신중국에 대한 거부감은 중국 대륙에서 중화민국이 패배하고, 사회주의 혁명으로 자본주의가 밀려난 상황을 현실로 받아들이지 못했기 때문에 생긴 것이기도 했다.

이제 중화인민공화국과 중국공산당의 압도적인 우위를 되돌릴 수 있다고 기대하는 사람은 거의 없다. 그리고 신중국도 과거가 되었다. 신중국은 과거 개혁개방 이전의 사회주의 시대를 의미하는 역사적 용어가 된 것이다. 1950~1970년대 중국인에게 신중국은 청나라나 중화민국과 달리 인민의 권리가 신장된 사회주의 중국을 의미했고, 1980년대 이후 중국인에게 신중국은 마오쩌둥이 이끌던 지난날의 중국이다. 같은 신중국이라는 용어가 과거에는 중국인의 가슴을 뛰게 했다면, 지금은 역사가 되었다. 역사가 되었다는 것은 한 걸음 물러서서 그 시대를 편안한 마음으로 바라볼 수 있게 되었음을 의미한다.

신중국이 역사가 되면서, 구중국도 역사가 되었다. 중국의 역사 연구자들은 국제 사회에서 중국의 지위가 높아지면서, 제국주의 침략이 중국과 중국인에게 가져다준 깊은 상처와 고통으로 인해 청나라와 중화민국 시대를 냉정하게 바라볼 수 없던 상황에서 벗어났고, 두 시대를 다시 평가할 수 있는 여유가 생겼다. 이 책은 그런 여유를 가지고 두 시대의 사건들을 바라보려 했다. 이제 우선 본론의 내용을 간략하게 정리하고, 중화인민공화국의 역사를 어떻게 바라봐야 할지 이야기해보려 한다.

청나라 부분에서는 청영아편전쟁의 제국 간 충돌, 신유정변 이후 정치 구조 변화와 양무운동의 성패, 의화단 사건의 미신과 불합리,

신해혁명의 우발적 특징 등을 서술했다. 그리고 중화민국 부분에서는 위안스카이의 정치적 지위, 베이징 정부의 권력 투쟁, 중국국민당의 개조, 국민정부의 민족주의, 중일전쟁과 공산당의 기회, 소련의 외교 전략 등을 살펴보았다.

서양 학자들에 의해 청영아편전쟁은 정치·경제·사회·문화 분야에서 뒤떨어진 청나라가 열강의 출현이라는 충격을 받고 깨어나 국제 사회의 일원이 되는 계기였다는 식으로 이야기되었다. 하지만 더 장기적인 관점에서 보았을 때 청나라와 영국 사이의 전쟁은 오랜 시간 동안 서로 다른 정치와 외교 질서 속에 있었던 두 제국이 충돌한 것이었다. 그 충돌에서 청나라의 허약성이 드러났지만, 그렇다고 해서 한순간에 모든 것을 열강에게 넘겨주지는 않았다.

만주인은 태평천국의 반청 봉기와 영프 연합군의 공격에서도 쩡궈판을 비롯한 한인 지방 관료들의 적극적인 도움을 받음으로써 청나라를 지켜냈다. 황제의 권력이 약화되었지만, 자희태후와 자안태후, 공친왕이 연합하여 대외강경론을 펼치던 세력들을 대신하여 권력을 분점하는 정치 구조의 변화를 통해 왕조 체제를 유지할 수 있었다. 그들은 함풍 시대의 대외강경론을 대신하여 양무운동을 추진했고, 서양의 과학 기술과 학문을 받아들이고 외국인의 기업 활동을 보장했다. 양무운동이 진행되면서 청나라는 단지 조약이 아니라 현실에서 외국과 동등한 외교 관계를 맺었고, 천하의 중심이 아니라 수많은 국가 가운데 하나가 되었다.

대내외의 위기로부터 벗어난 것처럼 보였지만, 만주인 왕조가 여유와 평화를 느낀 시간은 오래가지 못했다. 갑신역추를 통해 자희태후는 모든 권력을 손에 넣었고, 자희태후, 자안태후와 공친왕이 권력을 분점함으로써 유지되던 견제 속의 균형이라는 정치 구조가 깨졌다. 이제 자희태후의 통치를 견제할 장치가 사라졌고, 그 결과는 청프전쟁의 무기력과 청일전쟁의 처참한 패배로 나타났다. 대외 관계의 실패는 광서제를 중심으로 하는 변법파에게 시급한 개혁이 필요하다고 여기게 만들었다. 하지만 자희태후를 중심으로 하는 기존의 권력 집단이 강하게 반발했고, 무술변법의 개혁안과 황제의 상유들은 빛을 볼 수 없었다.

변법이 실패하자, 반제국주의 성향을 지닌 의화단이 어수선한 시국 속에서 크게 세력을 확대했다. 청나라 조정은 의화단의 세력 확대를 묵인했다. 경제적으로 어려워진 백성들의 불만을 조정이 아니라 외국인에게 표출하게 할 의도가 있기 때문이다. 당시 자희태후는 서양 열강이 광서제를 지지한다는 사실에 불만을 품었고, 의화단을 이용한다면 서양인들을 내쫓을 수 있을 거라고 오판했다. 청나라에는 자희태후의 독단을 견제할 장치가 없었고, 반제를 내세운 의화단은 미신적인 성격에도 불구하고 조정의 비호를 받았다. 열강은 청나라의 비이성적인 결정에 무자비한 군사력으로 대응했고, 패배한 청나라는 천문학적인 배상금을 물게 되었다.

신해혁명은 정치적으로 무능해지고 경제적으로 파산에 내몰린 청나라를 붕괴시켰다. 중국의 역사에서 신해혁명은 아무리 강조해도 부족할 만큼 그 의의가 크다. 수천 년이나 지속되었던 왕조 체제가 사라지고 새로운 정치 체제가 등장한 것만으로도 중요한 의미가 있다. 하지만 혁명의 과정이 치밀하게 계획되고 진행된 것은 아니었으며, 비밀 결사와의 협력 같은 봉건적인 요소들도 포함되었다. 혁명파의 힘은 약했고, 우창 봉기는 갑작스럽게 일정이 바뀌었으며, 입헌파의 참여는 혁명의 활력을 약화시켰다. 군대를 통제하고 있던 위안스카이는 그러한 틈새들을 비집고 혁명파와 협상을 통해 쑨원에게서 중화민국의 임시 대총통의 자리를 넘겨받았다.

위안스카이는 중화민국의 임시 대총통이 아니라 중화민국을 손에 넣었다고 여겼다. 혁명파는 위안스카이는 얼마 뒤에 물러날 임시 대총통에 불과하고, 공화정이 자신들이 계획한 시간표대로 움직일 거라고 낙관했다. 하지만 대다수 중국인들은 공화정을 제대로 이해하지 못했고, 위안스카이는 황제가 되려는 열망에 사로잡혔다. 정치 상황은 혼란을 거듭했다. 위안스카이가 죽자 상황은 더 악화되어 베이징 정부는 무력으로 권력을 다투는 무대로 변질되었다.

베이징 정부의 혼돈은 지방의 군벌에게 세력을 강화할 기회를 제공했다. 분열된 중국에서 열강은 군벌들과 결탁하여 경제적 이권을 챙겼고, 군벌들은 열강의 지원을 바탕으로 권력을 강화할 수 있었다. 정치적 혼란은 시민들에게 중국의 미래에 대해 더 깊이 고민하게 만들었다. 1차 세계대전의 승전국이면서도 승전국으로서 권리를 행사하지 못하자, 학생들이 베이징 정부를 반대하는 시위를 벌였고, 시위가 전국적으로 확산되면서 5·4운동이 시작되었다. 중국에 변화가 필요하다고 여기는 시민들이 늘어나고 정부에 대한 비판의 목소리가 높아졌다. 하지만 베이징 정부와 군벌은 권력을 놓고 전쟁을 벌이는 행태를 되풀이했다.

이러한 무책임한 행태는 새로운 대안 세력의 출현을 갈망하게 만들었다. 1920년대 중반부터 중국국민당은 시민들에게 희망의 대상이 되었다. 국민당은 소련의 경제적·군사적 도움을 받는 대신에 중국공산당원을 개인 자격으로 입당시키고 협력하는 개조를 통해 베이징 정부를 대신할 세력으로 성장했다. 장제스는 쑨원이 죽은 뒤 군대의 지휘권을 장악했고, 총사령관으로서 북벌을 완수하여 통일 정부를 수립했다. 제국주의와 군벌에 반대하는 국민혁명이 북벌을 통해 완수되고, 새롭게 등장한 국민정부는 민족주의 성격을 띠었다. 국민정부는 과거 열강과 맺은 불평등 조약을 개정하여 관세자주권을 회복했다.

그런데 국민정부는 민족주의를 지향했음에도 불구하고 일본의 만주 침략에 적극적으로 저항하지 않았다. 장제스는 안내양외 정책을 내세웠고, 군대가 일본군을 상대할 만큼 강하지 않은 상황에서 내부의 적을 제거하는 것이 먼저라고 여겼다. 하지만 국내 여론이 갈수록 악화되면서 시안사변이 일어났고, 장제스는 두번째로 중국공산당과 협력하게 된다. 일본은 중국과 전면전을 선언했고, 8년 동안 전쟁이 지속되었다. 중일전쟁은 중국공산당이 국민정부군의 군사적 위협으로부터 벗어나 세력을 확대할 수 있는 기회를 제공했다. 중국공산당은 국민정부의 통치 지역과 일본군의 점령지 틈새에 존재하는 광범위한 농촌, 특히 중국 북부 지역에서 토지 개혁을 통해 농민들의 마음을 얻었고, 전쟁 전에 비해 크게 세력을 확대했다.

중일전쟁은 2차 세계대전의 일부였고, 중국은 연합국의 일원으로서 참전했다. 국민정부는 일본과 벌인 전투에서 어려움을 겪었지만 연합국의 일원으로서 국제적 지위는 높아졌다. 미국과 소련은 전쟁 막바지에 이르자, 전후 동아시아 질서의 재편에서 주도권을 쥐기 위해 국민정부를 지지했다. 중국공산당은 국민정부와 협상하기를 거부했고 압도적 군사력을 지닌 국민정부군과 내전을 벌였다. 내전 초기에 국민정부군은 일본군이 했던 것과 마찬가지로 점과 선을 점령했고 군사적 우위를 차지했다. 하지만 홍군은 농촌 지역의 지지를 바탕으로 정부군의 점과 선을 포위함으로써 전세를 역전시켰다. 이제 마오쩌둥의 중국공산당이 장제스의 중국국민당을 대신하여 중국을 이끌 새로운 중심으로 떠올랐다.

중국공산당은 외국 세력의 도움에 크게 의지하지 않고 중국을 손에 넣었다. 소련은 중국공산당의 창당에 도움을 주었고 국민당과의 협력을 통해 세력을 확대할 수 있게 만들었다. 하지만 마오쩌둥은 중국국민당과의 결별 이후 스스로 소비에트공화국을 수립했으며 국민정부군의 공격을 막아냈고, 대장정을 지휘하면서 중국공산당의 확고

한 중심이 되었다. 그는 중일전쟁과 내전 시기에는 농촌을 중심으로 세력을 확대했고, 농촌으로 도시를 포위하는 전략을 사용하여 사회주의 혁명에 성공했다.

신중국의 탄생은 중국이 청영아편전쟁 이래 서양 열강의 침략으로 굴욕을 당하고 외세에 의존적이었던 과거를 잊게 만드는 사건이었다. 2차 세계대전 이후 동아시아 질서를 새롭게 재편하려던 미국과 소련의 구상은 물거품이 되었다. 중국공산당을 지지하는 중국인에게 신중국은 자부심의 상징이었다. 하지만 신중국의 앞날에 밝은 빛만 가득한 것은 아니었다. 미국과 소련을 비롯한 외부 세력에 의존하지 않았다는 사실은, 바꿔 말하면 신중국을 전폭적으로 지지하는 국가가 적다는 것을 의미했다. 더구나 미국과 소련이 당시 가장 강력한 국가였음을 생각하면 더욱 그랬다. 따라서 신중국과 중국공산당은 거대한 인민의 삶을 책임지며 미래를 스스로 열어나가는 힘든 여정을 시작해야 했다.

正仁

· 참고문헌 ·

강진아,《문명제국에서 국민국가로: 중국》, 창비, 2009.

구범진,《청나라, 키메라의 제국》, 민음사, 2012.

박상수,《중국혁명과 비밀결사》, 심산, 2006.

송미령,《청대 정책 결정 기구와 정치 세력》, 혜안, 2005.

신승하,《중국근현대사: 근대중국 개혁과 혁명》, 대명출판사, 2004.

유장근,《근대중국의 지역사회와 국가권력》, 신서원, 2004.

이영옥,《견제받는 권력: 만주인 청나라의 정치구조, 1616~1912》, 전남대학교출판부, 2016.

이은자,《의화단운동 전후의 산동: 민간종교결사와 권회에 관한 연구》, 고려대학교출판부, 2002.

임계순,《청사: 만주족이 통치한 중국》, 신서원, 2001.

고지마 신지 외, 박원호 옮김,《중국근현대사》, 지식산업사, 1989

로이드 E. 이스트만, 이승휘 옮김,《중국 사회의 지속과 변화: 중국 사회경제사 1550~1949》, 돌베개, 1999.

마리-클레르 베르제르, 박상수 옮김,《중국현대사: 공산당, 국가, 사회의 격동》, 심산, 2009.

알랭 루, 정철웅 옮김,《20세기 중국사》, 책과함께, 2010.

오쿠무라 사토시, 박선영 옮김, 《새롭게 쓴 중국 현대사: 전쟁과 사회주의의 변주곡》, 소나무, 2001.

왕징룬, 이영옥 옮김, 《중국의 황태자 교육》, 김영사, 2007.

윌리엄 T. 로, 기세찬 옮김, 《하버드 중국사 청: 중국 최후의 제국》, 너머북스, 2014.

유소맹, 이훈·김선민·이선애 옮김, 《여진 부락에서 만주 국가로》, 푸른역사, 2013.

이노우에 히로마사, 하세봉 옮김, 《아시아의 역사와 문화 5: 중국사(근·현대)》, 신서원, 1996.

이매뉴얼 C. Y. 쉬, 조윤수·서정희 옮김, 《근-현대중국사: 제국의 영광과 해체》 상·하, 까치, 2013.

이시바시 다카오, 홍성구 옮김, 《대청제국》, 휴머니스트, 2009.

천제셴, 홍순도 옮김, 《누르하치: 청 제국의 건설자》, 돌베개, 2015.

패멀라 카일 크로슬리, 양휘웅 옮김, 《만주족의 역사: 변방의 민족에서 청 제국의 건설자가 되다》, 돌베개, 2013.

필립 A. 큔, 이영옥 옮김, 《타인들 사이의 중국인: 근대 중국인의 동남아 이민》, 심산, 2014.

하자마 나오키 외, 신일섭 옮김, 《데이터로 본 중국근대사》, 신서원, 1999.

하탁운, 이인호 옮김, 《중국 문화사》 상·하, 천지인, 2013.

허핑티, 정철웅 옮김, 《중국의 인구》, 책세상, 1994.

중국 근대사

왕조에서 사회주의로, 중국의 체제격변기 150년

1판 1쇄 2019년 2월 28일

지은이 | 이영옥

펴낸이 | 류종필
편집 | 최형욱, 이정우
마케팅 | 김연일, 김유리
표지·본문 디자인 | 박미정
교정교열 | 문해순
지도 | 김경진

펴낸곳 | (주) 도서출판 책과함께
　　　　주소 (04022) 서울시 마포구 동교로 70 소와소빌딩 2층
　　　　전화 (02) 335-1982
　　　　팩스 (02) 335-1316
　　　　전자우편 prpub@hanmail.net
　　　　블로그 blog.naver.com/prpub
　　　　등록 2003년 4월 3일 제25100-2003-392호

ISBN 979-11-88990-28-3 93910

이 도서의 국립중앙도서관 출판시도서목록(CIP)은
서지정보유통지원시스템 홈페이지(http://seoji.nl.go.kr)와 국가자료공동목록시스템
(http://www.nl.go.kr/kolisnet)에서 이용하실 수 있습니다.
(CIP제어번호 : CIP2019005570)